캠프마켓

캠프마켓

2013년 12월 9일 제1판 제1쇄 발행
2014년 5월 12일 제1판 제2쇄 발행

지은이　한만송
펴낸이　강봉구

편집　　김윤철, 김희주
마케팅　윤태성
디자인　비단길
인쇄제본　(주)아이엠피

펴낸곳　봉구네책방
등록번호　제406-2013-000081호
주소　　413-120 경기도 파주시 문발로 119(문발동) 306호
전화　　070-4067-8560
팩스　　0505-499-8560

홈페이지　http://cafe.daum.net/littlef2010
페이스북　http://www.facebook.com/littlef2010
이메일　littlef2010@daum.net

ISBN 978-89-97581-37-5 03300
값은 뒤표지에 있습니다.

아픈 희망의 역사
부평미군기지를 말하다

캠프마켓

봉구네책방

목차

미국은 양차 세계대전을 승리로 이끌면서 명실상부한 경제·군사대국이 된다. 세계대전은 미국이 독보적 지위를 차지하는 데 중요한 역할을 했다. 제2차 세계대전은 1939년 9월 1일 독일이 폴란드를 공격하자 영국과 프랑스가 독일에 선전포고를 하면서 시작됐다. 선진 자본주의 국가인 영국·프랑스 대 후발 자본주의 국가인 독일·일본 간의 시장 경쟁 대결구도가 점차 유럽과 동아시아를 넘어 전 세계로 확장되면서 발발했다. 특히 독일이 소련을 침공하고 일본이 중국을 침공하면서 전쟁은 파시즘 진영 대 사회주의와 민족해방 진영의 대결구도로까지 확대됐다.

제2차 세계대전이 발발한 이후 미국은 1942년까지 직접 전쟁에 참여하지 않았다. 이 기간에 미국은 전쟁 특수를 톡톡히 누렸다. 프랑스가 1940년 독일에 항복한 후 독일·이탈리아 연합국과 전쟁을 벌인 영국은 산업혁명 이후 일군 모든 물적 토대를 전쟁에 투입했다. 하지만 독일 폭격기의 공격을 받은 영국은 전쟁 물자를 제대로 공급하지 못해 미국으로부터 군수 물자를 빌려올 수밖에 없었다. 미국은 이를 통해 엄청난 양의

금을 확보했고, 세계 재화의 40% 이상을 독자적으로 생산할 수 있는 경제 대국이 됐다. 그 덕분에 유럽의 금본위제도는 사실상 소멸한다. 이후 1944년 금과 달러의 태환을 인정하는 달러 기준 금본위제도인 브레튼우즈 체제Bretton Woods system가 정착된다. 이로써 미국은 전 세계 자본주의 경제 질서[1]를 장악해 군수 생산을 독점할 수 있게 됐다.

세계대전 이후 찾아온 40년간의 냉전에서도 미국은 승리했다. 세계대전과 냉전 대결에서 승리하면서 미국의 위세는 가히 하늘을 찔렀다. 미국에 대적할 나라가 없을 것이란 전망이 우세했다. 미국의 세계 지배는 계속될 것처럼 보였다. 하지만 2007년 세계 경제 위기 이후 미국의 경제적 위상은 흔들리고 있다. 그 사이 '세계 공장'을 가진 중국이 급부상했다. 2020년이면 중국이 미국을 추월해 세계 최고의 경제 대국이 될 것이란 전망이 쏟아져 나오고 있다. 하지만 미국은 기축통화를 통해 경제 대국의 지위를 유지하고 있다. 또한 미국은 중국에 비해 막강한 군사력으로 여전히 세계 패권을 손에 쥐고 있다. 미국은 양차 세계대전을 승리로 이끌면서 전 세계 100여 국 이상에 군대를 파견해 운영하고 있다. 그 힘은 미국의 세계 지배를 위한 물적 토대가 됐다. 전 세계에 파견된 미군은 철저히 자국의 이익을 위해 복무해왔다는 사실이 최근 속속 밝혀지고 있다.

미군은 1945년 9월 2일 일본이 도쿄 만에 떠 있는 미국 미주리호 선상에서 항복 문서 조인식을 진행한 후[2] 9월 8일 인천에 상륙했다. 한반도 38도선 이남 지역에서 미군의 역사가 시작된 것이다. 미 24군단 휘하의 2개 사단은 하지Hodge 중장의 지휘 아래 이튿날부터 한반도 38선 이남 지역을 지배하는 점령군으로 주둔하기 시작했다.[3] 주한미군이 반세기 넘게 한반도에서 주둔한 결정적 계기는 1950년 발발한 한국전쟁이다.

한미상호방위조약은 휴전에 반대하는 당시 이승만 대통령을 비롯한 한국 정부를 무마하고, 휴전 후 미군의 감축에 따른 공백을 메우기 위해 체결됐다.[4] 주한미군은 광복 후 68년째 한반도에 주둔하고 있다.

2013년은 한국과 미국이 동맹을 맺은 지 60년이 되는 해이다. 한국 외교부는 1953년 10월 1일 한미상호방위조약이 체결된 이래 반세기 넘게 한·미 동맹이 북한의 군사적 위협을 억제하고 동북아시아 안정과 평화를 유지하는 데 기여했으며, 아시아·태평양 지역의 평화와 안정을 위한 핵심축linchpin의 역할을 했다고 평가했다. 한미상호방위조약이 체결된 이래 반세기 넘게 지속된 한·미 동맹이 한반도에 미친 영향은 어떠할까? 외교부는 이 조약이 북한의 군사적 위협을 억제하고 동북아시아 안정과 평화를 유지하는 데 기여했다고 평가했지만, 사실 한·미 관계가 순조롭지만은 않았다. 미국의 방위 지원 규모, 작전통제권 반환 문제, 불평등한 한·미 행정협정 개정 등 여러 갈등을 겪었다. 미군이 인천에 첫발을 내디딜 당시, 주한미군이 이렇게 오랜 시간 우월적 지위를 가지고 주둔할 것이라고 예상한 사람은 없었다. 주권 국가에서 반세기 넘게 영토를 점유하고, 해당 국가의 엄청난 보조금을 받으며 주둔하는 외국 군대는 전 세계에 주한미군이 유일하다.

근대 국가 출현 후 제국주의 국가들에 의한 직접적인 식민지 침탈은 양차 세계대전을 거치면서 중단됐다. 강대국 군대가 타국 영토에 수십 년 넘게 주둔하는 경우는 전범 국가들 정도였다. 그러나 전범 국가인 독일, 일본과 달리 한국은 제국주의 침략으로 수탈과 학살 등을 당한 피해 국가임에도 불구하고 외국 군대가 여전히 주둔하고 있다. 주한미군의 주둔은 유일한 분단국가의 단면을 그대로 보여준다.

상상 이상의 피해가 한국전쟁에서 발생하자, 미군은 1951년 6월 중공군과 유엔군 간에 휴전회담을 위한 예비교섭을 진행했다. '북진통일'을 주장한 이승만 대통령은 휴전 반대 의사를 공개적으로 표명했고, 아이젠하워 미국 대통령에게 친서를 보내 "휴전 전에 한미방위조약을 체결하고 한국군에 대한 지원을 약속해준다면, 휴전에 동의할 수 있다"고 제안했다. 휴전 전 방위조약의 체결을 미 행정부가 거부하자, 이승만 대통령은 '휴전 반대, 단독 북진' 노선을 다시 천명하고, 반공포로 석방도 단독으로 진행했다.[5] 미국은 휴전 반대를 우려하고 반공포로 석방과 같은 한국 정부의 독자적 행동을 방지하기 위해 1953년 로버트슨 국무차관보를 대통령 특사 자격으로 한국에 파견했고, 17일간 협의해 공동성명을 발표했다. 휴전 후인 1953년 8월 8일, 당시 변영태 외무장관과 델레스 미 국무장관은 한미상호방위조약 초안을 가조인한다.[6] 가조인된 한미상호방위조약은 그해 10월 1일 워싱턴에서 정식으로 조인된다. 미군의 한국 주둔은 미국의 요구라기보다는 한국전쟁 후 근본적인 안전 보장책을 요구한 이승만 대통령의 집요한 요청으로 이루어졌다. 그 집요한 요청은 한국이 세계 경제 대국 11위에 오른 현시점까지 이어지고 있다. 한국전쟁 휴전 직후 주한미군은 최대 32만 5000명이나 한국에 주둔했다.

미국의 세계 지배 전략에 따라 주한미군은 단계적으로 철수한다. 한국은 미국에 전략적으로 중요했지만, 한국 그 자체가 중요한 것은 아니었다.[7] 미군이 한반도에 주둔한 60년 동안 네 차례에 걸친 주한미군의 감축 혹은 철수 과정을 살펴보면, 한국 정부의 요청에 의한 것은 한 번도 없었다. 모두 한국 정부와 사전 협의 없이 미국의 전략 변화에 따라 일방적인 통보로 이루어졌다. 닉슨 독트린 발표 이후 한국의 이해와 무관하게 미 7사단이 철수한 경우가 대표적이다. 미국은 주한미군 규모를 1960년 대까지 약 6만 3000명 선으로 지켜왔다. 그러나 1969년 취임한 닉슨 대통령은 해외 군사 개입 축소를 시사했고, 1971년 3월 미 7사단 2만여 명을 한국에서 빼냈다. 닉슨의 후임인 지미 카터(Jimmy Carter) 대통령은 박정희 대통령의 유신독재에 비판적이었다. 카터도 주한미군 지상군 완전 철수를 시사했다. 하지만 미국 내 안보전문가들이 반발하고, 박정희 대통령이 정치범 석방을 약속하는 등의 이유로 주한미군 철수 규모는 약 3400명에 그쳤다.[8]

국제사법법원은 안정적 인구, 사람이 사는 영토, 조직화된 정부, 타국으로부터 독립을 국가의 4대 요소로 본다. 트로츠키는 모든 국가는 폭력에 기초를 두고 있다고 정의했다. 독일의 유명한 사회학자 막스베버(Max Weber)도 트로츠키[9]의 말에 전적으로 동의했다. 베버는 근대 국가의 요소로 폭력 수단의 독점적 통제, 영토권, 주권, 관료제, 비인격적 권력, 권위, 시민권, 조세 등을 꼽았다. 이 중 폭력 수단의 독점적 통제, 영토권, 주권, 관료제, 조세는 근대 국가의 본질적인 특성에 속한다고 했다.[10] 폭력의 독점 없는 사회가 조직됐다면 국가라는 개념은 어떻게 보면 쉽게 사라지고 없었을 것이다.

영화 〈화려한 휴가〉(2007)는 폭력을 독점한 국가가 평화로운 일반시민들에게 무차별적으로 폭력을 가하는 장면을 보여준다. 아무 이유 없이 국가가 휘두른 폭력에 무방비로 당한 시민들은 불순분자가 되어 총을 들고 항거했다. 정의롭지 못한 폭력을 휘두른 국가에 저항한 광주 시민들의 투쟁을 민주항쟁으로 평가하는 것도 이 때문이다. 이처럼 근대 국가 출현 이후 주권을 가진 국가는 특정한 영토 내에서 정당한 물리적 폭력의 독점을 관철시키는 지배조직이다.[11] 국가가 국민을 통제하고 지배하는 데 사용하는 주요한 물리력은 형벌권이다. 주한미군은 한국 정부가 합법적으로 가지고 있는 물리적 폭력(형벌권 포함)을 반세기 넘게 독점 또는 침범하고 있다. 결국 한국의 주권은 온전한 주권이라고 할 수 없다.

한반도의 배꼽에 해당하는 인천에는 1945년 9월부터 미군이 주둔했다. 대부분의 주한미군기지들이 전쟁 중인 1951년 생긴 것에 비하면 6년 정도 빠르다. 보급창, 의무대, 공병대, 통신대, 항공대 등의 주한미군 부대들이 부평에 자리를 잡기 시작했다. 1970년 초반까지 대규모로 한반도에서 철수할 때도 부평미군기지는 경기도 북부, 대구, 부산 등지의 전략적 기지들과 함께 계속 존재해왔다.[12]

한국전쟁 이전부터 부평에 주둔한 주한미군은 미군수지원사령부 Army Service Command(ASCOM)였다. 그래서 부평의 미군기지를 '애스컴시티Ascom City'로 명명했다. 애스컴시티는 1973년 6월 30일자로 부평지역에서 공식적인 기능을 마치고 해체된다. 대부분의 미군 부대와 시설들이 한국의 다른 기지로 흡수 또는 통합되거나, 주일미군기지 또는 미 본토로 이전하면서 애스컴은 사라지고 '캠프마켓Camp Market'이란 이름이 붙여진다.

그후 냉전체제 해소에 따른 미군의 전략적 이유와 인천 지역사회의 끊임없는 요구로 캠프마켓은 2002년 한미연합토지관리계획LPP. Land Partnership Plan[13]에 의해 2008년까지 반환하는 것으로 결정됐다. 하지만 캠프마켓이 이사 갈 평택미군기지 조성 사업이 미국의 재정난 등으로 제대로 추진되지 못해, 이전 시점은 2016년 전후가 될 것으로 예상된다. 2013년 국방부 주한미군기지이전사업단과 인천시는 한미연합토지관리계획에 의거해 공여가 해제돼 반환되는 캠프마켓 부지에 대한 국유재산 관리 · 처분의 원활한 시행을 위해 협약했다. 캠프마켓의 반환과 그에 따른 토지 활용 방안이 본격적으로 논의되기 시작한 셈이다.

책에는 캠프마켓의 과거와 오늘 그리고 미래에 관한 이야기를 담았다. 〈부평신문〉과 〈시사인천〉 기자로 10년 동안 취재하면서 모은 자료 등을 종합했다. 이 책은 반환 예정인 캠프마켓의 역사성을 되짚어보고, 시민들의 관심과 참여 속에 되찾은 캠프마켓의 올바른 활용 방안이 도출되기를 바라는 마음에서 출발했다. 부평은 인천과 다른 독특한 역사와 문화를 가진 도시로 성장했다. 일제 조병창, 애스컴과 캠프마켓의 아픈 역사를 되돌아보면서 부평의 '타자성(他者性)'[14]이 왜 형성되었는지에 대해 알 수 있는 작은 단초가 되기를 바라는 마음에서 저술했다.

부평 사람들은 군대 등 외지에서 자신을 소개할 때 보통 '부평 사람'이라고 하지 '인천 사람'이라고 하지 않는다. 부평 사람들은 왜 '부평 사람'이란 표현을 즐겨 썼을까. 인천으로부터의 소외감이 컸기 때문일 것이다. 이로 인해 일부 부평 사람들은 '부평(독립)시'를 만들려고 시도하기도 했다. 하지만 번번이 좌절됐다. 부평이라는 도시를 이해하기 위해서는 통시적(通時的)이고 종합적(綜合的)인 접근이 필요했다. 어떤 계기로 부평이라는 도시가 형성되어 발전했고, 현재 어떤 사람들이 살고 있는지를 밝히는 것이 필요했다. 정착한 주민들의 갈등과 동화 그로 인한 정체성 변화, 아울러 정치 · 경제 · 문화적 변화를 살핀다면 부평이라는 지역을 좀 더 쉽게 이해할 수 있을 것이다.

이 책을 계기로 '부평 사람'에 의한 부평 연구서들이 추가적으로 나오기를 기대한다. '부평 사람'만을 외칠 것이 아니라, 부평 출신들의 내 고장 부평에 대한 부단한 연구가 필요한 시점이다.

이 책이 나올 수 있게 물적·시간적으로 배려해 준 〈시사인천〉 직원들에게 감사 인사를 드린다. 또한 일제감정기와 1960~70년대 부평의 자료 등을 모으는 데 협조하고 격려를 아끼지 않은 김현석 전 부평사편찬위원회 상임연구원, 1995년 이후 캠프마켓 반환 운동을 전개해온 '우리 땅 부평미군기지 되찾기 및 시민공원 조성을 위한 인천시민회의' 김성진·한상욱 전 공동대표, '평화와 참여로 가는 인천연대' 이광호 사무처장과 장금석 전 사무처장, '부평미군부대 공원화추진 시민협의회' 곽경전 집행위원장, 최용규 전 공동대표에게 감사드린다. 아울러 주일미군 사례를 연구하고 도움을 주신 공미옥 씨에게 감사의 말을 전한다.

2013년 11월 한만송

1

오욕의 땅
부평미군기지

오호라 검(劍)이 어찌 만능(萬能)이며, 역(力)이 어찌 승리(勝利)이요.
정의가 있고, 인도(人道)가 있도다.

— 한용운 '조선독립의 서'

인천광역시 부평구 산곡동 소재 부평미군기지(이하 캠프마켓)는 한국
현대사의 아픈 과거를 그대로 간직하고 있다. 캠프마켓 부지는 배신과
탐욕으로 민족을 판 친일의 상처를 고스란히 간직한 땅이다. 또한 제국
주의의 탐욕과 전쟁, 그리고 제국주의자들의 약소국에 대한 군사 지배의
상징이 된 아픈 우리의 역사다. 이 책은 20세기 초 한반도가 겪은 혹독한
역사에서 출발한다.

일본 제국주의는 대한제국을 점령했고, 1910년 8월 29일 강제로 한
일합방조약을 체결했다. 일제는 그해 10월 7일 조선인 76명에게 작위와
은사금을 내려준다. 대한제국을 집어삼키는 데 공로가 컸던 친일파 이완
용, 송병준을 비롯한 이들에게 일본 귀족과 유사한 공(公)·후(候)·백
(伯)·자(子)·남(男)이라는 작위를 수여한 것이다. 친일파들은 나라를
판 대가로 엄청난 부를 축적했다. 1911년 조사에 의하면 박영효, 이완용,
이재완, 송병준, 민영휘 등이 소유한 재산은 무려 50만 엔에 달했다.[15] 캠
프마켓이 깔고 앉은 땅과 그 주변은 우국지사 민영환의 소유였다가 송병
준[16] 손에 넘어갔다. 그 뒤 몇 사람이 소유했다가 일제의 전쟁 물자를 생
산하는 조병창이 들어섰다.

나라 잃은 우국지사의 땅,
외세(外勢) 100년 주둔

현 캠프마켓 부지와 주변 땅은 조선 말까지 민태호[17]의 소유였다. 민태호는 자식이 없어 흥선대원군의 처남인 민겸호의 장남 민영환(閔泳煥, 1861. 7. 2~1905. 11. 30)을 입양했다. 민영환은 고종과 내외종간이다. 더구나 민겸호는 민치구의 아들로 민태호·민승호와 형제였고, 민승호는 명성황후 민 씨의 부친인 민치록의 양자였다. 따라서 민영환은 명성황후 민 씨의 친정 조카뻘도 됐다. 민태호가 당시 어느 정도의 세도가였는지 짐작할 수 있을 것이다. 민태호의 양자이자 고종의 조카인 민영환도 자연스럽게 세도가의 반열에 올랐다. 민 씨 집안 자체가 세도가였지만, 민영환은 어려서부터 한학을 공부해 약관 17세에 정시문과에 병과로 급제했다. 가문 배경과 당시 명성황후와 고종의 신임을 받은 민영환은 출세가도를 달렸다. 과거 급제 후 20세에 정3품[18]에 해당하는 당상관으로 승진해 동부승지가 됐다. 이후에도 이조참의, 도승지, 홍문관 부제학 등을 지내다가 1887년 27세의 젊은 나이에 예조판서까지 올랐다. 또한 두 차례에 걸쳐 병조판서를 역임했다가 1895년 8월에는 주미전권대사에 임명됐다.

그러나 조선의 국운은 이미 기울었다. 일제는 1894년 청일전쟁에서 승리한 뒤, 강화조약으로 시모노세키 조약[19]을 체결해 요동반도 점령을 획책했다. 조선은 일제를 피하기 위해 러시아 세력을 불러들였다. 명성황후는 러시아를 이용, 일제를 견제하려는 정책으로 친일 김홍집 내각을 무너뜨렸다. 민영환은 당시 '특명전권공사'로 임명되어 러시아 황제 니콜라이 2세 대관식에 참석했다. 민영환은 윤치호, 김득련, 김도일 등을 대동하고 러시아로 떠났다. 이후 민영환은 일본, 캐나다 밴쿠버, 뉴욕, 네덜란드, 독일, 폴란드 등을 견문했고, 러시아 황제의 대관식을 참관했다. 3개월 동안 러시아에 머물면서 서양의 선진 문물과 제도 등을 접했다. 귀국 후 민영환은 1897년 1월 다시 영국, 독일, 러시아, 프랑스, 이탈리아, 오스트리아 등 6개국 특명전권공사로 겸임 발령을 받고, 그해 3월 영국 빅토리아 여왕 즉위 60주년 축하연에 참석하기 위해 유럽으로 떠났다. 이때도 싱가포르, 인도, 수에즈 운하, 러시아 등을 거쳐 영국에 도착하는 여정을 통해 봉건국가 조선에선 볼 수 없었던 발전된 선진 문물을 체험했다.

민영환은 귀국 후 서구의 근대식 제도를 모방해 정치·군사 제도 등의 개혁을 주장했으며, 조국 근대화 의지를 보인 독립협회의 국민계몽운동에 찬동해 후원했다. 또한 1898년부터 서재필, 이승만, 이상재 등이 지도하는 독립협회가 본격적인 자주민권 자강운동을 전개하자 적극적으로 지지했다. 독립을 위해선 의회를 개설해야 한다고 역설하는 등, 이후에도 개혁파 내각에 참여해 풍전등화(風前燈火) 같은 조선을 지키기 위해 몸부림쳤다. 그러나 러일전쟁[20]에 승리한 일제는 대한제국 정부의 각료를 총칼로 협박, 1905년 11월 17일 '을사늑약(乙巳勒約)'을 강제 체결해 외교권을 강탈했다. 이에 민영환은 11월 27일 조병세와 함께 백관을 거느리고 어전에 나가 을사늑약에 서명한 이완용 등 5적을 처형하고, 조약을 파기할 것을 상소했다. 결국 민영환은 11월 30일 45세의 나이로 '2천만 동포와 각국 공사에게 보내는 유서' 두 통을 남기고 품고 있던 단도로

2005년 10월 18일 인천시민회의 회원들이 용인 소재 송병준의 묘지를 찾아 항의 퍼포먼스를 하고 있다. 〈시사인천 자료사진〉

목을 찔러 자결했다. 민영환이 남긴 '2천만 동포 유서'에는 "한 번 죽음으로 황은에 보답하고 2천만 동포형제에게 사죄하지만 죽어도 죽지 않고 저승에서라도 제공을 기어이 도우리니 동포들은 학문에 힘쓰며 한 마음으로 힘을 다해 우리의 자유 독립을 회복하면 죽어서라도 마땅히 저 세상에서 기뻐 웃으리"라고 적혀 있었다. 그의 죽음은 당시 언론에 보도되어 나라 잃은 국민에게 큰 충격과 함께 조국 독립을 향한 의병·계몽운동 등에 영향을 줬다. 한국 정부는 민영환의 공훈을 기려 1962년 건국훈장 대한민국장을 추서했다.

　여기서 잠시 민영환과 이승만 초대 대통령의 인연도 살펴보자. 이승만은 독립협회 간부로 활동하다가 일제로부터 정부 전복 혐의를 받고 1898년 체포되어 사형 선고를 받았다. 교도소 복역 당시 민영환은 이승만의 감형을 주선했다. 또한 1904년 이승만에게 고종의 밀서를 가지고 미국으로 건너가 루스벨트 대통령에게 일본의 조선 침략 저지를 호소하게 했다. 이런 인연으로 이승만은 대통령으로 재임할 때인 1950년에 경기도 용인시 구성면 마복리 소재 민영환 일가의 문중 선산에 안치되어 있는 민영환의 묘역을 참배했고, 일제가 파손한 민영환의 묘비를 다시 세우게 했다. 이승만 정부가 친일파를 대거 등용하면서 상당수 독립 운동가를 외면한 것과는 대조적으로 민영환을 극진하게 대한 셈이다.

민영환의 땅 친일파 송병준에 넘어가

민영환이 자결하자 해당 토지는 우여곡절을 거쳐 송병준의 소유가 됐다. 송병준은 민영환의 식객으로 있다가 무과에 급제했으며, 헤이그 밀사사건 후 황제 양위운동을 벌이고 일제에 국권을 넘기자는 청원서를 제출하는 등 친일매국 행위를 한 인물이다. 특히 을사늑약 이전의 적극적 친일파다. 송병준은 일진회를 조직해 일본의 군부와 우익단체들의 조정과 원조를 받았다. 일진회는 송병준이 일본 군부의 조정 아래에 독립협회 회원인 윤시병, 유학주, 염중모 등을 포섭해 1904년 8월 만든 조직이다.[21] 송병준은 이후 이용구의 진보회와 연합해 세력을 확대, 일본과 보호조약 체결을 주장했다. 또한 의병 투쟁이 '문명개화를 달성하는 데 장애가 된다'고 주장하며 의병 토벌에 가담했다. 이를 바탕으로 이완용 내각의 농상공부대신으로 입각되었다.

송병준이 이끈 일진회는 당시 이완용 내각과 대립관계에 있으면서 경술국치를 먼저 제기했다.[22] 단재 신채호 선생은 〈대한매일신보〉[23]에 '일본의 큰 충노(忠奴) 세 사람'이라는 논설을 써 송병준의 매국 행위를 규탄했다. 충노 세 사람은 송병준, 조중응(趙重應), 신기선(申箕善)이다. 단재는 송병준에 대해 "제일 충노 송병준은 일진회를 조직하야 5조약 시에 선언서로 일등공신이 되고, 그 수하 정병 40만 명으로 일본에 아첨해 자위단 토벌대로 전국을 소요케 했다"고 했다. 이어 "부지불각(不知不覺)에 전국 2천만 인종이 저 일본 3대 충노배의 소원과 같이 점점 일본인의 매와 일본인의 사냥개와 일본인의 소와 말이 되기가 쉬우리니, 슬프다. 박제상[24]은 이미 멀고, 김시민[25]은 이미 없으매, 침침한 그믐밤에 여호와 삵이 분분히 횡횡하는도다'라고 한탄했다.[26]

일진회를 적극적으로 조정하고 밀었던 이토 히로부미(伊藤博文)[27]의 사망을 전후해 이완용은 경술국치 문제에 대한 선수를 일진회에서 빼앗아왔다. 우선 내각으로 온 합방 청원을 거부했고 일진회 부회장인 홍긍섭, 원임 총무원 한석진, 윤길병 등을 매수해 탈퇴시켰다. 또한 반일진회적인 분위기를 조성해 대규모 국민연설회도 조직했다.

송병준이 민영환 가의 식객이었다는 것은 잘 알려진 사실이다. 그만큼 송병준 집안의 재산은 많지 않았을 것이다. 특히 송병준은 1895년부터 1904년까지는 일본 망명 중이었다. 그런데 망명에서 돌아온 후 불과 5~6년 만에 송병준은 부호 대열에 합류했다. 일제로부터 받은 은사금 등도 있었겠지만, 대부분은 부정한 공작금과 뇌물ㆍ횡령ㆍ강탈로 축적한 재산이었다.[28] 민영환과 송병준, 두 집안의 악연은 100년 동안 이어졌다. 송병준이 지금의 캠프마켓 부지와 주변 토지를 강탈하자, 당초 땅을 소유했던 민영환의 장남 민범식과 그의 모친 박소사는 송병준을 상대로 '계약 무효 확인 및 물건 인도 청구' 소송을 제기했다. 1908년 박소사가 송병준을 상대로 제기한 소송 목적물과 청구 원인서[29]를 보자.

"경기도 부평군(富平君) 남면(南面) 홍주산(洪州山) 밑(下) 소재(所在) 진황지(陳荒地) 길이(長) 구리(九里) 넓이(廣) 십리(十里) 서쪽(西) 홍주산(洪州山) 남쪽(南) 둔근촌(屯根村) 북쪽(北) 신성리(新星里) 동쪽(東) 부평정거장(富平停車場) 4표(四標, 사방의 경계표) 한계(限界)와 주택(家舍) 2채, 창고(庫舍) 2채, 농업기계(農業機械), 소나무(松), 호두나무(楸), 과수(果木), 뽕나무(桑木), 포도(葡萄), 핵과(核木), 도조(定睹) 30섬(石), 보(洑. 논에 물을 대기 위하여 둑을 쌓고 흐르는 물을 막아 두는 곳), 한 곳의 보관위탁(保管委託) 계약의 무효임을 확인하고, 그(其) 물건(物件)을 인도할 것"

위 소송 목적물 중에서 토지 부분에 해당하는 "경기도 부평군 남면 홍주산 밑 소재 진황지 길이 구리 넓이 십리 서쪽 홍주산 남쪽 둔근촌 북쪽 신성리 동쪽 부평정거장 4표 한계"에 해당하는 토지는 그 면적이 430만 평에 이르는 광활한 토지였다. 이 사건 부동산은 위 소송목적물인 토지[30]의 극히 일부분에 지나지 않는 것이다. 민범식의 대표자로서 친모인 박소사가 송병준을 상대로 소송을 제기한 청구 원인을 좀 더 살펴보면 당시의 생활상도 알 수 있다.

"광무(光武) 10년 2월(1906년 2월)경 항소인은 전게 물건을 대금 3,000원(圓)으로 피 항소인에게 매도한 것처럼 가장(假裝)하여 신문기[31]를 작성 교부해 피 항소인에게 그 보관을 위탁하였으나 그 후에 보관을 위탁할 필요가 없을뿐더러 소외 이종식이란 자가 6500원으로 위 물건을 매수한다는 취지의 신청을 함으로써 동년 3월 항소인은 이를 승낙하고 이종식에게 대금을 수취함에 따라 피 항소인에게 교부한 가장문기(假裝文記)의 반환을 구하고, 그 계약의 무효를 확인시키려는 청구였으나 불응(不應)함으로 본소(本訴)를 제기한다"

해당 토지의 원 소유자인 민영환이 순절한 이후 상속자인 민범식의 대표자로서 친모인 박소사가 가장 매매임을 이유로 계약 무효 확인을 구하면서 토지, 건물 및 시장 물건 일체의 인도를 구하고 있음을 알 수 있다.[32] 송병준은 "광무 10년(1906년 2월) 중 항소인으로부터 본소의 물건을 대금 3,000원으로 매수해 그 인도를 받은 자인 바 가장 매매 명의로 보관을 위탁받은 자가 아니며, 그렇지 않다고 하더라도 당해 물건은 동년 1908년 5월 8일 일본인 나카무라 세이로(中村正路)에게 매도했고, 인도를 했기에 항소인의 청구에는 응할 수가 없다"고 주장했다. 송병준의 답변에서 알 수 있듯이 현 캠프마켓과 주변 땅의 원 소유자는 민영환이었음을 알 수 있다.

전윤규, 주홍섭, 정병원 등 민영환 일가는 신문 광고(《대한매일신보》 1908년 12월 2일자)를 통해 당시 부평군 산곡리의 땅은 원래 민영환 집안에서 운영하던 '목양사' 농장이라고 주장했다.[33] 이 광고에 따르면, 민영환의 식객인 오신묵이 민영환의 부인에게 황실에서 부평 '목양사' 땅을 상납하라는 지시가 있을 것이니 땅을 송병준 쪽에 팔아 재산 피해를 면하도록 강제하였다는 것이다. 송병준은 매각 대신 자신에게 팔았다는 증서 한 장만 써주면 토지를 보전할 수 있을 것이라고 부인을 속이고 그 허위 증서를 근거로 일가를 공갈 협박해 '목양사' 토지를 빼앗았다.[34] 또한 땅을 빼앗긴 민영환의 미망인은 5남매의 생계를 유지할 수 없어 굶어 죽을 지경에

처했으나 송병준은 일진회의 돈으로 땅을 사들였다고 횡설수설 했다. 반면, 당시 송병준 쪽도 1908년 12월 11일 〈황성신문〉에 낸 광고를 통해 "민영환의 생모(달성 서 씨)가 오신묵과 상의해 '목양사' 땅을 빼앗길 우려가 있고, 민영환의 장례식을 치른 빚도 갚아야 하니 팔아달라고 간청해 차마 뿌리치지 못하고 일진회로 하여금 사들이게 한 것"이라고 반박했다.

이 분쟁에서 송병준이 1909년 승소했다.[35] 이토 히로부미의 통치 당시 재판부는 송병준을 비롯한 친일파에게 우호적일 수밖에 없었다. 민영환의 후손 민병기 씨는 "황현이 쓴 '매천야록'에는 '충정공(민영환)이 자결하자 송병준이 그 분의 재산 500석 지기(현 부평 산곡동)도 갈취했다'는 내용이 있다"며 "1908년의 재판은 시대 상황상 송병준에게 유리할 수밖

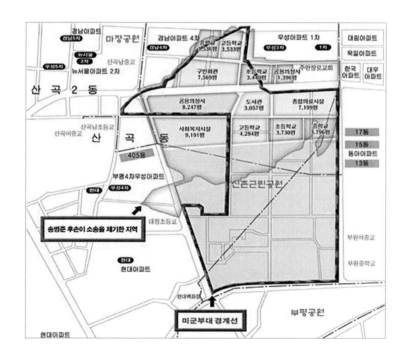

에 없는 무효 재판으로 소유권은 우리 쪽에 있다"고 반박했다.[36] 이 땅은 1925년 송병준 사망 당시 유산 정리를 하면서 타인 명의가 됐다.

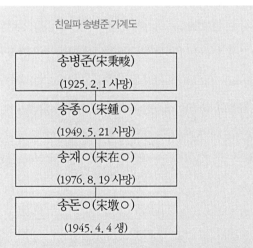

친일파 송병준 가계도

송병준(宋秉畯)
(1925. 2. 1 사망)
송종○(宋鍾○)
(1949. 5. 21 사망)
송재○(宋在○)
(1976. 8. 19 사망)
송돈○(宋墩○)
(1945. 4. 4 생)

* 송병준의 증손자는 모두 6명이다. 하지만 장자를 비롯해 4자까지 한국전쟁을 전후해 모두 사망 또는 실종됐다. 조상 땅 찾기 소송을 제기한 송돈○ 씨는 5자 호주 상속자다. 이외에도 6자 장녀, 2녀, 3녀와 장자 손규○의 장녀 송추○ 등이 소송에 참여했다.

오욕의 땅 부평미군기지

송병준의 후손과 민영환의 후손은 그 후 100년 만에 다시 캠프마켓 주변 땅에 대한 2차 소송전을 벌였다. 1라운드에서는 송병준 후손이 승소했지만, 2라운드에서는 패했다. 그렇다고 민영환의 후손이 승소한 것은 아니었다. 송병준의 후손인 송 아무개 외 6명은 2002년 9월 인천시 부평구 산곡동 산 15-11 임야 외 5필지 9752㎡(당시 공시지가 62억 원)가 선조 송병준이 조선총독부로부터 사정을 받아 원시 취득한 토지이므로, 국가는 해당 부동산 등기의 말소 절차를 이행하라고 소송을 제기했다.

또한 이 반환 청구가 받아들여지면 추후에 캠프마켓 주변 전체 부동산 58필지 36만 4583㎡(11만 평)에 대해서도 소송을 진행하겠다고 밝혔다. 이에 앞서 송 씨는 1994년과 1997년에 땅의 소유권을 주장했지만, 증거 불충분으로 패소하거나 기각당했다.[37] 송병준의 후손들은 선조인 송병준이 임야의 일부를 개간하고 일부에 조림을 함으로써 1916년 11월 28일 또는 1919년 1월 6일 해당 부동산을 송병준의 명의로 사정받아 임야조사부에 기재됐으나, 국가가 취득한 재산으로 임야대장에 허위로 기재하여 소유권 보존 등기를 마쳤기 때문에 국가의 소유권 보존 등기는 무효라고 주장했다. 송 씨는 이러한 주장의 근거로 부동산에 대한 사정 절차가 완료된 1921년 10월 30일 이전에 제3자(강인규, 동치교) 명의로 소유권 이전 등기가 이루어진 것은 모순이라는 주장 등을 내놓았다. 이에 대해 피고인 정부는 1923년 4월 24일 소유권을 이전 받아 국유재산(산림청·국방부)으로 취득했다고 반론했다.

2004년 기준으로 송병준 후손이 조상 땅이라고 주장한 토지는 '부천

순번	임야조사부상 부동산 표시	현 등기부상 부동산 표시(괄호 안 표시는 토지대장상 지목, 면적임)	사정 및 구 토지대장상 소유권변동내역	송병준 명의 등기 (관할 등기소 : 인천지방법원 북인천등기소)
1	부천군 부내면 산곡리 산3	인천 부평구 산곡동 281-11 도로 486㎡	①1916(대정5).11.28 송병준 사정 ②1921.3.12. 강아무개에게 소유권 이전 ③1922.3.16. 동아무개에게 소유권 이전 ④1923.4.24. 국가에게 소유권 이전	1968.12.9. 접수 제15130호 소유권보존등기
2		같은 동 281-29 전 20㎡		
3		같은 동 294-32 도로 496㎡		
4		같은 동 294-34 도로 764㎡		
5		같은 동 294-112 잡종 340㎡		
6	같은 리 산5 (같은 리 산 293과 분할 합병되었고, 산293은 1910.8.28. 중촌정로가 사정받아 1910.9.17. 송병준명의로 소유권이전등기가 경료 됨)	같은 동 388-1 잡종지 56㎡	①1919.1.6. 송병준 사정 ②1920.9.9. 강아무개에게 소유권 이전 ③1922.3.14. 동아무개에게 소유권 이전 ④1925.10.21. 동아무개에게 소유권 이전 ⑤1933.5.20. 국가에 소유권 이전	1973.11.21. 접수 제16542호 소유권보존등기
7		같은 동 293-5 잡종지 954㎡		1933.6.8. 접수 제6338호. 소유권이전등기
8		같은 동 293-7 잡종지 476㎡		
9		같은 동 293-12 잡종지 142㎡		1989.8.25. 접수 제96717호 소유권이전등기
10		같은 동 293-14 잡종지 1146㎡		
11		같은 동 294-15 잡종지 142㎡		1975.6.26. 접수 제8332호. 소유권보존등기
12	같은 리 산7	같은 동 294-102 잡종지 1016㎡	①1919.1.6. 송병준 사정 ②1921.3.12. 강아무개에게 소유권 이전 ③1922.3.16. 동아무개에게 소유권 이전 ④1923.5.20. 국가에 소유권 이전	1975.6.26. 접수 제8333호 소유권보존등기
13		같은 동 294-107 잡종지 29㎡		
14	같은 리 산10	같은 동 294-66 잡종지 100㎡		1981.8.29. 제수 제 27572호 소유권보존등기
15	같은 리 산11	같은 동 294-65 잡종지 223㎡		
16	같은 리 산13	같은 동 294-148 잡종지 18 ㎡(산13-2 임야 5㎡에서 등록전환됨)	①1919.11.28. 송병준 사정 ②1921.3.12. 강아무개에게 소유권 이전 ③1922.3.16. 동아무개에게 소유권 이전 ④1923.5.20. 국가에 소유권이전	같은 등기소 1975.6.13. 접수 제7794호 소유권보존등기

17		같은 동 294-149 잡종지 180㎡(산 13-3 임야 119㎡에서 등록전환됨)		
18	같은 리 산 14	같은 동 294-56 잡종지 331㎡		1981.8.29. 접수 제 27572호 소유권보존등기
19		같은 동 294-57 잡종지 405㎡		1989.8.25. 접수 제96717호 소유권이전등기
20		같은 동 294-104 잡종지 13㎡	①1919.1.6. 송병준 사정 ②1921.3.12. 강아무개에게 소유권 이전 ③1922.3.16. 동아무개에게 소유권 이전 ④1923.4.24. 국가에 소유권이전	1981.8.29. 접수 제27572호 소유권보존등기
21		같은 동 294-105 잡종지 56㎡		
22		같은 동 294-106 잡종지 173㎡		
23		같은 동 294-110 잡종지 3㎡		1981.8.29. 접수 제27571호 소유권보존등기
24		같은 동 294-111 잡종지 326㎡		
25	같은 리 산 15	같은 동 284-27 임야 405㎡		
26		같은 동 284-28 임야 345㎡		
27		같은 동 292-1 잡종지 8만 4134㎡(산 15-2 임야 8만 3757㎡에서 등록전환)		
28		같은 동 292-2 잡종지 177㎡(산15-11 임야 188㎡에서 등록전환)	①1919.11.28. 송병준 사정 ②1921.3.12. 강아무개에게 소유권 이전 ③1922.3.16. 동아무개에게 소유권 이전 ④1923.4.24. 국가에 소유권이전	1968.12.9. 접수 제15131호 소유권보존등기
29		같은 동 292-3 잡종지 766㎡(산15-15임야93㎡에서 등록전환)		
30		같은 동 292-4 잡종지 77㎡(산 15-15 임야93㎡에서 등록전환)		
31		같은 동 292-5 잡종지 21㎡(산 15-16 임야 17㎡에서 등록전환)		
32		같은 동 292-6 잡종지 214㎡(산 15-19 임야 226㎡에서 등록전환)		

33		같은 동 292-7 잡종지 121㎡(산15-20 임야 147㎡에서 등록전환)		1968.12.9. 접수 제15131호 소유권보존등기
34		같은 동 292-8 잡종지 168㎡(산15-21 임야 185㎡에서 등록전환)		
35		같은 동 292-9 잡종지 115㎡(산 15-22 임야 113㎡에서 등록전환)		
36		같은 동 292-10 잡종지 108㎡(산15-23 임야 101㎡에서 등록전환)		
37		같은 동 292-11 잡종지 221㎡(산15-24 임야 216㎡에서 등록전환)		1968.12.9.접수 제15181호 소유권보존등기
38	같은 리 산15	같은 동 292-12 잡종지 39㎡(산 15-25 임야 37㎡에서 등록전환)	①1919.11.28. 송병준 사정 ②1921.3.12. 강아무개에게 소유권 이전 ③1922.3.16. 동아무개에게 소유권 이전 ④1923.4.24. 국가에 소유권이전	
39		같은 동 292-13 잡종지 2㎡(산15-27 임야 3㎡에서 등록전환)		
40		같은 동 292-14 잡종지 132㎡(산 15-29임야 137㎡에서 등록전환)		
41		같은 동 292-15 잡종지 4938㎡(산 15-31 임야 4782㎡에서 등록전환)		1968.12.9. 접수 제15131호 소유권보존등기
42		같은 동 292-16 잡종지 1409㎡(산 15-32 임야 1367㎡에서 등록전환)		
43		같은 동 292-17 잡종지 247㎡(산15-33 임야 247㎡에서 등록전환)		
44		같은 동 산 15-36 임야807㎡		
45		같은 동 산 15-37 임야151㎡		

46	같은 리 산 17	같은 동 산 17 임야 3868㎡	①1919.11.28. 송병준 사정 ②1921.3.12. 강아무개 에게 소유권 이전 ③1922.3.16. 동아무개 에게 소유권 이전 ④1923.4.24. 국가에 소유권이전	1985.8.29. 접수 제65337호 소유권보존등기
47	같은 리 산 19	같은 동 294-14 잡종지 1만 2138㎡	①1919.1.6. 송병준 사정 ②1921.3.12. 강아무개 에게 소유권 이전 ③1922.3.16. 동아무개 에게 소유권 이전 ④1923.4.24. 국가에 소유권이전	1981.8.29. 접수 제27572호 소유권보존등기
48		같은 동 294-68 잡종지 2726㎡		
49		같은 동 294-70 잡종지 30㎡		
50		같은 동 294-132 잡종지 61㎡		
51		같은 동 294-142 잡종지 1762㎡		
52		같은 동 294-143 잡종지 1190㎡		
53		같은 동 294-144 잡종지 570㎡		
54		같은 동 20 잡종지 973㎡		
55	같은 리 산 20	같은 동 산 20 임야 11만 9313㎡	①1919.11.28. 송병준 사정 ②1921.3.12. 강아무개 에게 소유권 이전 ③1922.3.16. 동아무개 에게 소유권 이전 ④1923.4.24. 국가에 소유권이전	1975.6.13. 접수 제7896호 소유권보존등기
56		같은 동 산 20-6 임야 5만 5536㎡		
57		같은 동 산 20-7 임야 3827㎡		
58		같은 동 산 20-8 임야 6만 474㎡		

군 부내면 산곡리 산3(현재 산곡동 281-11, 281-29, 294-32, 294-34, 294-112) 등 58필지로, 공시지가는 1787억 8884만 원에 이른다. 당시 송병준의 후손은 토지 브로커 등과 결합해 종교단체를 내세워 소송을 제기했다. 또한 인천시 부평구 부평1동 소재 대림아파트 터 일부에 대해 소유권 반환 소송을 내 주민들의 재산권 행사를 막기도 했다.[38] 이에 주민들이 강하게 반

발하자 여론 등을 의식해 소송을 바로 취하했다. 송병준 후손들의 토지 소유권 반환 소송을 맡은 이아무개 변호사(62)는 당시 언론 인터뷰에서 "이 소송 때문에 억울한 피해자가 생기는 일이 없도록 하겠다는 것이 송병준 후손들의 생각"이라고 했다. 그는 "소송 대상 20만 평 중 국방부에서 일반인에게 매각한 8만 평을 제외하고 소송을 냈으나, 의도하지 않은 아파트 터와 학교 터가 포함되어 있어 이들 땅에 대한 소송을 취하했거나 취하할 예정"이라고 말했다.

2005년 11월 23일 서울중앙지방법원 23 민사부가 송병준 후손이 국가를 상대로 제기한 '원인 무효로 인한 소유권 등기 말소' 소송에 대한 판결문을 살펴보자. 재단법인 한민족평화재단이 송병준 후손의 보조참가인으로 참가했으며, 피고는 역시 대한민국이다. 독립 당사자 자격으로 민영환의 후손도 참여했다. 송 씨 측은 아래와 같이 주장했다.

"부동산에 관한 임야 사정 절차의 종료 시기는 1921년(대정 10년) 10월 30일이고, 임야 사정[39] 절차의 종료 이후에 작성된 분할 전 부동산에 관한 임야대장은 1923년(대정 12년) 1월 25일에 이르러서야 관할 부천군에 인계되었으므로, 분할 전 부동산에 관한 송병준 명의의 소유권 보존 등기[40]는 빨라야 1923년 1월 25일 이후에 비로소 가능하게 됐고, 그보존 등기에 터 잡은 이전 등기 역시 그 이후에야 가능하게 됐다. 대한민국 정부가 주장한 1923년(대정 12년) 4월 24일부로의 '국(國)' 소유권 이전은 공무원에 의해 허위로 작성됐다"

"1960년 이전에 대한민국 명의로 이전 등기됐던 사실이 없었고, 1923

년부터 1년 이상 해당 토지의 소유권이 타인에게 이전됐지만 소유권 등기상의 필적이 동일인이 동시에 기재한 가능성이 높기 때문에 허위로 기재됐다고 주장했다. 이외에도 해당 토지는 일제에 협력한 대가로 취득한 토지가 아니라, 시천교(侍天敎)[41]의 교도들이 개간 준공해 이룬 시천교의 재산인데, 당시 시천교의 교주였던 송병준 명의로 사정 또는 취득했다"

원고의 주장에 대해 법원은 "토지대장이나 임야대장에 기재되어 있는 '국(國)' 명의의 소유권 이전 등록은 허위로 기재된 것으로 보아야 한다는 취지의 주장을 하나, 이와 같은 사정만으로 위 대장상의 '소유권 이전란'의 기재가 허위로 작성된 것이라고 단정할 수 없다"고 원고 청구를 기각했다.

1심에서 패한 송병준의 후손은 바로 항소했다. 항소 과정에서 송병준 후손은 17대 국회에서 제정한 '친일반민족행위자재산의국가귀속에관한특별법(2005. 12. 29. 이하 친일재산특별법)[42]이 헌법에 위배된다며 위헌법률심판제청을 신청했다. 송병준의 후손은 친일재산특별법이 진정한 일제 잔재의 청산과 민족정기의 복원, 진실 및 화해를 통한 사회통합 등을 위한 것이 아니라, 친일재산의 국가 귀속만을 목적으로 하고 있어 헌법 정신과 이념에 반한다고 주장했다. 또한 구체적인 친일 행위가 아니라 특정 직위에 있었다는 이유만으로 친일반민족행위자로 정하는 것은 친일반민족행위자와 그 후손들의 인간으로서 존엄과 가치, 재판을 받을 권리를 침해하고 적법 절차 원칙에도 위배된다고 위헌 제청을 했다.

이외에도 러일전쟁 개전일부터 1945년 8월 15일까지 일제에 협력한 대가로 취득하거나 이를 상속받은 재산 등을 친일재산이라고 규정하는 것은 국민을 친일과 항일로 갈라놓고, 친일반민족행위자와 그 후손이라는 이유로 불이익을 줌으로써 친일반민족행위자 등의 인격권과 재산권 등을 침해했다고 주장했다. 아울러 친일반민족행위자 등이 명의신탁 받은 재산이나 법률의 규정에 의해 취득한 재산 등에 대한 예외 규정을 두지 않았고, 입증 책임을 조사위원회가 아닌 개인에게 부과하는 등 소급 입법에 의한 재산권 침해 금지, 재산권의 본질적 내용 침해 금지, 적법 절차 원칙을 위배하는 등 평등권, 정당한 재판을 받을 권리를 침해했다고 항변했다. 송 씨의 위헌법률심판제청도 법원으로부터 받아들여지지 않았고 항소심과 대법원에서 모두 패소했다.

대법원 민사2부(주심 김지형 대법관)는 2011년 5월 11일 송병준 후손이 제기한 '원인 무효로 인한 소유권 등기 말소' 소송에 대해 "친일재산특별법상 귀속 조항 등이 헌법에 위반되지 않음을 전제로, 해당 부동산은 친일반민족행위자 송병준이 조선총독부로부터 받은 친일재산에 해당돼 국가 소유라고 판단한 원심은 정당하다"고 판결했다. 캠프마켓 땅을 놓고 진행된 친일파 후손의 조상 땅 찾기 소송이 약 20년 만에 종결된 셈이다.[43] 참고로 송 씨는 경기도 파주시 장단면 석곶리 130(답 13만 559㎡)과 같은 리 132(답 6만 4694㎡)에 대해서도 1999년부터 땅 찾기 소송을 세 차례나 제기했지만 법원에서 패소했다.

송병준 후손 시민단체 활동 재판에 영향줘

재판 결과에 대해 당시 송병준의 후손은 필자와 한 전화 인터뷰에서 "현재는 뭐라 말하기 어렵다. 여력이 없다"고 한 뒤 "국가 소유에 대한 등

인천시민회의 회원들이 송병준 후손의 조상 땅 찾기를 규탄하는 퍼포먼스를 캠프마켓 옛 정문 앞에서 진행하고 있다. 인천시민회의는 당시 송병준 후손의 조상 땅 찾기 소송을 규탄하는 인천시민 10만인 서명운동을 벌여 탄원서를 법원에 제출했다.

기가 없고, 과거 재판에서 소유권은 송병준에게 있다는 판결이 있다. 등기부 필적 등에 대한 법원의 검토가 제대로 진행되지 않은 것 같다"고 아쉬움을 토로했다. 친일재산특별법 제정과 시민단체, 국회의원 등의 탄원서 제출 등이 재판에 영향을 준 것으로 보이느냐는 질문엔 "나는 최선을 다한 것이다. 막을 길이 없다. 재판에 방해가 된 것은 사실이다. 그로 인해 법원에도 못 나갔다"고 말했다. 소송을 다시 제기할 것이냐는 물음에 대해서는 "아직 모르겠다"고 했다. 송병준 후손은 항소심 재판 인지대로만 2억 5000만 원 이상을 지출했다. 여기에 변호사 선임 비용까지 합하면 상당한 소송 비용을 지출한 것으로 추정됐다.

조선이 36년간 일제에 식민통치를 받는 동안 친일파들은 온갖 특혜를 받았다. 그들이 특혜를 받는 동안 많은 독립투사들은 만주벌판을 비롯한 타국 땅에서 이름 없이 죽어갔다. 조선의 딸 수십만 명은 소위 '일본군 위안부'로 끌려가 나라 잃은 설움을 그대로 받아야 했다. 또한 수많은 조선 민초들이 일제의 총알받이가 되어 전장으로, 군수 공장으로 끌려가야만 했다. 대한민국 법은 연좌제를 금지하고 있다. 친일파의 후손이라고 부모와 조상의 잘못된 행동에 대해 무조건적인 책임을 지지 않는다. 하지만 나치의 침략 지배를 받은 유럽 국가들은 반민족행위자를 엄단했다. 또한 반민족행위의 대가 여부를 따지지 않고 재산을 몰수했다. 반면 송병준의 후손은 조상의 행위에 대한 진정한 반성을 하지 않았다. 오랫동안 캠프마켓 관련 취재를 하면서 필자는 송병준의 후손을 직접 만나기도 했다.

그는 언론과의 만남을 극도로 꺼렸다. 재판 진행 경과와 관련해서만 종종 통화할 수 있었다. 그와 접촉한 언론인이 없다 보니, 〈홋카이도(北海道)〉 한국 주재 기자는 필자에게 송 씨와의 만남을 주선해 달라고 요청하기도 했다. 〈홋카이도〉는 당시 한일 강제병합 100주년과 8·15 해방 65주년을 맞아 송 씨를 만나 인터뷰를 진행했다. 송 씨는 〈홋카이도〉 신문과 인터뷰에서 "증조부는 일본에 협력한 담보로 토지를 얻은 것이 아니라, 가난한 조선을 일본 힘으로 발전시키려 했다"고 주장했다.[44] 또한 "한국 언론을 통해 친일파의 자손이라고 알려지면서 괴롭힘을 당해 사업에 실패했고, 토지를 빼앗겼다"고 주장했다. 특히 송 씨는 강제병합에 대해 "가난한 조선을 일본 힘으로 발전시키려 했다. 일본 욕을 하는 것만이 아니라, 한일병합의 원인을 분석해 그 교훈을 찾아야 한다. 증조부가 무엇을 생각해 어떻게 행동했는지를 책으로 정리하고 싶다"고 막말을 서슴지 않았다.

〈홋카이도〉는 "한국 건국 직후인 48년, '반민족행위처벌법'을 제정해 '친일 행위'를 한 용의자를 체포했으나, 정부 관계자도 친일파로 처벌받는 것이 우려되어 1951년, 이 법은 폐지됐다"고 한 뒤 "공산권에 대항하기 위해 친일파 청산보다 체제 굳히기를 우선했다고 말할 수 있다. 냉전 종결 후 노무현 정권의 '역사의 재검토' 속에서 국회는 2005년, 친일파의 재산을 국가에 귀속시키는 특별법을 제정해 한일병합조약의 체결 등에 협력한 사람을 '친일반민족행위자'로 정의했다"고 보도했다.

이야기가 곁다리로 흐른 김에 하나 더 해야겠다. 송병준 후손의 조상 땅 찾기 소송을 담당한 이 아무개 변호사 이야기다. 이 변호사는 송병준 후손의 조상 땅 찾기 소송이 언론을 통해 알려지기 시작한 2005년 1월 〈주간한국〉과의 인터뷰에서 "소송은 진실과 화합 차원에서 접근해야 한다"고 강변했다.[45] 또한 "(사건)수임 단계에서부터 승소해도 사회에 기부하기로 약정을 했고 기부 대상과 범위도 한정지었다. 이 문제는 남아프리카에서 보여준 '진실과 화해' 차원에서 접근해야 한다고 본다. 송병준의 친일성에 대해서는 백지 상태에서 자료를 객관적으로 검토해 그 실체와 친일의 범주를 논하고 송병준의 후손에게도 '말할 기회'를 주어야 한다. 일방적으로 한쪽 자료만 갖고 재단하는 것은 문제가 있다"고 주장했다.

이런 이 변호사는 2005년 4000억 원 상당의 양도성 예금증서CD 위조 사건에 연루되어 경찰 조사를 받았다. 경찰은 2005년 11월 이 변호사에게 출국금지조치를 내리기도 했다.[46] 당시 경찰은 계좌추적을 통해 수도권 법원 지원장 출신인 이 변호사가 CD 위조단에서 부동산 투자를 담당했던 Y회사 대표 조 아무개에게 18억 원을 받은 사실을 확인하고, 공범 여부를 수사하고 있다고 밝혔다. 경찰은 이 변호사가 자신이 근무했던 S법인 소유의 서울 화곡동 대지 8000여 평에 아파트를 짓는다는 명목으로 이 돈을 받은 것으로 봤다. 이 땅은 지상권이 1990년부터 한 방송사에 넘어가 있어 개발 자체가 불가능했다. 이 변호사는 2002년 9월 친일파 송병준의 후손이 제기한 캠프마켓 부지 소유권 회복 소송의 변호인으로 민영환 후손과의 소송을 이끌고 있었다. '친일재산특별법'을 발의해 친일파 후손의 조상 땅 찾기를 원천적으로 막은 최용규 전 국회의원은 이 변호사에 대해 "사법시험을 준비할 때 이 변호사의 민사 판례 책으로 공부했다. 그런 변호사가 친일파 후손의 조상 땅 찾기 소송에 나섰다"고 안타까워했다.

민심은 천심이란 말이 있듯이 예나 지금이나 친일파 송병준과 같은 인물에 대한 평판은 비슷했던 것 같다. 1908년 당시 여론은 "송병준은 무삼 뜻이 부족해 민충정의 전장까지 억륵 탈취하려 하니 그 집 검인 거행할 제 협의 진일 잊었던가. 어진 사람 미워한들 고아 과부 무산 죄오. 음흉심장 딱하도다"[47]라고 했다.

친일반민족행위자의 후손들은 헌법재판소에 '친일재산특별법'이 위헌이라는 헌법 소원을 제기했다. 헌재는 2011년 3월 31일 친일반민족행위자 재산을 국가로 귀속한 데 반발해 민영휘 등의 자손이 낸 위헌 청구 소송에서 헌법정신에 부합한다며 '합헌' 판정했다. 헌재는 '친일재산특별법'에 대한 헌법 소원 심판 청구사건에서 재판관 '5(합헌) 대 2(일부 한정 위헌) 대 2(일부 위헌)' 의견으로 합헌 결정을 내렸다. 친일파 민영휘·민병석·이정로·이건춘·조성근·서상훈의 후손 64명이 '친일재산특별법'

의 친일재산 추정 및 국가귀속 조항에 의한 재산권 소급 박탈은 위헌이라며 낸 헌법 소원 사건 심판에서 추정 조항은 재판관 '5 대 4' 의견으로, 귀속 조항은 재판관 '7 대 2' 의견으로 합헌 결정됐다.

이 특별법은 "국권침탈이 시작된 러일전쟁 개전 시부터 1945년 8월 15일까지 친일반민족행위자가 취득한 재산을 친일재산으로 추정"(추정 조항)하며, 이를 "취득 시점부터 국가의 소유"(귀속 조항)로 하고 있다. 친일파 후손들은 러일전쟁 이전부터 소유하고 있던 땅까지 친일재산으로 보고 그 입증 책임을 자신들에게 지우는 것은 부당하며, 재산권 소급 박탈도 위헌이라고 헌법 소원을 냈다. 그러나 당시 합헌 의견을 낸 재판관들은 "일제식민통치기구에 참여하거나 고위 관직을 받은 경우 그 지위는 친일재산을 형성하는 데 상당한 역할을 한다고 볼 수 있으며, 이때 취득한 재산은 친일재산일 가능성이 매우 크다"고 밝혔다. 또한 "해방 이후 청산 작업이 시작됐고, 한국전쟁 등으로 부동산 소유관계를 입증할 자료가 사라졌다"며 "재산취득 관련 자료를 보관하고 있을 친일파 후손들이 취득 경위를 입증하도록 한 것이 현저히 부당하다고 볼 수 없다"고 언급했다.

재판부는 외국 사례를 언급하기도 했다.

"나치 침략지배를 받은 유럽 국가들은 반민족행위의 대가 여부를 따지지 않고 재산을 몰수하도록 규정한 다양한 입법례가 있다. 반민족행위자의 재산은 결코 보호되지 않으며, 설령 일부 재산은 스스로 획득한 것이라도 그들이 배반했던 공동체에서는 그 같은 경제적 이익조차 허용되지 않는다는 강력한 경고를 후손들에게 남겨줬다"

귀속 조항에 대해 이동흡·목영준 재판관을 포함한 7명은 "3·1운동으로 건립된 대한민국 임시정부의 법통 계승을 규정한 헌법 전문에 근거해 친일 과거사 청산은 헌법적으로 부여된 임무"라며 "친일재산 소급 박탈이라는 이례적인 경우는 헌법 이념에서 용인될 수 있다"고 합헌 의견을 냈다. 이들은 "친일파들은 독립 쟁취 시 후손이 친일재산을 대대로 누리는 것이 불가능하다는 점을 충분히 예상할 수 있었다. 친일재산 환수 문제는 역사적으로 매우 특수하고 이례적인 공동체적 과업으로, 이 법으로 인해 소급 입법이 빈번하게 발생할 것이라는 일부의 우려는 불식될 수 있다"고 설명했다. 이동흡·목영준 재판관은 추정 조항에 대해선 "근대적 토지소유권 제도가 생기기 전 친일 행위와 무관하게 취득한 땅까지 친일재산으로 추정하는 것은 헌법에 위반된다"며 '일부 한정 위헌' 의견을 냈다. 이강국(소장)·조대현 재판관은 "현행 헌법은 소급 입법에 의한 재산권 박탈을 금지하고 있어 별도의 헌법적 근거가 없는 한 귀속할 수 없다"며 국가귀속 조항에 대해 '일부 위헌' 의견을 냈다. 귀속 조항 부정은 사실상 특별법 자체를 부정하는 취지여서 이들의 추정 조항 판단은 위헌 의견에 포함됐다.[48]

재판부도 언급했지만, 외국의 과거 청산은 신속하면서도 철저하게 이뤄졌다. 부역을 통해 형성한 재산을 찾고 못 찾고를 떠나 상당수가 처형되거나 역사의 전면에서 완전히 물러났다. 일제가 36년 동안 조선을 통치한 것과 비교되게, 독일은 단 4년 동안 프랑스의 일부 지역만 통치했다. 그럼에도 프랑스 드골 정부는 독일이 패전하자 기존의 형법을 새롭게 해석해 1944년 8월 26일 '국치죄(國恥罪)'를 도입했다.

이에 앞서 프랑스의 나치 협력자(대독협력자) 청산은 1944년 6월 26

일 드골이 전국에 '협력자재판소'를 설치하면서 시작됐다. 나치 협력자들의 사회활동을 금지할 목적으로 '시민재판부'도 설치했다. 앞서 대독 항쟁기간 중이나 해방 과정에서도 약식 처형 형태의 협력자 처단은 더러 있었다. 이는 주로 레지스탕스 조직이 즉석에서 조직한 비상 군법회의 형식의 재판인데, '거리의 정의'로 불렸다. '거리의 정의'로 8000~1만명이 처형됐다. 나치 협력자 재판을 담당한 협력자재판소, 비국민 판정을 담당한 시민재판부, 그리고 비시정부의 고위책임자 처벌을 목적으로 설치된 고등협력자재판소 등 세 곳에서 진행됐다. 1944년 하반기부터 1948년 12월 31일까지 협력자재판소에서 취급한 재판 건수는 총 5만 5331건에 달했다. 이들 가운데 6763명이 사형선고를 받았으며, 그 가운데 767명은 실제 처형됐다. 무기징역을 선고받은 사람도 2,702명에 달한다. 유기징역 1만 9637명, 금고 2만 4927명 등 4만 명 가까이 징역형을 선고받았다. 이외에도 3578명이 공민권(公民權, civil rights)을 박탈당했다.[49] 단 4년 동안의 부역에 대한 정부 차원의 응징이었다. 더욱 놀라운 것은 이러한 프랑스 정부의 처벌이 노르웨이, 핀란드 등에 비해 강도가 낮았다는 점이다.

중국 정부의 과거 청산도 신속했다. 1937년 7월 중일전쟁을 일으킨 일제는 난징을 12월 점령하고 임시정부를 수립했다. 당시 난징 임시정부에서 일제에 협력한 자들은 한간재판(漢奸裁判)[50] 법정에 세워졌다. 1945년 9월 8일 난징에 도착한 중국 육공군 총사령 허잉친(何應欽)[51]은 10월 12일까지 '주요 반역자 및 대일 협력자'를 모두 체포한 후 법정에 세웠다. 당시 중국 정부는 난징정부 주석인 천공보(陣公博)에 대해서는 공판을 한 번밖에 열지 않고 사형 판결을 내렸다.[52] 일제에 협력한 대부분의 지도자들도 비슷한 방법으로 사형이 확정돼 총살당했다.

우리 정부의 상황을 보자. '친일재산특별법'이 시행되고, 대한민국 정부가 친일반민족행위자 후손들을 상대로 진행한 재산 환수 소송에서 97%가 승소했다.[53] 법무부는 과거 친일파의 후손을 상대로 한 친일재산 환수 소송에서 대부분 이겨 독립유공자·유족 기금 322억 원을 조성했다. 친일재산 환수 관련 소송은 크게 세 가지로 총 95건이 진행됐다. 친일파 후손이 친일재산을 처분해 얻은 부당이득의 반환을 청구하는 국가소송, 친일재산의 국가 귀속에 불복해 낸 행정소송, 관련 법률에 대한 헌법소송 등이다. 이 가운데 소송이 끝난 87건 중 84건에서 국가가 이겼다. 전체 승소율은 97%이며, 유형별로는 국가 소송 100%(13건), 행정 소송 95%(65건 중 62건), 헌법 소송 100%(9건)이다. 과거와 다르게 이렇게 친일재산을 국가에 귀속할 수 있었던 힘은 '친일재산특별법' 제정에 있다. 친일재산조사위원회는 2006년 7월 13일부터 2010년 7월 12일까지 친일행위자 168명의 친일재산 2359필지(1000억 원 상당)에 대해 국가에 귀속하도록 결정했다. 타인에게 처분한 116필지(267억 원 상당)에 대해서는 친일재산임을 확인하는 결정을 내렸다. 법무부는 2010년 7월 12일 조사위 활동이 끝난 뒤 친일행위자 재산의 국가 귀속과 관련한 소송 업무를 승계했다.

친일파 후손들의 조상 땅 찾기 소송이나 일본이 독도를 자기들 땅이라고 우긴다는 언론 보도를 접하고 분노하지 않은 국민은 없었다. 해방된 지 반세기가 넘었음에도 여전히 반성하지 않는 일본과 일제에 빌붙어 온갖 부를 누렸던 친일파 후손들이 재산권을 행사하는 모습을 보면서 국민들은 흥분했다. 하지만 그때뿐이었다. 더욱이 대한민국 헌법이 3·1운동의 독립정신과 임시정부의 법통을 계승함에도 대부분의 사법부는 "법률이 정한 재산권의 보호를 일반인과 같이 (친일파 후손에게도) 평등하게 부여하는 것이 비록 정의 관념에 비추어 내키지 않는 경우라고 해도, 그러한 정의 관념에 합당한 법률을 장구한 세월이 흐르도록 국회가 제정하지 않았다면, 지금에 와서 소급해 과거의 일을 정의 관념만을 앞세워 문제 삼는 것이 오히려 사회 질서에 어긋날 수 있다"며 책임을 행정부와 입법부로 떠넘겼다.

하지만 일부 소장파 판사들은 관행적 판결만을 하지는 않았다. 2005년 수원지방법원 이종광 판사는 친일파 후손에 의한 조상 땅 찾기 소송(친일파 이근호의 후손)과 관련, 국내외 판례 등을 공부해 헌법과 형사법적 관점, 민족사적 관점까지 인용한 판결을 내렸다. 수년 동안 친일재산특별법을 만들려고 각고의 노력을 했던 최용규 전 의원은 당시 이 판사의 판결문을 보고 "눈물을 흘릴 정도로 감격했다. 내가 간과한 부분에 대해서도 상세한 논거로 정리한 것을 보고 정말 큰 감동을 받았다. 이 판사의 판결은 법관의 역할과 사명감에 대한 인식을 다시 한 번 환기시키는 계기가 됐다"고 극찬했다. 친일재산특별법이 제정되기 전이란 점을 감안할 때, 이 판사의 당시 판결은 세간의 주목을 끌 만했다. 판결문 요지는 다음과 같다.

"이 사건 소는 원고가 이 사건 각 토지에 대한 자신의 소유권이 헌법상 보호받을 수 없는 것임을 알거나 충분히 예상할 수 있음에도 헌법과 다른 법체계의 충돌, 모순되는 상황을 이용하여 제기된 것으로서, 원고의

이 사건 제소로 인해 사법 기능의 혼란과 마비라는 공공복리에 위협을 초래하는 결과가 발생하고, 법원은 국회의 입법부작위(立法不作爲)에 대해 아무런 법적 해결 방법을 가지지 못하고 있으므로, 이와 같은 경우에 한하여 재판청구권 행사의 금지(禁止)가 아니라 위와 같은 위헌적인 법률 상태가 입법으로 해소되어 헌법합치적(憲法合致的) 상황이 될 때까지 이 사건에 대한 재판청구권의 행사를 일시 정지(停止)하는 의미로서 이 사건 소를 각하한다"[54]

재판부는 원고의 재판 청구권 행사를 일시 정지시키고, 입법부에 신속한 입법 의무 이행을 요구한 것이다. 다시 말하면 국회가 헌법정신에 합치하는 법을 만들 때까지 소송을 제기할 수 없다는 의미의 판결을 내린 것이다. 이승만 독재와 유신독재, 그리고 5·18 학살을 통해 정권을 찬탈한 군사 독재정권에 맞선 민주화 동의 성과로 지난 1987년 탄생한 헌재가 2013년 9월 1일부로 창설 25주년을 맞았다.[55] 헌재는 '친일재산 몰수 규정 합헌', '대통령 긴급조치 위헌' 등 25개 주요 판결에 대해 헌재 직원, 출입기자, 일반 국민 등 모두 3600여 명을 대상으로 설문조사를 실시했다. 조사 결과 10명 중 4명이 "친일재산 몰수 규정 합헌"을 대한민국 역사의 물줄기를 바꾼 주요 판결 중 으뜸으로 뽑았다. 다음으로 유신헌법시절 "대통령 긴급조치 위헌"과 "국회의 노무현 대통령 탄핵 기각" 결정이 뒤를 이었다. 친일재산 환수법의 탄생은 송병준 후손이 캠프마켓 땅을 찾겠다는 소송에서 시작된 셈이다.

캠프마켓은 대한민국 역사의 '축소판'

"캠프마켓이 반환되더라도 역사성을 잘 보전해 활용해야 한다. 부평공원 부지도 조병창 때 건물이 멀쩡히 있는데도 불구, 모든 건물과 시설을 일방적으로 철거한 후 공원으로 조성했다. 부산 하야리아 미군기지도 그렇게 될 것 같다. 캠프마켓 내에 조병창 때 지은 건물이 몇 동 있다. 이런 건물을 잘 활용해 (친일)역사박물관 등을 만들고 문화 예술 시설로도 사용하면 좋을 것 같다. 해당 부지는 대한민국 역사의 축소판이다. 친일파의 배신과 탐욕의 역사, 나라 잃은 민족의 설움과 제국주의 병참 기지, 전쟁과 외국 군대의 주둔 그리고 시민운동까지"

송병준 후손이 캠프마켓 부지를 조상 땅이라고 주장해, 친일재산특별법의 필요성이 크게 대두됐다. 16대 국회에서는 당시 한나라당 의원들의 반대로 입법이 좌절됐지만, 17대 국회에서 노회찬 당시 민주노동당 국회의원과 대표 발의해 친일파 후손들의 저항에도 불구, 친일재산특별법을 제정하게 됐다고 최용규 전 국회의원은 설명했다. 친일재산특별법이 탄생할 수 있었던 동기 가운데 하나로 오욕의 캠프마켓이 있었던 것이다.

"1948년 정부 수립 직후 제헌헌법에 따라 '반민족행위처벌법'의 제정

송병준 후손의 캠프마켓 부지 조상 땅 찾기 소송 진행 경과

1994 · 97. 최초로 부평지역 조상 땅 찾기 소송 제기했지만, 증거 불충분으로 패소하거나 기각됨.

2002. 9. 3. 송병준 후손 '원인무료로 인한 소유권등기 말소' 소송 제기

2004. 1. 28. 부평미군부대 공원추진시민협의회, 의견서 제출

2004. 2. 25. 인천시민회의, 친일파 규탄 서명 제출

2004. 8. 민영환 후손 독립당사자 소송 참가

2005. 11. 23. 원고 1심 패소

2005. 12. 5. 송병준 후손 등 항소

2005. 12. '친일재산환수특별법' 제정

2006. 12. 5. 법원, 친일반민족행위자 재산조사위원회에 조사 의뢰서 발송

2008. 10. 2. 친일반민족행위자 재산조사위원회 사실 조회 회신

2009. 2. 2. 송병준 후손, 변론 재개 신청

2009. 2. 4. 항소 기각

2009. 4. 7. 송병준 후손, 상고

2010. 8. 13. 홍영표 외 국회의원 7명, 청원서 제출

2011. 3. 31. 헌재, 친일재산국가귀속특별법 합헌 결정

2011. 5. 13. 상고 기각

과 함께 이를 수행할 '반민족행위특별조사위원회'가 설립돼 활동을 개시했지만, 이승만 정권과 친일파를 엄호하는 정치세력에 의해 반민특위는 해산되고 법이 폐지되면서 친일 청산은 미완의 과제로 남게 됐다. 영구 미완의 과제를 풀 수 있게 되어 가장 보람 있었던 입법 활동으로 기억한다"

잠시 당시 송병준의 재력을 살펴보자. 송병준은 친일의 대가로 천문학적인 은사금과 토지 등을 받았다. 송병준은 이를 바탕으로 부평에서 농업 회사를 설립했고, 농업현대화 등을 통해 부를 축적했다. 일본 산업자본 등은 일찍부터 조선의 쌀을 필요로 했다. 인천항을 비롯한 군산항을 통한 수출품의 핵심은 단연 미곡이었다. 일제는 조선의 식민지화 후 1910년 조선 농업 생산의 핵심을 미곡 생산에 두었다. 경성과 인천 대도시의 중간에 위치해 철도, 항만 등 교통편을 가진 부천군도 일제의 농업 정책에 직접적 영향을 받았다.

일제는 1920년대 일제의 농업정책의 일환으로 부평수리조합을 만들었다. 1901년 9월 민병석, 김석환 등이 부평군 용정면 일대의 토지를 구입해 농업 회사를 설립했고, 일본에서 농잠 기계를 구입해 농장법을 교육하기 위해 농상공부에 인가를 요청했다.[56] 당시 언론 보도에 따르면, 1902년 2월에는 중국에서 양 900여 마리를 도입했는데, 내장원에서 부평군에 목축하기 위해 수입한 것이라는 소문이 돌았다.(《황성신문》 1902. 2. 22일자 잡보) 1902년 3월에는 경성 전동의 참판 조영환이 부평군 마장면 등지에 목양사(牧養社)를 설립하고 목축업을 확장하고자 하여 농상공부에 인가를 청원하기도 했다.(《황성신문》 1902. 3. 7일자 잡보)

특히 친일의 대가로 엄청난 부를 축적한 송병준은 부평에서 농업 경영을 통해 일제로부터 금패(金牌) 산업훈장을 받기도 한다.[57] 송병준의 농업 경영은 과수 재배, 잠업, 보통 농사, 임업, 미간지 개간, 잠사 전습소 운영, 수리관개 등 농업 생산의 전반에 미쳤다. 송병준은 부천군 계남면 중리의 소사 농장, 부내면의 부평 농장, 경기도 난지도 농장, 용인군 추계리 농장, 충청북도 영동군 추풍령 농장 등을 경영했다. 잠업에 대한 관심이 높아 농장마다 양잠 경영을 했다. 부평농장에선 임업이 활발했다. 부평농장은 경인철도 부평역 인근에 위치했다. 수전 180정보,[58] 묘포·과수원 15정보, 초생지 104정보, 산림 139정보, 합계 486정보에 이른다. 당시 송병준은 현 부평지역 토지 대부분을 소유하고 있었다.

이외에 송병준이 소유한 토지를 살펴보자. 조선총독부 관보에 근거한 송병준의 국유임야 및 개간지 취득 현황을 보면, 경기도 부천군 월곶면 일대 28만 5000평(국유 간석지, 貸付), 경기도 수원군 양간면 일대 107만 평(국유 간석지, 貸付), 경기도 장단군 상도면 석곶리 7만 8000평(국유 초생지 貸付), 황해도 해주군 동강면 삼리 22만 7000평(국유 간석지 貸付), 영변군 독산면 남평리 3만 6000평(국유 미간지 買收), 곤양군 서면 광포 간석지 17만 4000평(개간권 枚數), 경기도 장단군 진남면 석곶리 6만 6000평(국유 미간지 附輿), 충북 단양군 영춘면 소재 철광산 80만 8841㎡(鑛業權), 경남 밀양군 초동면 의암리 초생지 78만 5000평(국유 미간지, 貸付→ 左左木保에 讓渡), 강화군 금화군 소재 임야 1739만 1000평(국유림→宋鍾憲 외 2인 貸付) 등이다.[59] 또한, 고양군 신도면 덕은리 잡종지[60] 70만 6000평(토지조사부 등 국유지 점탈)[61], 용인군 내사면 추계리 임야 41만 4000평(임야조사부 등), 부천군 부내리 산곡리 임야 20만 800평 (임야조사부 등), 부천군 부내면 청천리 9500평(토지조사부 등), 이천군 모가면 임야 8만 7000평(임야조사부 등), 용인군 내사면 일대 전답 12만 6870평 (토지조사부 등), 수원군 동탄면 신리 임야 4만 평(임야조사부 등), 이천군 모가면 임야 8만 7000평(임야조사부 등) 등의 토지를 보유한 것으로 집계됐다. 조선총독부 관보에 게재된 송병준과 그의 아들 송종○의 국유임야 및 개간지 취득 현황과 기타 토지 보유 현황은 무려 2240만 5204평에 이른다.[62] 이완용보다도 많은 국유임야 및 개간지를 취득했다. 1925년 송병준이 사망하고 난 다음 부채를 정리하고 남은 재산만 봐도 나라와 민족을 팔아먹은 대가로 송병준 집안이 얻은 부가 얼마인지 짐작할 수 있다. 평안북도 안주와 경기도 개성, 고양, 용인, 충청북도 청주 및 일본 홋카이도에 당시 시가 23만 7800여 엔 상당의 토지와 임야 683만여 평이 남아 있었다고 한다. 또한 3000엔 상당의 가옥, 그리고 주식과 골동품 3만 1255엔이 남아 있었다.[63] 송병준이 소유한 주식 중에는 조선농업주식회사의 주식이 가장 많았다. 1911년 농업주식회사는 남대문 시장터를 15년간 무상으로 불허 받았다. 그 땅에 시장 건물을 짓고 상인들을 입주시켜 영업을 시작했다. 땅 짚고 헤엄치기로 돈을 벌었다. 승승장구하던 송병준은 1921년 4월 〈조선일보〉를 대정실업친목회로부터 6000엔에 인수해 3년간 운영했으나 적지 않은 손해를 보았다.

친일재산 국가 귀속의 세계사적 의미

"나치 협력자들의 엄청난 범죄와 악행을 방치하는 것은 국가 전체에 전염된 흉악한 농약과 종기를 그대로 두는 것과 같다. 그들을 정의의 재판에 회부하지 않으면 안 된다"

- 샤를르 드골 『전쟁회고록』[64]

제2차 세계대전 후 상당수 식민지 국가들이 독립하면서 시급히 처리한 문제가 '협력자' 또는 '부역자'에 대한 것이었다. 일제는 아시아에서 대만(1895), 대한제국(1910), 만주(1931), 중국 본토(1937)를 침략했다. 태평양전쟁 후에는 태국을 비롯한 동남아시아 전 지역을 점령했다. 대한민국은 정부 수립 이후에도 '협력자' 또는 '부역자'에 대한 역사, 정치적 단죄를 내리지 못한 반면, 일제에 의해 똑같이 식민 지배를 받은 중국, 필리핀 등은 단죄를 내렸다. 또한 독일에 의해 몇 년간 직간접 통치를 받은 프랑스, 오스트리아 등도 부역자에게 엄격한 단죄를 내렸다. 해방 또는 독립 과정에서 부역자들은 어떤 형태로든 일정하게 배재되는 것이 일반적 현상이었다. 이는 새 국가에서의 '배제'가 아닌 새로운 통합을 위한 불가결한 조치였다. 다만 일제의 침략보다 먼저 19세기부터 제국주의자들로부터 침략을 받아온 아시아 일부 국가들은 부역자에 대한 처벌을 제대로하지 못했다. 이는 영국, 프랑스, 미국, 네덜란드의 식민지였던 과거의 특수성에 의해서였다. 뒤늦게나마 대한민국이 친일재산 국가 귀속으로 어느 정도 단죄를 내린 것은 정의 실현을 포기하지 않았다는 점을 우리의 후손뿐 아니라 전 세계에 알렸다는 데 의의를 둘 수 있다.

중국, 반민족행위자 처벌에 좌우 따로 없어

수천 년 동안 근대 국가를 유지한 중국은 끊이지 않는 외세의 침략을 받았다. 하지만 외세에 의한 직접 통치는 몇 차례 없었다. 외세에 의해 원나라와 청나라가 세워졌지만, 한족의 문화에 동화됐다. 일제는 먼 바다 건너에 위치한 나라였다. 이런 일제에 의한 전쟁과 식민지배에 대해 중국은 단호한 처벌을 내렸다. 특히 좌우의 극한 대립 상황에서도 중국 좌우 정부는 일제에 부역한 '한간(漢奸)'에 대해서 엄중하게 처벌하고 재산을 몰수했다. 국민당 정부는 1945년 11월 23일 '처리한간안건조례'에 따라 괴뢰정권[65] 기관장, 특무공작, 공직자, 일제에 협력한 언론·출판사 경영진 등을 한간으로 지목했다. 중국공산당도 그보다 앞선 7월 '조사반국한간죄행잠행조례(調査叛國漢奸罪行暫行條例)'로 친일 괴뢰정권에 참여한 자들을 매국 한간 처벌을 위한 조사 대상자로 선정했다. 국민당 정부는 입법 절차 속에서 한간에 대한 처벌을 진행했다. 적국과 모의한 매국행위자를 사형 또는 무기징역에 처하는 등, 강력한 처벌을 실시했다.

하지만 법 테두리 안에서의 처벌로 인해 일부 한간 인사들이 석방되기도 했으며, 한간 고발을 1946년 12월 31일 이전으로 정해 공소시효를 뒀다. 결국 국민당 정부는 1947년 10월 주요 한간에 대한 재판을 일단락지었다. 그럼에도 이 기간에 3만여 명이 한간 혐의로 기소되어 1만 5000명 정도가 처벌을 받았다. 국민당 정부가 한간에 대해 불철저했던 이유는 중국공산당과의 대립관계 때문이다. 장제스(蔣介石)는 중일 전쟁 시기에 전시 항쟁을 표방했으면서도 일본과 화평 교섭을 꾀하며 반공의 길을 모색했다. 또한 한간들을 반공 투쟁의 도구로 이용했다. 30만 명이 학살되고 수립된 난징 정부의 군인들은 일부 고위층을 제외하고 대부분 재판에 회부되지 않았다.

　반면 중국공산당은 일본군, 만주군과 힘겨운 항전을 벌이면서도 한간 문제에 적극적으로 대처했다. 1944년 2월 공포된 '연합공포처리한간군 사간첩판법(聯合公布處理漢奸軍事間諜辦法)'은 한간 현행범이 무장을 갖추고 체포에 저항하거나 적위와 함께 동행, 체포하기 어려운 경우에는 군인 민간인을 불문하고 모두 현장에서 때려죽일 수 있다고 했다. 국민당 정부가 법 테두리에서 한간 문제를 처리했다면, 공산당은 법 틀뿐 아니라 대중의 적극적 참여를 유도하는 방식으로 처리했다. 중국공산당은 지방별로 각기 처벌 규정을 마련해 그에 근거해 처벌토록 했다.[66] 물론 공산당도 친일 한간부대 병사들을 군인으로 받아들였다. 이는 국민당 정부와의 내전 때문이다. 중국의 인적 청산이 불철저했다는 평가도 있지만, 한국, 태국, 필리핀 등의 친일파들이 전후에도 정치, 경제, 사회적 지위를 누렸던 것과 비교할 때, 중국에서 한간 청산의 성과는 두드러진다는 평가를 받는다.[67]

프랑스, 나치 협력자 대숙청

　프랑스는 나치 독일에 군사적으로 패해 1940년 6월부터 1944년 8월까지 4년여 동안 영토의 일부 혹은 전부를 내주게 됐다. 독일 직접 통치 지역과 대독 협력 정부인 비시Vichy 정부에 의한 간접 통치 지역으로 나뉘었다. 반면, 드골이 이끄는 망명 정부는 '자유프랑스'라는 이름으로 연합군의 일원이 돼 나치 독일에 저항했다. 이들은 1943년 6월 새로운 망명 정부인 프랑스국민해방위원회를 창설했고, 이 위원회가 프랑스공화국 임시정부로 발전해 해방 이후 나치 협력자에 대한 사법 처리를 주도했다. 대한민국이 해방 이후 친일파를 숙청하지 못한 역사와 큰 대조되는 지점이다. 1940년 5월 독일이 프랑스를 침공하자 당시 휴전파는 독일과 휴전을 요청했고, 7월 10일 독일군이 점령하지 않은 휴양도시 비시에 모여 헌법을 개정하고 '프랑스국'이라는 새로운 정부를 탄생시켰다. 이를 비시정부라 부른다.[68] 비시 정부는 독일에 협력하면서 소련전에 참가했다.

자유프랑스는 나치 협력자에 대한 사법적 처벌을 해방 이전부터 단행했다. 망명정부의 나치 협력자 처벌은 해방 후 프랑스의 대숙청을 예고했다. 망명정부는 '협력행위 처벌에 관한 명령(1944. 6. 26)' '프랑스 본토의 행정 숙청에 관한 명령(1944. 6. 27)' '국치죄 도입에 관한 명령(1944. 8. 26)' 등을 공포해 사법적 숙청의 기준을 제시했고, 협력자재판소Cour de justice를 설치했다. 나치 협력자에 대한 사법적 테두리를 만들었음에도 불구, 나치 협력자에 대한 최초의 숙청은 재판소가 아닌 거리 또는 숲 속 등지에서 일어났다. 이런 형식은 1941년 레지스탕스의 테러 형식으로 시작됐다. 이런 약식 처형으로 1만 명 정도가 죽었다.[69] 무질서한 약식재판이 이어지자 프랑스 정부는 신속히 협력자재판소, 시민재판부,[70] 고등협력자재판소 등을 구성해 부역자 등에 대한 조사와 재판을 시작했다. 이들 재판소에선 총 32만 명 이상의 혐의자 중 12만 4613명(결석재판 포함)이 재판을 받았다. 협력자재판소에서 판결한 5만 5331명 가운데 6763명(12.2%)은 사형을, 3만 8266명(69.2%)은 징역이나 금고형을, 3358명은 주형(主刑)으로 공민권 박탈형을 선고받았고 일부는 무죄로 풀려났다. 시민재판부는 혐의자 6만 9282명을 심리해 그중 67.3%에 달하는 4만 6645명의 공민권을 박탈했다. 고등협력자재판소는 비시 정부의 고위층 108명에 대한 재판을 맡았다. 이 중 18명에게 사형을 선고했다. 또한 부역 공무원과 공기업 직원 등에게 해임과 면직 등의 징계를 내렸다. 또한 친(親)나치 문인의 작품 발표를 금지하고 신문도 폐간했다. 과거사 청산을 언급할 때 모델로 이야기되는 프랑스에서조차 협력자들의 전 재산 몰수를 수반하기 마련인 사형 선고는 유럽 다른 국가들에 비해 적었다.[71] 그럼에도 프랑스의 나치 협력자 숙청은 대독 협력 행위를 범죄 행위로 확실하게 규정해 프랑스 공화국의 정통성을 부여했다. 프랑스에서의 과거사 청산은 1990년대까지도 이어졌다.

'제2의 나치'를 막기 위해 단호했던 오스트리아

프랑스에 앞서 먼저 나라를 빼앗긴 것은 오스트리아다. 독일이 오스트리아를 1938년 3월 합병했다. 같은 언어와 신성로마제국 때 같은 국민이었던 오스트리아 시민들은 독일의 합병에 크게 저항하지 않았다. 독일 패전 후 오스트리아는 독일 합병을 추진한 오스트리아 내 나치 당원과 나치 조직 참여자를 대상으로 과거사 청산을 실시했다. 식민 통치 아래서의 협력자와는 다른 성격이다. 오스트리아는 과거사 청산 작업을 '탈(脫)나치화' 방식으로 진행했다. 그 근거는 '나치금지법', '전범처리법' 등이다. 오스트리아 정부는 나치 경력자를 정부기관, 공공기관, 기업체에서 해고했다. 그 결과 10만 명 이상이 공직에서 물러났고, 7만여 명이 해고됐다. 또한 나치금지법에 따라 나치 경력자 50만 명의 신원이 등록됐다. 이들은 향후에도 공직 취임 등 법적 권한을 제한받았다. 오스트리아도 특별재판소를 설치해 나치 범죄자에 대한 사법적 처벌을 단행했다. 1945년부터 10여 년 동안 총 13만 6829명이 조사받았지만, 실제 기소된 인원은 2만 8148명에 불과하다. 사형 43명, 무기징역 29명, 금고 5~20

년 형 650명 등이 유죄 처벌을 받았다. 오스트리아의 과거사 청산은 절름발이 수준이었다. 그럼에도 불구하고 오스트리아는 1945년부터 3년 동안 인구 680만 명 중 52만여 명을 나치 경력자로 등록해 '탈나치화' 작업을 했다. 특히 오스트리아는 미래의 활동까지도 처벌 대상에 포함시키는, 유럽 국가 중 가장 강력한 나치금지법을 제정해 엄격한 재산 몰수와 처벌을 실시했다.

친일재산 국가 귀속의 교훈

대한민국도 '반민족행위처벌법'을 제정하고, 반민족행위특별조사위원회(반민특위)를 설립했다. 반민특위에 대한 국민 기대가 높았으나 이승만 정부에 의해 활동은 거의 중단됐다. 친일파는 단죄 받지 않았고 권력의 요직을 장악한 채 정치, 경제, 사회, 문화, 학계 등 사회 전 분야에서 영향력을 발휘했다. 반민특위가 와해된 지 50여 년이 지난 2004년 3월 22일 '친일재산특별법'이 제정됐고, 그해 12월 '일제 강점하 반민족행위 진상규명에 관한 특별법'으로 이름이 바뀐 개정 법률이 국회에서 의결됐다.[72] '친일재산특별법'은 일제에 협력한 대가로 취득한 재산에 한해 국가에 귀속하게 했다. 하지만 재산 몰수 대상의 상당수가 이미 처분된 상태라서 제외되고, 현재까지 친일반민족행위자나 그 후손들 명의로 남아있는 재산 중에서도 친일의 대가성이 있는지 여부를 면밀히 따져야 하기 때문에 국가에 귀속할 수 있는 재산의 범위는 더 축소됐다. 그럼에도 반민족행위에 대해서는 시효가 있을 수 없다는 의미를 부여했다는 데 큰 의미가 있다. 또한 이번 기회를 통해 과거사 청산이 제때, 제대로 이루어지지 않으면 어떠한 문제가 생기고 시간이 지날수록 얼마나 어려워지는지를 잘 보

여주고 있다.[73]

"가장 보람찬 입법 활동…내 이름 기억 못 해도 법은 기억"

— 친일재산특별법 발의한 최용규 전 국회의원

"(친일재산특별법이) 부족한 부분도 있지만 해방 후 60여 년 만에 (친일파 재산) 문제를 매듭지었다는데 의미가 있다. 제가 국회의원 했다고 지금도 기억해 주는 국민은 많지 않다. 지인들 만나는 자리에서 저를 모르는 분들에게 '예전 국회의원 최용규'라고 소개하면 모르지만, '친일재산 몰수 특별법 만든 최용규'라고 소개하면 대부분 기억해 주셨다. 반색하면서 저를 반겨주신다. 제 평생 가장 뿌듯한 일이었고, 국회의원 8년 동안 가장 보람찬 입법 활동이 됐다. 그 시발은 친일파 송병준 후손의 캠프 마켓 부지 소송이었다."

엄혹한 36년간의 식민지배에서 벗어났음에도 불구, 민족과 동포를 배신한 친일 반민족행위에 대한 청산을 풀지 못했던 대한민국에서 친일재산특별법을 대표 발의한 최용규(57) 전 국회의원은 입법의 동기와 소회를 이렇게 말했다. 최 전 의원은 인천시의회 초대 시의원과 초대 부평구청장을 거쳐 재선 국회의원을 역임했음에도 불구, 2007년 여름 돌연 "정치는 제 직업이 아니었습니다"라는 불출마 선언문을 발표했다. 그 후 대한민국으로부터 8000킬로미터 정도 떨어져 있고, 동유럽 폴란드 옆에 위치한 우크라이나로 떠났다. 무국적 고려인의 국적 회복과 함께, 우크라이나에서 추진하는 사업을 위해서였다.

최 전 의원은 혈기 왕성하던 30대 초반부터 부평조병창 부지에 관심을 가졌다. 현 부평공원 부지에 한국 군부대가 주둔하고 있음에도 도시

계획상 공원으로 지정했다. 1995년 민선 초대 부평구청장으로 재임할 때는 최기선 초대 민선 인천시장을 산곡동 경남아파트 옥상으로 초청해 캠프마켓 이전의 필요성 등을 설명하고 본격적인 이전 활동을 벌이기 시작했다.

최 전 의원은 미군기지가 대한민국 내 또 다른 특권 영역이라고 생각했다.

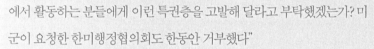

"미군기지는 지역의 기득권층이 특권을 누리는 곳이었다. 보통 사람은 출입하기도 힘든데. 지역 유지라는 사람들이 통행권을 얻어 안에서 스테이크 먹고, 슬롯머신하고 미제 물건을 구입하는 곳이었다. 오죽하면 당시 시민단체에서 활동하는 분들에게 이런 특권층을 고발해 달라고 부탁했겠는가? 미군이 요청한 한미행정협의회도 한동안 거부했다"

최 전 의원은 당시 미군기지 이전 운동이 시민들의 전폭적인 참여 속에서 진행됐다고 회상했다. 미군기지 인근 아파트에서 미군기지 이전과 관련한 행사가 있다고 방송을 하면 가족 단위로 시민들이 행사에 참여했고, 인간띠잇기 행사는 미군을 실질적으로 압박했다고 말했다. 평화와 참여로 가는 인천연대의 가가호호 방문 서명운동, 천막 농성 등도 상당한 압박과 시민들의 공분을 이끌어냈다고 평가했다. 이외에도 부평지역 종교 지도자들의 적극적 지원도 큰 힘이 됐다고 덧붙였다.

2

조선 최대 군수공장, 부평조병창

일제는 조병창을 왜 부평에 신설했을까?

일제는 조선 침략을 위해 수년 아니 수십 년에 걸쳐 다양한 자료를 모 았고, 연구를 진행했다. 을사늑약 이후 조선에 대한 직접적 식민통치를 펼친 일제는 조선을 손금 보듯이 알았다. 조선의 역사, 문화, 사회적 분야 뿐 아니라, 자연조건과 자원 등에 대해서도 연구했다. 이런 일제가 조선 최대 규모의 조병창을 왜 부평에 신설했을까?

부평의 기지 신설은 지리와 자연적 특성이 주요 이유로 보인다. 서울 외곽순환도로의 서운분기점에서 북서 10시 방향 계양산부터 남동 4시 방향 부천의 원미산까지 둘러보면, 산지로 빙 둘러싸여 있다. 그곳에 위 치한 도시가 바로 부천시(富川市. 53.44㎢)와 부평구(富平區. 31.98㎢) 다. 하늘에서 두 도시를 보면, 원형의 분석구가 들어선 모양이다. 특히 부 평은 만월산, 원적산, 철마산, 계양산으로 이어지는 한남정맥에 의해 둘 러싸인 분지 지형이다. 부천과 부평을 둘러싼 산지의 지질은 편마암과 화강암으로 이루어졌다.[74] 화강암이 편마암보다 빠르게 침식되어 중앙 부가 깊게 파이면서 부평에 분지가 형성된 것이다. 부천과 부평을 둘러 싸고 있는 계양산 남쪽, 철마산과 원적산 동쪽, 금마산 북쪽, 부천시가 위 치한 원미산 서쪽 일대에 분포하는 화강암은 약 2억~1억 8천만 년 전 사이에서 약 20억 년 전에 형성된 경기육괴 선캄브리아대 변성암 복합 체의 약한 틈을 뚫고 형성됐다. 이후 중생대 백악기 약 1억 4천만 년 전, 대보화강암의 약한 틈 사이로 화산활동에 의해 화산암이 관입 분출됐다. 화강암이 분포한 부평과 부천 시가지 일대가 그 주변을 둘러싼 응회암과 유문암으로 이루어진 계양산, 철마산, 원적산, 금마산, 원미산 등의 산지

보다 깎여나가 지표가 낮은 분지를 형성했다. 암석의 차별 침식이 분지 지형을 형성하는 일차적 원인으로 작용할 것이다. 2차 원인은 부평과 부천을 흐르는 굴포천이다. 부평과 부천을 둘러싸고 있는 산에서 흘러내린 물은 화강암의 침식 작용 또는 침식분지를 형성하는 데 결정적 역할을 했다.

현재는 대규모 아파트 단지들이 들어서고, 잘 뚫린 도로, 경인전철 등으로 인해 분지의 모습을 좀처럼 찾아보기 힘들지만, 부평에서 태어난 토박이들은 "부평엔 분지안개가 자주 출현했다"[75]고 증언했다. 조병창에 근무했던 대다수 노무자들도 그런 말을 했다. 일제는 연합군의 항공 포격 등을 피하기 위해 분지안개가 자주 출현하는 부평에서 대규모 조병창을 조성했을 개연성이 높아 보인다. 여기다 부평은 철도와 항만 시설과 인접한 이점도 가지고 있었다.

또한 일제는 조병창을 만들 당시 부평에 또 다른 군사시설인 '무전국(옛 부평 송신소)'을 설치해 운영했다. 당시 일제는 무선 전신의 중추인 경성무선국의 통신 폭주로 업무에 과부하가 걸리자, 1937년 6월 부평에 무전국을 신설했다. 이 무전국을 통해 일제는 만주, 대만, 태평양까지 전파를 방사할 수 있게 됐다고 당시 언론은 보도했다. 일제는 이를 위해 토지 24만 7500㎡를 매수했다.[76] 부평의 이 무전국은 해방 이후 조선의 기술진에 의해 운영됐고, 그 기능은 수십 년 동안 유지되어오다가 1998년 12월 경기도 화성으로 이전됐다. 옛 부평 송신소 부지는 현재 대규모 아파트 단지로 개발된 상태다.

중화민국 초기인 1930년 군수공장을 배경으로 한 영화 〈소실적자탄〉(消失的子彈, 감독 나지량)'이 2013년 7월 한국에서 개봉했다. 국내에선 〈중화명탐정)으로 개봉했다. 영화는 한 도시의 경제를 이끌어가는 군수공장에서 의문의 살인 사건이 발생하면서 시작된다. 군수공장에서 총알을 빼돌렸다는 이유로 한 젊은 여직공이 억울한 죽음을 당하게 된다. 사건의 배후를 과학적으로 추적하는 의정관 송동로(셰팅펑 분)와 사격의 달인 열혈 형사 곽추(류칭원 분)가 이를 조사하기 위해 군수공장에 파견된다. 영화가 일부 억지스러운 면이 있지만 당시 군수공장에서의 생활상을 엿볼 수 있다. 어린 여공들은 먹고살기 위해 군수공장에서 총알과 탄환 등을 만든다. 숙소도 공장 안에 있고, 무장 병력에 의해 이들의 생활은 통제된다. 의문의 죽음이 일어나자, 불안한 여공들은 공장 밖으로 나가고 싶었지만 출입은 통제된다. 군수공장을 운영하는 자본가는 지역 경제를 먹여 살린다는 미명 아래 떵떵거리면서 생활한다. 그는 사건을 수사하는 경찰 지휘부에 뇌물을 제공해 사건을 무마하려한다.

일제는 진주만 공습(1941년 12월 7일)에 이어 동남아시아 지역에 대한 일련의 군사작전을 통해 아시아 · 태평양 지역을 전쟁의 참상에 빠져들게 만들었다. 만주사변(1931)과 중일전쟁(1937)의 연속선상에 있는 아시아 · 태평양전쟁은 세계대전으로 확전됐고, 일제는 더 많은 인적, 물적 재원이 필요하게 됐다. 일제의 만주 침략과 제2차 세계대전 발발은 1929년 이래의 '세계대공황(世界大恐慌)[77]을 타개하기 위한 방편이기도 했다. 일제는 식량을 비롯한 각종 자원을 비롯해 인적 자원까지 수탈할 수 있는 조선을 '병참기지화'했다. 조선총독부는 1938년 5월 공식적으로 조선병참기지화를 선언했다. 이에 따라 1938년 5월 '국가총동원법'을 식민지 조선에 적용해 대량의 인적, 물적 자원을 수탈했다. 진주만 공습 이후 조선에 대한 인적, 물적 자원의 수탈은 더욱 노골화됐다. 조선의 젊은 여성 수십만 명을 정신대라는 이름으로 전장에 끌고 가 일본인 병사 '위안부'로 삼았고, 중학생뿐만 아니라 초등학생까지도 위험한 군사시설 공사에 내모는 침탈행위를 일삼았다.

"남양의 한복판 '트라크' 섬은 우리 동포가 8000여 명이나 가서 가혹한 압제 밑에 혹사를 당하거나 죽은 곳이다. '사이판'이 함락되고 식량 공급이 안 되자 일본인은 조선 사람들에게 식량을 안 주기 시작해 전부가 영양 부족으로 쓰러짐에도 불구, 진지 구축이 바쁘다는 구실로 일만 시켰다. 굶어 죽는 동포가 매일 생기는 지경에 이르렀다. 급기야 이 트라크 섬에도 미군의 공습이 시작되어 일본군에게도 식량 공급이 두절되고 말았다. 조선 동포 수천여 명은 처음에는 나무뿌리, 풀잎으로 살다가 그것도 모자라서 산과 들의 풀이란 풀은 다 뜯어 먹고 쥐 한 마리에 100원씩 매매하며 뱀, 벌레 등을 닥치는 대로 먹다 못해 무참히도 굶어 죽었다."[78]

일제는 중일전쟁(中日戰爭)을 시작으로 1939년 캠프마켓 부지와 그 인근인 인천시 부평구 산곡동 일대에 '일본인천육군조병창(日本 仁川陸軍造兵廠)'을 설치해 패망 전까지 전쟁 물자를 생산했다. 인천육군조병창은 제1제조소(부평조병창)와 평양병기제조소를 두고 있었다. 인천육군조병창은 조선기계제작소 인천공장을 감독해 잠수정을 제작하기도 했다.[79] 일제는 인천육군조병창을 신설하기 전까지 일본 육군이 만주에서 작전할 당시 필요한 탄피 등을 후방기지에서 복제하기 위해 평양병기제조소만 개설했다. 평양병기제조소는 일본산 떡갈나무(견목) 대신 보다 견고한 조선산 박달나무(檀木)를 재료로 한 경중(輕重) 차량을 제작했다. 그리고 1937년경부터 야포탄환 제작을 시작하면서, 그 기능이 본격화됐다. 평양병기제조소는 인천육군조병창이 설치된 후에 그 예하로 편입되어 작업을 이어갔다. 부평에 있었던 조병창은 남한 최대의 군수공장이었던 셈이다.

부평조병창은 향후 부평지역이 주요 공업지역으로 명성을 얻는 시발이 된다. 1883년 개항과 더불어 인천에는 외국인들의 출입이 많았고, 그에 따라 계획적인 토지 이용의 필요성이 대두됐다. 일제는 1909년 11월, 토지조사사업 시행을 위한 토지 시험 조사를 경기도 부평군에서 처음 실시했다. 부평군을 시험조사 지역으로 정한 것은 소삼각 측량을 끝낸 지역 가운데 가장 좋은 조건을 갖고 있다고 판단했기 때문이다.[80] 이후 1930년대 말 부평이 일제의 병참기지로 만들어지면서 토지구획정리가 됐고 대규모 공장들도 들어섰다. 부평 최초의 공장은 부평 연와(煉瓦)와 국산자동차 공장(1937)이었고, 1939년에 부평조병창(富平造兵廠)[81]이 조성됐다. 그 이유는 부평은 철도 교통이 좋은 평지이고, 부평동에 인접한 부개·청천동 등은 공업시설 유치의 적지였기 때문이다.[82] 산곡동은 구한말까지 부평의 중심지였던 계산동과 일제 강점기 이후 현재까지부평의 중심 역할을 하고 있는 부평동 사이에 있는 지대로 볼 수 있다. 국산자동차 공장은 현 미산초등학교 부지에 있었다. 이 공장은 자동차 부품을 만들었다. 또한 현 부평고등학교 자리에 1939년 디젤자동차 공장이 조성되면서 부평이 자동차 공장이 입지할 수 있는 토대가 됐다. 1939년의 경우 인천제재주식회사 등 공장 20여 개가 2천여만 원을 부평 평야에 투자했다.[83] 부평에 들어선 공장들은 대부분이 금속이나 기계공업에 속했다.

연도	공장 수	행정동	비고
1934	2	부평동	동양제강, 부평 금속 공업사
1937	2	부평동	국산자동차, 연와공장
1939	3	부평·산곡동	디젤자동차, 홍중상공, 조병창
광복 전 1940년 대	6	부평·산곡동	부평인쇄소, 조선공무점, 동경제강, 광진정공, 동양정공, 경성공작
광복 후 1940년 대	5	부평·산곡·부개동	부평요업, 조선베아링, 부평연와, 조선아미노산장유, 부평양조조합

〈개항100년사·인천시사〉

〈표〉와 같이 현 부평동과 산곡동에는 1950년대까지 많은 공장이 입지해 공업 중심지 역할을 했다. 다만 해방과 한국전쟁 후인 1966년 청천, 효성, 갈산동에 공단이 조성되면서 부평의 공업은 부평, 산곡동에서 청천, 효성, 갈산동으로 중심이 이동했다. 일제는 1940년 4월 1일 부천군 부내면을 인천부에 편입시키고 조병창의 확장공사를 실시했다. 하청업자는 관동조(關東組),[84] 다전조(多田組), 옥조조(玉操條), 청수조(淸水組), 간조(間組) 등 5개 업체가 맡았다. 조선총독부는 국민총동원령을 내려 근로보국대를 편성해 이 공사에 투입했다. 시·군별로 조직화된 근로보국대는 하청업체에 배치됐다. 부평조병창에선 인천지역 중화학기계공장의 지원으로 주로 소총, 탄약, 소구경화포탄약, 총검, 수류탄, 경차 등을 제작됐다. 조병창에는 수천을 헤아리는 군인과 군속이 종사했다.[85] 공장 종사자에게는 징용을 면제해주는 특혜가 주어졌다.[86] 특히 일제는 1940년대 이후 미국과 전면전을 벌이면서 전쟁 물자를 공급하기 위해 인천뿐 아니라 서울지역 중·고교생까지 강제 동원해 전쟁 물자를 생산했다. 여학생들도 전쟁 물자인 군복을 생산하기 위해 동원됐다.[87] 그 외에 조병창 일부 공정은 각지의 민간 하청공장에 위임되기도 했는데, 대부분 일본인이 경영한 민간하청업체로 함흥의 와타나베 철공소를 비롯해 인천, 신의주, 평양, 경성, 대구, 부산, 원산 등 전국에 걸쳐 조합의 형태로 조직화됐다. 부평조병창의 생산품과 월간 생산능력은 소총 4천 정, 총검 2만정, 소총탄환 70만발, 포탄 3만발, 군도 2천정, 차량 200량 등이다. 육군 병기 외에 1944년 제2차 세계대전 종전까지 잠수정의 급격한 수요에 대비해 조선기계제작소 인천공장을 감독해 잠수정을 제작했다.[88]

일본 육군과 해군의 갈등으로 인천에서 만들어진 잠수정

홍중공장(弘中工場)은 조병창보다 먼저 부평에 들어선 공장이다. 일제는 일본 히타치(日立)제작소, 안도(安藤)철공소, 일본제강소와 인천의 조선기계제작소[89]에서 잠수정(潛水艇)을 건조했다. 조선소가 맡아야 할 건조를 기계제작소나 철공소가 담당하게 된 것은 일본 육·해군 간의 알력 속에서 계획 자체를 일본 육군이 해군과 상의 없이 일방적으로 진행한 결과였다.[90] 조선기계제작소에 육군의 잠수정 건조 명령이 떨어진 것은 1943년 4월 말이었다. 건조 규모는 월 10척, 연간 120척이었다. 이를 위해 도크 2기와 선대(船臺) 6기, 부품생산을 위한 기계 공장의 건설이 필요했다. 계획 수행을 위한 명령 계통은 육군병기행정본부(마루유위원회)→인천육군조병창→조선기계제작소였다. 하지만 조선기계제작소가 해방 때까지 일본 육군에 인계한 잠수정은 4척에 불과했다. 당시 기술자로 잠수정 건조에 참여했던 김재근 씨는 "6척이 완공되고 10여 척이 시

운전 또는 진수해 의장작업에 들어간 상태에 있었다"고 회고했다.[91]

일제가 제2차 세계대전에서 패한 데는 여러 원인이 있지만, 주요 원인으로 꼽히는 것은 미국의 기술력과 생산력을 무시하고 미국을 침략한 것과 내부 분열이다. 분열의 정점엔 육군과 해군이 있다. 대본영(총사령부)을 장악한 육군의 일방적인 독주 탓에 해군은 늘 소외되고 피해의식에 젖어 있었다. 특히 중일전쟁 이후 대륙 진출에서 괄목한 성과를 보인 육군은 언제나 해군을 무시했다. 태평양전쟁 전범 도조 히데키(東條英機)는 1941년 10월 총리가 됐다. 도조 히데키 총리는 일본이 선전포고 없이 단행한 진주만 공격(1941년 12월 7일)을 실행 8일 전까지 몰랐다. 전 세계를 상대로 전쟁을 선포한 국가에서 어떻게 이런 일이 벌어졌을까?

원인은 도조가 육군 대신 출신이기 때문이다. 도조가 육군 대신일 때 육군의 전투 계획을 해군에 알리지 않았다.[92] 그는 해군을 믿지 않았고 겁쟁이라고 생각했다. 이 병폐는 오랜 역사를 가지고 있다. 메이지유신(明治維新) 이후 사츠마(薩摩) 번은 주로 해군으로 자신의 세력을 확장했다. 경쟁 관계에 있던 조슈(長州) 번은 육군으로 진출해 세력을 구축했다. 이들 이름은 모두 에도막부(江戸幕府) 시대 번(藩)의 이름이다. 번은 다이묘(大名, 영주)가 다스리는 반독립 제국이다. 강대국으로 발돋움하는 계기가 됐던 메이지유신은 두 지역이 없었더라면 불가능했다. 그러나 두 번 간의 경쟁관계가 제2차 세계대전까지 이어졌다. 메이지유신 전에는 사츠마의 힘이 더 컸으나, 메이지유신을 거치면서 일본 군부가 육군 위주로 움직이면서 육군을 장악한 조슈 번이 강력한 힘을 가지게 됐다.

연합함대 마지막 사령장관 도요다 소에무(豊田副武) 제독은 "딸을 육군에 시집보내느니 차라리 거지에게 주겠다"고 경멸했을 정도다. 육군과 해군의 경쟁관계는 육군은 '대륙진출론'으로, 해군은 '남방진출론'으로 각자의 길을 모색하게 만들었다. 육군과 해군은 정보수집도 독자적으로 진행했으며 고급 정보는 서로 공유하지도 않았다. 이런 경쟁은 결국 해군이 독자적으로 전투기를 만들고, 육군이 독자적으로 잠수정을 건조하게 했다. 육군이 태평양 상의 섬나라를 점령해 들어가면서 해군의 협조가 절실했지만, 해군은 육군에 협조하지 않았다. 섬들의 물자를 제때에 공급해야 하는데, 육군과 해군은 이에 공조하지 않았다. 군수 물자가 제때 공급되지 못하자 육군은 자체적으로 잠수정을 만들어 물자를 공급할 계획을 수립한 것이다. 해군도 잠수함을 지원하고 싶지 않아 육군의 잠수정 제조 계획에 찬성했다. 해군이 잠수정 건조법을 가르쳐주겠다고 했지만, 육군은 해군의 도움을 바라지 않았다. 결국 그들은 조선기계제작소 등을 동원해 독자적으로 잠수정을 건조하기로 한 것이다. 일본 해군도 '제로센'이란 전투기를, 육군은 '하야부사'라는 별도의 기종을 운용했다. 1943년 당시 일본은 연간 5만 대의 항공기를 생산할 능력을 갖추고 있었지만, 실제로 생산된 양은 1만 대가 채 안 됐다.

일제는 조선에는 '내선일체(內鮮一體)'를 강요하고, 중국에는 '일만일체(日滿一體)'를 강요했지만, 정작 자국 내에서는 폐쇄적 군비 경쟁까지 한 셈이다. 당시 일제의 해군 장성들은 "미국보다 육군이 더 싫다"는 말을 공공연히 할 정도였다. 사실 육군과 해군과의 경쟁의식은 거의 모든 국가의 군대에서 볼 수 있는 것이지만, 일본의 경우는 역사상 그 유래를 찾기 힘들 정도로 심했다. 히틀러의 경호부대로 출발한 나치스 친위대SS는 정규군보다 더한 위세와 권한을 누렸다. 친위대가 기갑사단을 앞세워

전투에 참가한 것도 정규군과의 알력 때문이다. 친위대에 힘을 실어준 대표적 인물은 괴벨스[93]다.

보다 못한 천황이 육군과 해군의 협력을 당부했지만, 육군과 해군의 불신과 경쟁은 갈수록 심해졌다. 전쟁에서 핵심 기술인 레이더 개발도 육군과 해군이 독자적으로 추진했다. 미국을 비롯한 연합국에 비해 레이더 기술력이 부족했지만, 일제의 육군과 해군은 레이더 개발 프로젝트를 각기 비밀리에 추진하는 어리석은 짓을 범했다. 자국 내에서 징병에 절대적 권한을 가진 육군은 항공 산업 숙련공을 육군의 일반 사병으로 징집하고, 그 빈자리를 대학생으로 메웠을 정도였다. 원유 매장량이 상당한 인도네시아를 점령하고도 일제의 육군과 해군은 갈등을 빚었다. 현대처럼 기계화 전략이 큰 비중을 차지하지 않던 시기라 육군의 원유 수요는 상대적으로 해군에 비해 적었다. 그런데 육군은 인도네시아에서 원유 매장량이 많은 지역을 점령한 반면, 해군은 항구 중심으로 점령했다. 갈등이 심각해 일본의 해군은 육군이 원유를 추가로 내놓지 않으면 본국으로 가는 유조선을 억류하겠다고 협박했다. 우스갯소리로, 일제의 육군과 해군은 나사못 하나를 만들어도 서로 다른 방향으로 돌리는 나사못을 만들었다고 전해진다.

홍중공장 부지는 해방 이후 미군이 사용하다가 한국군 부대(88정비대대)를 거쳐 2002년 부평공원으로 개장되어 현재는 부평구민들의 쉼터 역할을 한다. 홍중공장 노동자들이 모여 살았던 곳이 현재 부평2동이다. 부평시민들이 아직도 부평2동을 삼능[94] 또는 홍중으로 부르고 있는 연유다. 홍중공장 인근에는 홍중사택(弘中舍宅) 수십 채가 건설되어 종업원들이 집단으로 거주했다. 조병창 내에는 1공장, 2공장, 3공장이 있었

다. 1공장은 주로 설계를 하는 곳이었으며, 2공장은 주로 선박 작업, 3공장은 제품을 생산했다.[95]

일제의 조선 침략 역사를 간직한
영단주택(營團住宅)

제2차 세계대전이 더욱 치열해지면서 일제는 전쟁 물자 생산에 박차를 가하기 시작했다. 조선을 군수공업기지화 하기 위해 부평에 1939년 조병창을 건설했다. 자연스럽게 그 주변에는 하청 공장 등이 들어섰다. 문제는 조병창과 하청 공장에서 일하는 노동자들이 살 집이 없다는 것이었다. 이에 일제는 공장 노동자들의 집단 주거지를 조성했다. 그 흔적이 청천동 '검정사택'과 산곡동 '영단주택', 그리고 부평고등학교 자리에 위치했던 디젤 자동차공업주식회사 부평공장 주변의 '지젤사택', 부평1동 롯데백화점 인근의 '다다구미', 부평3동 신촌 일대, 부평2동 홍중군수공장 옆의 '히로나카 사택' 등이다.

조선총독부는 1941년 6월 조선의 부족한 주택 문제 해결을 위한 정책으로 '조선주택영단령(朝鮮住宅營團令)'을 공포한다. '조선주택영단령'의 핵심은 조선에 중류 이하의 봉급생활자의 주택 안정을 목적으로 했다. 영단주택은 규모와 형태에 따라 '갑(甲)형'에서 '무(戊)형'까지 5개 유형의 평면으로 구성됐다. '특갑(特甲)형'과 '갑(甲)형'은 주로 큰 규모의 주택으로 일본인 관리나 사원들에게 분양됐다. '을(乙)형'은 일본인과 한국인이 입주했다. '병(丙)·정(丁)·무(戊)형'은 주로 한국인 노동자들에게 분양됐다.[96] 영단주택 무(戊)형의 경우 큰 방이 7.3㎡에 불과해 부부가 같은 침실을 이용할 경우 매우 협소했다. 정(丁)형의 경우도 9.7㎡의 큰 방, 7.3㎡의 작은 방 한 개씩이 있었다. 쾌적하고 살기 좋은 생활을 영위하기 위한 주택이라기보다 생산 노동자가 최소한의 생활만을 영위할 수 있는 공간을 대규모로 공급한 셈이다. 자칫 영단주택지가 빈민가로 전락할 위험성을 안고 있자, 일본주택영단은 영단주택이 기존의 노동자 주택과는 차별화돼 있다는 점을 강조했다.[97] 주택영단은 "질 좋은 소 주택이면서 쾌적한 환경의 빛과 통풍이 좋은 위생적, 능률적인 곳"이라고 자평하면서, 해마다 5천 호씩 4년간 2만 호 건설을 목표로 잡았다. 그러나 태평양전쟁이 분수령을 넘어가면서 주택영단 사업은 주춤하게 됐다. 1942년 말까지 준공을 본 단지는 경성, 평양, 청진 이외 지역에는 없었다. 경성에는 이때까지 1100호가 지어졌다.[98]

조선주택영단은 해방 이전까지 인천에 5개 지구의 영단주택단지를 조성하려 했다. 부평구 산곡동 87번지 일원, 남구 용현동 488번지 일원, 숭의동 184·348·147번지 일원 등이다. 지금의 산곡동 영단주택지는 1944년 8월에 부지에 대한 정지 공사를 끝내고 건축 공사에 들어갔다. 당초 목표 수량은 500호였고, 1944년 내에 214호를 준공시킬 예정이었다.

이곳은 조선주택영단이 기존에 진행해왔던 주택 사업과 성격이 달랐다.[99] 주택영단이 주택 건설 방침 설립 초기에 내세웠던 '노동자와 서민을 위한 주택'이라는 목표에서 '광·공 노무자와 종업원의 주택'으로 바꾸고, 건설지 선정 원칙을 도시 중심주의에서 광장과 광산 중심으로 변경한 후였다. 결국 전쟁 수행을 위해 주택단지를 조성한 것이 다른 영단주택과 다른 점이다. 산곡동 영단주택은 조병창과 그 인근에서 전쟁 물자를 생산하는 공장에 근무하는 조선인 노동자들을 대상으로 조성됐을 것으로 여겨진다. 산곡동 영단주택은 해방 이후에는 미군기지에 근무하는

인천시 부평구 부평2동 심릉 일본사택 전경 〈부평구청〉

한국인 노동자와 1960년대 후반 조성되는 부평공단에서 일하는 노동자들의 생활 터전이 됐다. 영단주택은 연 면적이 매우 협소해 해방 이후 대부분 마당이나 도로 부분에 건물을 증축해 사용되어왔다. 산곡동 영단주택단지는 오랫동안 저소득층이 거주해왔다. 하지만 2000년 주택 보급률이 100%를 넘어서면서 빈집으로 방치되어 있는 상태다. 일부 주택은 온갖 쓰레기로 채워지기도 했으며, 청소년들이 '애호하는' 흡연 장소가 됐다. 영단주택은 현재 재개발 지역으로 묶여 있는 상태다. 조선의 식민 침탈의 역사를 고스란히 간직한 영단주택에 대한 보전 대책을 검토할 필요가 있다.

학습권 박탈과 강제 동원

마호메트가 태어난 아라비아에는 각기 자기 수장을 가진 유목민들이 오랜 역사를 지니고 살았다. 이들은 가축의 고기와 젖, 대추나 야자열매를 먹고 살았다. 부족한 자원과 열악한 자연 환경은 이들을 전쟁터로 내몰았다. 그러다 마호메트가 창시한 새로운 종교를 구심점으로 단결해 중동 지방의 주인으로 이슬람이 등장했다. 그들의 성공적인 정복 사업은 종교적인 요인뿐 아니라 합리적 제도에 의해 지원됐다. 특히 이슬람의 정복자들은 기독교나 유대인에게 관대한 편이었다. 같은 일신교도이며, 성서의 민족들로 간주했기 때문이다. 아랍인들은 페르시아와 비잔틴제국Byzantine Empire이 통치하던 지역을 점령한 후 기존의 통치 방법을 그대로 인정했으며, 아랍인들은 또한 그들의 관습, 문화를 존중했다. 이슬람인은 그 어느 민족의 정복자들보다도 관대한 항복조건을 제시했다. 특히 정복자들이 식민지 국가에서 일삼은 학살과 수탈을 최소화했다.

이렇다 보니 이슬람과 전쟁을 피하고 항복하는 나라들이 늘었다. 유럽의 운명이 제대로 꽃피기 이전인 상황에서 예루살렘의 항복조건을 보면, 이슬람인이 얼마나 합리적으로 식민지를 수용했는지 알 수 있다. 재산, 교회, 기독교 신앙과 관련된 것은 모두 보호됐다. 교회는 주거로 전환하거나 파괴해서는 안 됐다. 교회의 토지와 십자가, 소유물은 몰수하지 않는다. 다만 유대인들은 예루살렘에 살 수 없었다. 비잔틴제국의 그리스인들은 안전하게 떠날 수 있지만, 남아 있는 그리스인들은 다른 사람들과 마찬가지로 세금을 내야 했다. 주민들은 그리스인과 같이 떠날 수 있었다. 주민들은 인두세를 내야 하지만, 추수 때까지는 세금을 내지 않았다.[100] 이런 합리적 식민통치 방식은 식민지 국민에게 이슬람을 새로운 통치자로 받아들이게 했고, 경우에 따라서는 그들을 적극적으로 돕게 했다. 팔레스타인에서는 사마리아인들이 아랍 침공자에게 도움을 제공했고, 그 대가로 일정 기간 세금도 면제받았다. 이외에도 유대인들과 기독교인들이 그들을 도왔다는 기록도 있다. 결국 이슬람은 622년부터 945년 정도까지 아라비아 반도에서 북으로 진출해 메소포타미아와 이집트까지 세력을 넓혔다.

그러나 일제는 조선반도를 비롯한 식민지에 대해 철저히 수탈과 착취를 일삼았다. 또한 전 세계 피압박 민중을 죽이고, 자신과 무관한 전쟁터로 내몰아 재차 죽였다. 일제는 전쟁이 막바지로 치닫자 침략 전쟁을 위해 이른바 '국가총동원체제' 하에서 모든 물적, 인적 자원을 동원했다. 조선총독부는 조선인을 군수공장과 전장에 노동력과 병력으로 동원했다. 또한 후방에선 '황국신민'으로 지켜야 할 '황국근로관'을 주입했다. 일제 노동력 착취 부분을 언급할 때 일본 본토 등에서의 성인 남성과 여성 노동력 착취만을 이야기하는데, 일제는 열 살을 갓 넘은 아이들의 노동력도 무차별적으로 착취했다.

인천에서도 1938년 '근로보국대'의 하나로 '학교근로보국대'를 동원하면서 학생 노동력 동원이 시작됐다. 초창기에는 인천상업학교, 인천중학교의 저학년이 인천공설운동장 풀 뽑기와 사격장 건설 작업 등에, 고학년은 주안염전의 제염작업에 동원됐다. 인천고등여학교의 학생들은 인천신사 청소, 군용 피복 재봉 작업 등에 동원했다. 동원 초기에는 여름 방학을 이용 10일을 전후해 동원했지만, 전쟁이 막바지로 치달을수록 동원 기간은 늘어났다. 1년에 30일, 4개월 등으로 늘어났다. 식량 문제가 심각해지면 학생들을 농번기에 투입하기도 했다. 그러다 1944년 동원 정책이 강화되며 '학도동원비상조치요강'과 '학교별 동원기준' 등에 따라 중등학교 고학년 이상은 1년 동안 동원이 가능해졌다.

인천지역 학생 동원은 경기도 단위의 동원 계획 속에서 실행됐다. '학도동원비상조치요강'에 따라 1년 동안 동원된 첫 번째 사례는 인천조병창 동원이다. 해방을 불과 15개월을 앞둔 1944년 5월 경성공립공업, 인천공립공업, 인천공립중학, 인천공립상업학교 등 4개교에서 250명과 인천공립고등여학교, 인천소화고등여학교 등 2개교에서 110명이 인천조병창 제1제조소(부평)로 동원됐다. 또한 일제는 그해 9월에 2차로 경성중학, 용산중학, 인천상업학교의 학생들을 1년 동안 동원했다. 이외에도 연희전문학교 등 11개교가 동원됐다.

특히 조선총독부는 노동력을 더욱 착취하기 위해 1944년 하반기에 학생들을 모두 기숙사에 입소시켰다. 처음엔 통근 형태로 학생들을 강제 동원했다가 지각 등의 이유를 들어 강제로 기숙사에 입소시켰다. 일제는 남학생의 경우 오전 5시 50분 기상과 체조, 6시 10분 아침식사, 7시 30분부터 각 작업과로 배치, 오후 5시 30분에 작업 마감 등의 순서로 일을 시켰다. 또한 오후 6시부터는 입용, 저녁 식사, 기숙사 입실, 훈화, 공부, 밤 10시 취침이었다. 이로 인해 1944년 이후 조선반도에 있는 청년학생들은 사실상 학습권을 박탈당한 채 강제 노동에 시달렸다. 인천공립고등여학교, 인천소화고등여학교 학생들도 학교에서 재봉 일을 했다가 나중에는 조병창 내에서 총열이나 부품의 기름을 닦는 작업을 했다. 해방되는 해 인천상업학교 3학년은 야전장유(野田醬油)공장, 4학년은 인천조병창과 조선기계제작소로 동원됐다.

1943년 5월 14일 인천육군조병창에서 발행한 문서다. 이 문서는 안내장으로 이봉재(李鳳哉)에게 묘지를 조병창 용지로 수용할 것이므로 5월 19일 오후 1시까지 인감(印鑑)을 휴대하고 상수원 군청(上水源郡廳)으로 출두할 것을 지시하는 내용을 담고 있다. 〈부평역사박물관〉

사카가키(坂垣) 조선군사령관이 1944년 7월 17일 조병창을 방문해 동원된 학생들을 직접 격려했다.[101] 당시 언론보도에 따르면, 조선총독부가 인천조병창을 얼마나 중요하게 생각했는지를 엿 볼 수 있는 사례가 있다.[102] 조선총독부 아베 노부유키 총독은 부임 후 첫 시찰지로 인천지역 공장지대를 돌았다. 이때도 인천조병창에 들러 동원된 학생들을 격려했다. 초등학교 학생들도 인천신사 확장 공사, 송탄유와 퇴비 증산을 위

한 재료 채집 등에 동원됐다. 인천부는 퇴비 증산을 위해 1944년 부내초
등학교 학생을 여름철 풀베기에 총동원하기도 했다. 인천송림초등학교
고등과 남학생 60여 명을 비롯해 200여 명이 1945년 대성목재 인천공
장에 동원됐다.

교실에서 강제로 끌려 나온 15세 소년
조병창에 강제 동원

양재형(86세, 사진) 씨는 인천 중구 경
동 5번지에서 1927년에 태어났다. 창영
초등학교를 졸업(32회)하고 인천공립직
업학교(현 인천기계공고)에 입학해 학업
에 열중하던 중 2학년 때 일제에 의해 강
제로 부평조병창에 끌려가 전쟁 물자를
생산하는 고역을 당했다. 양 씨와 같은 또
래의 학생 수백 명이 조병창에 강제 동원됐다.

양 씨는 처음으로 조병창에 끌려간 날을 정확히 기억했다. 1944년 12
월 8일이다. 양 씨는 인천조병창에 끌려온 학생들이 인천 학생만은 아니
었던 것으로 기억했다. 실제 인천공립중학교(현 제물포고등학교), 서울
경성고등학교[103]와 용산중학교 등 5곳의 학생들이 조병창에서 전쟁 물
자를 생산했다. 또한 연희전문학교와 보성전문학교 학생들도 동원됐다.
당시 학생들은 모든 학업을 포기하고 교사의 인솔 하에 조병창으로 출퇴
근하면서 전쟁 물자를 생산하는 생산라인에서 일반 공원을 보조하는 역
할을 했다.

일제는 일반 공원들에게는 월급을 지급했지만, 학생들에게는 월급을
지급하지 않았다. 당시 한국인 일반 공원에 비해 일본 공원들은 서너 배
의 월급을 받았다. 당시 쌀 한 가마니 가격이 6원 50전이었다.[104] 양 씨
는 당시 부평 조병창에서 일반 공원 1천여 명, 학생 250여 명 정도가 일

했다고 기억했다. 양 씨에 따르면, 일제는 조별로 학생 120여 명을 편성해 작업장에 투입했다. 당시 부천 집에서 생활하던 양 씨는 전철을 타고 오전 9시 부평역에 집결하면, 교사들의 점호를 받고 걸어서 조병창으로 이동했다고 했다. 조병창 입구는 현재 부평1동 소재 롯데백화점 뒤편으로 기억했다.

"내가 당시 나팔수였다. 나팔수는 부평역에서부터 조병창까지 걸어갈 때 나팔을 부는데, 한겨울에는 나팔에 입을 붙이면 입이 찢어지는 듯해 부는 척만 했다가 일본인 선생에게 걸려 조병창에서 맞기도 했다. 당시 조병창 판금공장 공장장이던 채병덕[105] 소좌가 '때릴 시간이 어디 있느냐? 그럴 수도 있지 않느냐? 너 같은 선생은 학생 인솔 자격이 없다'고 해서 봉변을 더 이상 당하지 않았다"는 일화를 소개했다.

양 씨가 기억하는 채 소좌는 매우 긍정적이었다.

"채 소좌는 조선인 학생들에게 잘해 주었다. 여름에는 아이스크림도 사다가 나눠주기도 했다" 비슷한 시기에 공원으로 일했던 이석재(93세) 씨도 채병덕 소좌를 긍정적으로 기억했다"[106]

양 씨는 당시 3공장에 투입되어 총신을 만드는 일을 했다. 당시 여학생들도 강제로 동원되어 전쟁 물자를 생산했다.

"남학생들은 기숙사에서 생활하면서 월요일부터 토요일까지 일을 하고 일요일만 집에 다녀왔다. 당시 소화여고(현 박문여고)[107] 학생들은 군복을 만들었다. 여학생들은 기숙사에서 생활하지 않았다. 현재 인천성모병원 자리가 원래 소화여고 자리였다"

양 씨는 일제의 병참 기지로 바뀐 조선에서 전쟁 막바지로 치달을수록 전쟁 물자가 부족해 전국적으로 놋그릇을 수집해 조병창에 쌓아 놓고 총탄 등을 만들었다고 기억했다. 그는 일제가 해방 이후 지하실에 전쟁 물자를 모두 묻고 콘크리트로 매설했다고 했다.

'민족정신'으로 가득한 의리의 열혈 청년, 주먹으로 조병창 평정

양재형 씨는 당시 일본 학생들은 조병창에서 공구 등을 이용한 칼을 만들어 가지고 다녔다고 했다. 수적으로 밀리는 일본 학생들이 조선 학생들을 괴롭히기 위함이었다. 당시 양 씨는 인천중학교에서 요즘 말하는 '일진'이었다. 양 씨와 그의 친구들은 대검을 잘라서 각반(脚絆. 발목에서부터 무릎 아래까지 돌려 감거나 싸는 띠)에 숨기고 다녔다. 만일에 있을 일본 학생들과의 싸움을 위해서였다. 일제는 전쟁 막바지에 학생들을 조병창에 강제 동원해 노동력을 착취하다 못해 학생들을 강제로 기숙사에 밀어 넣었다. 양 씨는 당시 학생들을 선동해 서공원(자유공원)[108]에서 기숙사 입소 거부 데모를 일으키려 했다. 하지만 사전에 일제 경찰에 정보가 유출되어 헌병들이 서공원을 차단했다. 양 씨는 조병창에서 일했던 학생들의 기숙사가 있던 곳이 현재 산곡동 롯데마트와 한화아파트라고 기억하고 있다. 기숙사에는 조선인 학생뿐 아니라, 일본 학생들도 함께 생활했다. 일제는 주간에만 학생들의 노동력을 착취하다가 기숙사를 신설한 뒤에는 주야간으로 학생들의 노동력을 착취했다.

"기숙사에서 선생들이 우리 생활을 감독했다. 건물 옥상(3층)은 전부 보리밭이었다. 전답처럼 보이게 하기 위한 위장이었다. 물론 먹기도 했다. 큰 대나무를 만들어서 군데군데 대공포처럼 위장을 해놓기도 했다.
조병창으로 출입할 때는 모두 몸수색을 했다"

양 씨는 일본인 학생들이 조선인 학생들을 괴롭히는 것을 자신이 막아
준 일화와 조병창 내에서 민족의식을 고취하기 위한 대학생들의 투쟁에
동참한 일화를 털어놓았다.

"용산중학교는 일본 아이들이 주로 다녔다. 용산중 아이들이 밤에 일
을 하고 와서 자는데, 인천중학교 아이들이 출근 때문에 일어나서 위층
에서 뛰어다니니 용산중 학생들이 인중 학생들을 때리곤 했다. 어느 날
친구 고재윤이 와서 그런 이야기를 해서 내가 인중 모자를 쓰고 가서 용
산중학교 '대빵'을 한 방에 정리했다(웃음)"

"1944년도로 기억하는데, 보성전문학교에 다니는 강본(오카모도)이
라는 형이 있었다. 그 형이 보성학교에서 주먹 좀 썼던 형인데, 어느 날
조병창에 다니는 학생 중 주먹을 좀 쓰는 학생 7명을 불렀다. 그 형이 '조
선독립만세'라고 적힌 종이를 조병창에 붙이자고 제안했다. 당시 조병창
은 불빛이 밖으로 새나가지 못하게 창문도 없이, 문도 이중으로 돼 있었
다. 출입구는 양쪽 두 개밖에 없었다. 우리는 '조선독립만세'라고 적힌 종
이를 화장실에 붙였는데, 몇 시간 후 조병창이 난리가 났다. 우리 같이 어
린 학생들이 한 것이라고는 생각 못하고, 당시 보성학교 형들만 조사했
다"

마지막으로 "내가 나이만 좀 더 있었으면 큰일을 벌였을 것이다. 당시에는 일본 놈들(=학생들)과 참 많이도 싸웠다"면서도, "어린 시절 함께 공부하고 고생했던 일본인 친구들과는 해방 이후 지금까지도 편지를 주고받고 교류하고 있다"고 말했다.

조병창에 번진 민족해방투쟁

양재형 씨가 당시 대학생들이 시켜 조병창에 '조선독립만세'가 적힌 종이를 붙였던 일화처럼 일제의 감시와 통제가 심했던 조병창에서도 독립투쟁의 기운은 살아 있었다. 병기를 제작하는 공장이었을 뿐만 아니라, 수많은 노동자들이 몰려 있는 까닭에 조병창은 항일 운동가들의 주요한 거점이기도 했다.

일제의 대륙 병참의 핵심 전진 기지인 조병창에 몰래 숨어들어 조선 독립을 꿈꾸었던 혁명가들이 있었다. 서울 사람인 오순환은 서울 창천감리교회 청년회원으로 있던 1938년 3월 정은태(鄭銀泰), 이광운(李光雲), 이선영(李善泳) 등 21명을 규합해 친목을 가장한 항일결사 창천체육회(滄川體育會)와 조기회(朝起會)를 조직하고 회장을 맡아 주도적으로 활동했다. 이들은 항일독립운동 방안으로 조선총독과 일제 고관을 암살해 동포들의 민족의식을 앙양시킬 계획을 세웠다. 그는 1941년 10월 거사에 대비해 무기조작기술을 습득할 목적으로 인천조병창(仁川造兵廠)에 입사해 근무했다. 그러던 중 이 같은 사실을 탐지한 일제 경찰에 의해 1942년 체포됐다. 그는 1944년 5월 10일 경성지방법원에서 소위 치안유지법[109] 위반으로 징역 2년형을 선고받아 서대문형무소에서 옥고를 치렀다.[110]

황장연(黃長淵)이란 인물도 있었다. 그는 1943년 3월 5일 인천조병창에서 고려재건당(高麗再建黨)을 조직하고, 1944년 9월 3일 권총 3정, 실탄 50발을 입수해 임시정부 연락원 신교선(辛敎善)에게 인도하려다가 조선군법회의에서 치안유지법 위반으로 징역 1년형을 선고받고 옥고를 치렀다.[111] 일제의 전쟁 물자를 생산하는 시설에서 조선인들이 자체적으로 항일 조직을 결성, 무기 밀반출을 도모하려 했다는 점에서 의미가 크다고 할 수 있다. 황장연 선생과 같이 임시정부 또는 항일독립단체와 연결된 인물이 조병창 내에서 더 활동했을 가능성도 배제할 수 없다. 1945년 8월 15일 해방이 되던 날에도 인천, 부천 소사, 부평 등지의 군수공장 공인 100여 명이 폭력단을 조직해 적의 기관을 파괴할 폭탄과 화약을 밀장(密藏)했다가 검거됐다는 보도가 있다.[112] 이런 모든 것들이 해방 이후 밝혀질 수 있었으나, 이승만 정부가 친일파를 대거 등용하고, 한국전쟁을 치르면서 그 기회를 사실상 잃어버렸다.

일제 말기의 조병창은 징용을 피하기 위한 젊은이들과 일자리를 구해 찾아온 외지인들로 넘쳐났다. 거기다 조병창의 하청 공장인 동경제강과 조선베아링공장 등 많은 자회사가 가동되면서 어린 학생들이 머물 숙소까지 필요했다. 부평은 말 그대로 거대한 군수공장이었다. 준비된 해방일 수도 있지만, 갑작스러운 해방을 맞은 당시 조선인에게 조병창의 물자와 생산시설은 주요한 관심사였다. 일제가 패망하고 미군이 조병창을 접수하면서 조병창의 원료난이 심각했기 때문이다. 이와 관련해 당시 언론이 보도한 한 대목을 보면 다음과 같다.

"넓은 부평 평야의 거의 절반이나 차지한 인천조병창은 일본의 패망과 동시에 미군에 점령되어 일반의 출입은 '애스컴'이란 영자 문패로 의연 검지되어 오는 터임으로 그 구내에 무엇이 얼마나 쌓여 있는지는 우리들이 헤아릴 수 없는 바이었는데, 지난 23일 인천시청회의실에서 열렸던 인천공업협회연합회 제1회 정기총회석상에서 부평공업협회장 김석기 씨의 발언에 의하여 '애스컴' 안에 쌓여 있는 물자의 편린을 엿들을 있으며, 또 귀중한 물자가 아낌없이 지하에 매몰되어 오는 사실까지 드러나서 원료의 이수에 갖은 고난을 겪고 있는 공장지배인들을 놀라게 하였다. 김석기 씨의 말에 의하면 전기 '애스컴' 안에는 무엇이 얼마나 저장되어 있는지 출입이 금지되어 있음으로 알 수 없으나, 인천 공업 인이 1돈 2천5백 원 주어도 입수하기 어려운 '코크'가 무려 5천 톤이나 쌓여 있고, 또 어떤 공장에서든지 필요한 '스패너'가 모리배들이 어떤 수단을 쓰는지는 알 수 없으나 1개에 1원 내외에 사내다가 40원의 폭리를 보는 모양인데, '애스컴' 안에는 약 20화차(貨車)분의 스패너가 산적되어 있고, 그 이외에도 일본이 긁어모아 드린 철재를 비롯한 군수품이 산적되어 있을 뿐만 아니라, 귀중한 기계 등을 아낌없이 지하에 매몰하는 광경을 목격한 사람도 적지 않다 하였다. 그래서 이런 보고를 받은 동 총회에서는 대책을 협의한 결과 전기 연합회 당국자가 사장(死藏)되어 오는 '애스컴' 안의 물자를 조선의 공업을 위해 적당히 처분하도록 미군당국에 진정 운동을 일으키기로 방침을 결정하였는데 그 취지는 크게 주목된다"[113]

미군정은 1945년 9월 25일 군정법령 제2호 '패전국 소속재산의 동결 및 이전 제한의 건'에 의해 모든 일본인 재산에 대한 일체의 권리 행사를 금지하고 곧이어 군정법령 제33호 '재 한국 일본인 재산의 권리 귀속에 관한 건'에 의해 일본인 재산에 대한 일체의 소유 지배권이 미군 청에 귀속된다고 공포했다. 일제가 패망하고 나간 남한에서 미군정 산하의 신한공사는 과수원, 뽕밭, 산림 등을 제외하고도 28만여 정보의 토지와 55만 4400여 호의 소작 농가를 관리하는 거대 지주가 됐다. 신한공사의 토지를 소작하는 농가는 남한 전체 농가 수의 27%에 이르고, 소작지 면적도 전체 경지 면적의 13%를 상회했다.[114] 또한 당시 세인들의 관심은 일제가 무기 생산을 위해 축적한 각종 광물을 비롯한 생산부품들이었다. 특히 현재까지 세인들의 입에 오르내리는 것이 패망 이후 일본인들이 본국으로 가져가지 못한 각종 귀금속과 무기 등이다.[115] 이와 관련해 다양한 증언들이 존재한다. 조병창에서 일했던 노무자들은 "일제가 패망 이후 저수지에 각종 구리 등을 묻고 갔다"고 증언하고 있다. 미군이 애스컴과 캠프마켓 시절 이미 금속 탐지기를 동원해 조병창 부지 내를 조사했다는 증언도 있다. 어떤 이들은 현재 들어선 대규모 아파트 단지들이 조성될 때 그런 귀금속 등이 발견됐을 수도 있다고 추측하기도 했다.

캠프마켓 땅 밑에는 무엇이 묻혔을까?

차병락(77세) 씨는 1958년부터 1967년까지 '애스컴'에서 근무했다. 차 씨가 담당한 일은 애스컴에서 군수물자 출하증을 발급하는 일이었다. 차 씨는 당시 주한미군은 군수물자 출하를 컴퓨터로 관리하기 시작했다고 말했다. 차떼기로 물자를 빼돌린 미군들이 종종 있었다는 증언을 감안하면, 한국인으로서 차 씨의 직책은 상당한 위치였다.

차 씨는 조병창 부지에 일제의 금괴 등이 묻혔을 것이라는 세인들의 관심과 관련해 추억을 가지고 있다. 그는 애스컴에서 퇴사한 뒤 베트남 등지에서 사업을 했다. 차 씨는 귀국 후 박정희 대통령의 이발사로부터 신촌(부평3동) 맞은편 운동장 부지에 금괴를 묻었다는 이야기를 듣고 찾아보기로 결심했다. 또한 조병창에서 채병덕 소좌(현 소령급)의 오토바이 운전병으로 근무했던 선배 이한기로부터 금괴가 묻혔을 것으로 추정되는 장소와 관련한 이야기도 듣게 됐다.

이에 차 씨 등은 당시 정치권에 로비해 미군기지 내부에 대한 채굴권을 얻었다. 서울에서 장만한 장비를 동원해 캠프마켓 내부의 웬만한 곳은 모두 채굴해보았다. 또한 과거 조병창 부지였던 산곡3동 현대아파트 부지도 일부 조사했다. 마지막으로 일제가 만든 초소의 지하를 진행하다가 기초 공사가 너무 단단해 애를 먹었다. 차 씨는 "초소 하부를 콘크리트로 그렇게까지 단단하게 만들 필요가 왜 있겠냐"며 "금괴가 조병창에 묻혔을 가능성을 배제할 수 없다"고 지금도 미련의 끈을 놓지 않고 있다.

당시 채굴권은 5천만 원 정도였다고 했다. 그가 거금을 들여 금괴를 찾아 나선 것은 정보에 신빙성이 있었기 때문이다. 차 씨 선배는 조병창에서 근무하면서 만주에서 들어온 '문서'에 엄청난 것이 있다는 이야기를 듣고 투자하기도 했다.

차 씨는 묻혔을 것으로 추측되는 금괴의 시가가 대략 2조~3조 원에 이를 것으로 예상했다. 차 씨는 당시 군사독재정권이 집권 하반기 권력 누수를 막기 위해 과장되게 일반인에게 알린 '평화의 댐' 조성 비용의 일부를 금괴를 찾아 충당하겠다는 생각도 있었다. 차 씨의 이야기를 뒷받침하는 증언도 있다. 1969년부터 캠프마켓에서 근무했던 박 아무개(66세)씨도 당시 채굴권을 가진 한국인과 미군들이 들어와 한동안 캠프마켓 구석구석을 조사했다고 했다.

청나라 동전 찾아 땅파기 한창

캠프마켓 부지에 조병창과 미군 부대가 주둔하다 보니 세인들의 주목은 계속됐다. 일제의 갑작스러운 패망으로 군수물자 재원이 그대로 방치되기도 했으며, 보릿고개를 겪던 한국인에게 세계 최강대국 미국의 군대에서 나오는 군수물자는 관심거리였다. 일제는 패망이 가까워지면서 부족한 군수물자를 보충하기 위해 청나라에서 제조한 동전까지 모았다. 옛 조병창 부지에서 청나라 동전이 발견됐다는 1973년 〈경향신문〉 보도 기사를 그대로 인용해본다.

"청나라 동전과 조선 상평통보 찾아 땅파기 한창"
인천시 북구 부평동 일대에서 청나라 동전이 쏟아져 나오자 21일(4월) 이곳 주민들은 너도나도 땅파기 경쟁이 한창. 일제 말 일본군이 철수하

일제 시대에 만들어진 부영공원 내 땅굴 입구

면서 부평동 일대에 쇠붙이 등을 묻고 갔다는 소문이 나돌았는데, 19일 부평동 45 문영환(54) 씨 밭에서 청나라 말기에 사용했던 광서원보(光緒元寶)[116], 대청동패[117] 등 6종의 동전 1만여 개를 파내자 이 일대 주민들이 삽을 들고 나선 것. 부평동 일대는 일제 때 조병창이 있었는데 당시 무기를 만들기 위해 수집한 쇠붙이 등이 산더미처럼 쌓여 있었다고.[인천]

부평이 고향인 박의양(66세) 씨와 이종웅(71세) 씨는 당시 상황에 대해 "아이들도 현재 부평1동 대림·욱일·우성아파트, 주안장로교회 부근에서 중국 돈과 조선 말기 상평통보 등의 각종 동전을 구해왔다. 서울에서 골동품상으로 보이는 상인들이 와서 손 한 쿰씩에 당시 5천 원을 주고 사갔다. 아이들이 특수를 누렸다"고 회상했다.

해방 후 조병창에 쏠린 관심

부평조병창은 해방 이후 잠시 물자영단(物資營團)이란 이름으로 불렸다. 물자영단은 전쟁 비축 물자를 쌓아 두었던 일제 병기창의 새로운 이름이 됐다. 물자영단에서 불하받은 물자들은 시중에서 고가로 팔려 떼돈을 버는 일이 많았다. 물자영단이 자리했던 곳은 현재 한국지엠 부평공장이 차지하고 있다.[118] 조선총독부나 일본인이 소유한 다양한 전쟁 물자를 불하받으면 떼돈을 벌 수 있다고 해, 미군정이나 대한민국 정부에 '줄' 있는 사람들은 모두 군침을 삼키며 달려들었다. 당시 중앙관재처(中央管財處)[119] 처분서장을 지낸 이재항(李載沆)은 당시 상황을 "미군들이 아무런 원칙도 없이 멋대로 불하해서 고철 불하로 부자가 된 사람이 굉장히 많았다"고 말했다.[120]

해방 이후 전력 사정이 나빠 변압기가 아주 귀했는데, 이는 일제 때 전쟁 비축 물자 품목의 하나로 되어 있었기 때문이다. 이는 물자영단을 관리하는 미군을 구워삶기 전에는 하나도 얻어낼 수 없었다. 그래서 미군들은 멀쩡한 새 변압기의 한쪽에 상처를 낸다든지 아니면 일부러 가벼운 고장을 낸 다음 고철로 둔갑시켜 고철 값을 받고 사람들에게 불하했다. 이렇게 시중에 나온 변압기는 부르는 게 값이었다. 불하를 받은 사람들은 쉽게 갑부가 되기도 했다. 여기서 물자영단 관련 기사를 한두 개 살펴보자.

"8억 7천만 원 위탁 물자영단 일 년 결산"

물자영단(物資營團)에 있어서의 작년 중 활동한 사업을 살펴보면 다음과 같다. 5억 5374만 5350원 97전어치의 전 일본 육해 군용품과 일본인 물자를 처분했고, 시가 1억 961만 6000원어치 물자를 관재처로부터 위탁받아 판매했다. 부산, 인천 각 사령부 기지에 117만 4천 여 톤의 하물을 취급했다. 일 년 동안 배급관 관할 하에 있는 배급기관을 통해 시가 8억 7837만 1000원 물자를 판매 위탁했다고 한다. 〈동아일보〉 1947. 3. 14일자

"생필물자. 영단을 파먹은 도배"
잡고 보니 물자영단의 서기장

물자영단(物資營團)의 서기장(書記長) 리동직(李東直)은 三六(삼육) 十九(십구)일 밤 七(칠)시경 시내 황금정 이(二)정목 물자영단 창고에서 통조림, 연필, 초 등 많은 물품을 절취하야 택시에 가득 싣고 돈암정 一五四(일오사)의 六(육) 자택으로 가는 도중 동대문서원에게 발견 체포되어 방금 엄중한 조치를 받고 있는데, 자택에서 압수한 물품만 해도 수만 원에 달하고 있어 취조에 따라 죄상은 점차 확대될 모양이다. 〈동아일보〉 1946. 2. 23일자

조병창의 규모를 짐작케 할 수 있는 기사도 있다. 조선에서 1년 동안 필요한 고무의 양은 3천 톤이면 충분했는데, 조병창에 삼분의 일에 해당하는 1만 톤의 고무가 발견됐다.

"전 일본군 조병창(부평)에서 1만 톤의 고무 원료 발견됨"

1년 동안 3천 톤이면 충분하던 조선의 고무 원료 1만 톤이 이번에 부평 (富平) 조병창(造兵廠)에서 발견됐다. 고무제품 중 특히 현재 생산하고 있는 고무신 같은 것도 현재 7·80 원하는 판매가격이 금후 훨씬 떨어질 것이라고 한다. 〈조선일보〉 1946. 4. 28일자

미군 폭격 피하기 위한 지하 땅굴의 실체는?

양재형(86세) 씨는 기억을 못하고 있지만, 양 씨와 비슷한 시기에 조병창에서 공원으로 일했던 노무자들은 일제가 부평 조병창 지하에 땅굴 여러 개를 팠다고 증언했다. 일부 언론은 '터널'이라고 표현하지만, 터널 Tunnel의 사전적 의미는 '산, 바다, 강 따위의 밑을 뚫어 만든 철도나 도로 따위의 통로'다. 하지만 땅굴의 사전적 의미는 '땅속으로 뚫린 굴'이다. 이 책에서는 땅굴로 표현한다.

부영공원 자리에도 땅굴 입구가 두세 개 발견됐다. 2000년 초에 부평구가 공원관리에 나서면서 땅굴 입구를 폐쇄했다. 이외에도 조병창에서 근무했던 노무자들의 증언에 따르면, 캠프마켓 정문에도 땅굴 입구가 두개 있었다. 부평구 부개동이 고향이며, 1967년부터 미군기지에서 근무하다 정년퇴임한 박 아무개(66세) 씨는 캠프마켓 정문 부근에 2곳 등 모두 5군데 땅굴이 존재한다고 증언했다. 여러 땅굴 중 박 씨가 직접 들어갔던 곳은 폭이 대략 2m이고, 높이는 1.7~1.8m다. 발견 당시 땅굴엔 봄임에도 물이 발목 이상까지 차 있었다.

이외에도 지난 1999년 1월 25일 부평동 299 옛 '88정비부대' 철거 과정에서 땅굴이 발견됐다. 공원 조성을 하던 중 폭 1.5m, 높이 1.2m, 길이 약 2km의 땅굴이 발견된 것이다. 당시 부평구가 땅굴에 대한 실체 확인에 나서는 것처럼 언론에 보도됐으나, 이와 관련된 자료는 현재까지 남아 있지 않다. 당시 발견된 땅굴과 직선거리로 1.5km 가량 떨어진 곳에 너비 5m, 높이 2.5m의 직사각형의 철근 콘크리트 옹벽으로 건설된 땅굴도 발견됐다. 당시 언론 보도에 따르면, 해당 땅굴에는 채광 시설과 백

열전구를 달았을 것으로 추정되는 전기선이 설치돼 있었다. 또한 기울기가 완만해 트럭 등 차량이 통행할 수 있게 설계됐다.

이 같은 사실은 3군 지원사령부 작전과장으로 근무하다 지난 1988년 소령으로 예편한 김관진 씨가 당시 언론과의 인터뷰를 통해 밝혔다. 김 씨는 "군 복무 당시 80년대 초에 예하 부대를 시찰하다가 지하터널 입구를 발견하고 300m 안까지 들어가 보았으나 물이 차올라 더 이상 들어가지 못했다"고 말했다.[121] 또한 "터널의 용도를 알아보기 위해 인근 삼릉 마을에서 일제 때 노무자로 일했던 사람들에게 물어본 결과, 당시 지하터널에 군용 화물차량이 수없이 드나들었으며, 지하터널은 20여 킬로미터 떨어진 인천항으로 연결돼 있다는 이야기를 들었다"고 했다. 김 씨는 터널 입구와 터널에서 100여 미터 떨어진 곳에 지하로 내려가는 문이 있어 터널로 내려가려 했으나, 지하 계단이 물이 가득 차 지하층 규모를 확인하기 어려운 상황이었다. 캠프마켓, 부평공원 등에서 발견된 땅굴에는 언제나 물이 발견됐다. 이 물은 칠성약수터에서 발현해 삼릉~부평공원~캠프마켓~부평구청~굴포천으로 흘러가는 물줄기로, 굴포천 상류 복원 사업에 중요한 역할을 할 수 있을 것이다.

장성훈(66세)[122] 씨도 "애스컴 지하벙커가 미군 보급 창고였다. 부대 안에 지하벙커가 있었는데, 거기 핵무기도 있다 뭐다 얘기가 많았다. 아마 거기가 공원이 되면 그게 다 나타날 거다. 예전에 지하벙커를 파는 걸 봤는데, 미군기지가 철수하면서 지하실로 시설을 집어넣는데, 우리나라에서는 보지도 못한 장비가 있었다. 이렇게 배가 열려서 굴삭기가 나온다. 50톤 굴착기가 나와서 큰길을 지나면 지진이 난 것 같았다"고 말했다. 이 땅굴들의 용도가 구체적으로 무엇이었는지 현재까지도 알려지지 않고 있다. 미국과 장기전을 준비했던 일본은 미군의 폭격을 피해 안정적으로 전쟁 물자를 수송하기 위해 인천 앞바다까지 땅굴을 만들었을 가능성이 높다. 미군기지에서 근무했던 차병학 씨는 일제가 땅굴에서 총기 등 무기의 성능도 시험했다고 증언했다.

캠프마켓의 역사성 등을 고려해 향후 활용 방안을 도출해야 한다는 전문가와 시민사회, 정치권의 목소리가 높아지고 있다. 일제 때 신축된 건물을 리모델링해 역사박물관 등을 신설하자는 여론도 상당하다. 중앙문화재연구원이 2011년 문화재청으로부터 의뢰받아 캠프마켓 내부를 조사한 결과, 일제강점기 건축물 35개 동과 일본 양식 석등 1기 등도 존재해 보존가치가 높은 것으로 확인됐다. 조사 당시 건물 출입이 제한돼 건물 내부 조사는 이뤄지지 않았으나, 일제강점기에 지어진 건물을 미군이 부분적으로 개보수한 뒤 사용하고 있었다. 또한 주둔지를 차지하는 부대 시설들은 근대건축물의 형태가 잘 남아 있었다. 중앙문화재연구원은 조사 보고서에서 "각 건물로 이루어진 평면 배치는 일본제국주의 군사전략에 의해 만들어진 것이며, 한국전쟁 이후 주한미군에 의해 점유돼 부분 보완된 역사를 지닌다"며 "우리 현대사의 질곡을 매우 잘 담고 있는 것으로 중요한 의미를 부여할 수 있다"고 평가했다.

일제 침략의 상징인 땅굴에 대한 조사 연구는 캠프마켓 반환 이후 체계적으로 진행될 필요가 있어 보인다. 땅굴을 현장체험관 등으로 활용하는 방안도 가능해 보인다. 서울 강서구는 2008년 발견된 가양동 궁산 지하 화강 암석 층 약 70m을 발굴·복원해 일제 강제 징용 관련 체험 전시관으로 조성해 눈길을 끌고 있다. 궁산 일제 땅굴은 태평양전쟁이 한창이던 1940년대에 굴착한 것으로 추정되며, 폭 2m, 높이 2m로 당시에는 소형 차량도 진입할 수 있었을 것으로 보인다. 제주도도 태평양전쟁 당시 일본군이 미군에 끝까지 저항하기 위해 제주도에 구축한 진지 땅굴 7개소와 '아뜨르' 비행장을 문화재로 등록했다. 제주 진지 땅굴은 격자 미로, 다층구조 미로 등 다양하게 구축됐다. 진지 땅굴 중 길이가 가장 긴 곳은 1.2km다. 이곳에는 고사포 설치 장소, 탄약고, 정비공장, 연안 어뢰정 은신처 등으로 사용됐다.

현재 조병창 규모의 인위적 땅굴은 국내에선 아직 발견되지 못했다. 조병창의 땅굴 규모는 그만큼 대단한 것이다. 특히 땅굴은 여름엔 시원하고, 겨울에는 따뜻해 다양한 용도로 활용될 수 있다. 좁은 땅에 인구 밀도가 높은 부평구에서 큰 재원을 투입하지 않고도 시민들의 발길을 유도할 수 있는 인프라가 될 것이다. 미군기지 기능이 평택으로 이전하고 본격적인 기지 내부에 대한 조사가 진행될 때 반드시 땅굴에 대한 조사가 진행되어야 한다. 또한 이 기회에 부영공원과 부평공원 등에 있는 땅굴과 함께 연계해 조사 연구해야 할 필요성이 높아 보인다.

일제가 나간 자리, 미군이 차지

"병사는 굶주리면 허리띠를 씹어 먹으며 싸울 수도 있지만, 전차나 비행기는 연료가 떨어지면 끝이다" "군대는 위(胃)로 행군한다" 등은 보급(병참)[123]의 중요성을 강조한 격언이다. 부대의 탄약, 식량, 연료, 예비부품, 기타 항목들을 지원하는 업무를 군수logistics라고 한다. 군수는 아주 매력적인 업무가 아니라 종종 무시되기도 한다. 그러나 군수에 대한 헌신적 노력이 결여되면 통상 재난으로 이어진다. 아마추어는 전략과 전술을 연구하는 반면, 전문가는 군수를 연구한다는 군사 격언이 있다. 한국에서 홍행한 『로마인 이야기』의 저자는 "로마군이 병참에서 이긴다"는 표현을 사용했다. 막강한 로마군의 원동력 중 하나는 군수 즉 병참에서 적에게 앞섰다는 것이다. 『삼국지』에 등장하는 제갈공명도 군수를 아는 전략가였을 것이다. 넓은 영토와 막강한 군사력을 가진 위나라, 오나라에 비해 상대적으로 열세였던 촉나라는 언제나 군량미와 마초를 고려해 용의주도한 전술을 펼쳤다.

국가 출현 후 발발한 여러 전쟁에서 승패를 가름하는 첫 번째 척도는 군수의 양과 질이었다. 철도 등의 교통편이 발달하기 전까지 전장에서 군대는 빠르게 이동하면서 현지에서 식량 등의 보급품을 챙기는 특징이 있었다. 몽골족과 같은 유목민들은 좋은 목초지 등을 찾기 위해 빠르게 이동했다. 하지만 제1차 세계대전을 전후해 이런 상식은 무너졌다. 식량 정도를 현지에서 조달했던 과거 전쟁과 다르게 제1차 세계대전부턴 자동차 연료를 포함한 전쟁 물자를 현지에서 징발하는 데 한계가 있었다. 1870년 말까지 전체 보급품에서 탄약이 차지하는 비중은 1% 미만이었

다.[124]

제2차 세계대전 당시 독일이 모스크바 공략 작전(타이푼 작전)[125]을 실패한 데는 러시아의 혹한 때문만이 아니라, 독일의 보급상 한계 때문이었다. 1942년 독일의 영웅 에르빈 로멜Erwin Rommel이 이집트 진격에 실패한 원인도 보급의 한계를 무시하고 진격만 해댄 오만 때문이란 분석도 나온다. 반면 제2차 세계대전 중 노르망디 상륙작전[126]은 적의 허를 찌르는 작전과 함께 빠른 속도로 병력과 물자를 적지에 투입하면서, 전세를 역전한 작전으로 평가받는다. 강감찬 장군의 귀주대첩도 군수와 깊은 연관이 있다. 거란족의 요나라는 1018년 소배압을 앞세워 3차 침입을 단행했다. 이때 고려는 수도 개경에서 식량 및 물자를 모두 철수시키는 '청야전술'을 펼쳤다. 현지 보급이 어려워진 요나라는 결국 퇴각하다가 귀주에 전 병력을 집중시킨 강감찬 장군에 의해 최정예 10만 기병을 모두 잃게 되었다. 남한의 수도 서울을 3일 만에 점령한 북한군이 낙동강 방어선을 제때 돌파하지 못하면서 전력과 군수 지원 능력이 떨어진 반면, 낙동강 전선 안쪽에 있던 연합군에게는 증원 병력과 물자가 끊임없이 보급됐다. 이런 상황에서 인천상륙작전으로 보급망을 완전히 잃은 북한군은 패배하고 두만강까지 밀렸다.

베트남 전쟁에서 미군은 북 베트남군의 보급 지원을 차단하는 데 많은 노력을 기울였다. 비록 폭격으로 북베트남과 베트남 민족해방군은 엄청난 사상자가 발생하고 심각한 타격을 받았지만, 역사상 가장 규모가 큰 폭격작전은 그다지 성공하지 못했다. 그 결과는 미군의 패배였다. 한국전쟁에서도 미군은 당시 중공군에게 이런 폭격을 실시했지만 큰 성공을 거두지 못하면서 휴전에 이른다. 작전과 함께 병참이 전쟁 승패의 90%

를 차지함에도 불구, 병참은 제2차 세계대전 이전까지 크게 주목을 끌지 못했다. 미국은 양차 세계대전을 치르면서 전쟁에서 물자를 제때 공급하는 것이 얼마나 중요한지를 절감했다. 이처럼 현대전에서 병참은 전쟁의 승패를 가르는 중요한 기준이 됐다. 부평은 외세의 병참 기지가 거의 한 세기를 주둔한 곳이다. 일제의 조병창이 약 5년, 미국의 보급창이 60년 넘게 주둔했다.

유럽 전선에 치중한 소련이 뒤늦게 대일본 전쟁에 참가하려던 참에 원자포탄 두 발이 일제의 항복을 견인했다. 소련은 막강한 관동군과의 전쟁에서 큰 피해를 보지 않고 남하했다.[127] 소련군은 일본이 항복하기 하루 전인 14일 이미 청진과 나남에 상륙했다. 16일에는 훨씬 더 남쪽인 원산으로 상륙작전을 감행했다. 파죽지세로 남하하는 소련에 비해 미국은 한국에서 600마일 이상 떨어진 오키나와에 주둔해 있는 미군이 가장 근거리에 위치했다. 소련에게서 위협감을 느낀 미국은 38선을 경계로 한반도를 분할 점령할 것을 소련에 제의한다. 독일과 혈투를 치른 소련이 굳이 미국과 충돌할 필요는 없었을 것이다. 서울까지 진출했던 소련군은 즉시 38선 이북으로 철수한다. 9월 2일 일본의 공식 항복 서명을 받은 맥아더는 미 24군단을 한반도로 급파한다. 미군이 진주하기 하루 전인 9월 7일 맥아더 사령부는 38선 이남에 대한 점령정책을 명시한 '조선 인민에게 고함'이라는 '포고 1호'[128]를 발표한다. 이 포고문은 그 즉시 비행기로 한반도 남쪽 상공에서 뿌려진다.

이 포고문은 미군정(美軍政, Military Administration) 3년 동안 한국에 대한 미국의 기본 통치 방침이 집약된 것이다. 포고 2호 '범죄와 법규 위반'은 점령군 군율회의의 결정에 따라 처벌할 것임을 선언하고, 포고 3

호는 '통화'에 대한 규정을 내렸다. 포고문은 한국어, 일본어, 영어 3개 언어로 작성되었다. 포고문은 미군의 점령 정책의 기본이 되는 법률이나 마찬가지였다. 그 전문(前文)에서 맥아더는 "일본국 천황과 정부와 대본영(大本營)을 대표해 서명한 항복 문서의 조항에 의하여 본관 휘하의 전첩군(戰捷軍)은 본일(本日) 북위 38도 이남의 조선지역을 점령함"이라고 선언했다. 해방군이 아닌 '점령군'으로 한국에 진주했다는 미국의 의지가 담겨 있는 문서이다.

하지 중장은 9월 11일 남한 군정에 관한 방침을 발표하고, 아치볼드 아놀드Archibald Vincent Arnold 육군 소장을 군정장관에 임명한다. 24군단 산하의 7사단은 수도 서울을 비롯해 경기, 충청, 강화에 배치됐고, 6사단은 전라도, 40사단은 경상도에 배치되어 군정을 실시한다. 미군에 의한 일방적 정책 추진은 당시 남한 민중들의 강한 저항에 부딪힌다. 농민들은 '야산대'를 결성해 무장소조를 조직, 산악지대를 거점으로 관내 경찰서 등과 행정기관을 기습 공격한다. 또한 청산되지 못한 친일지주와 경찰 등을 처단하기에 이른다. 아울러 1948년 2월 7일에는 철도 노동자들의 전면 파업을 시작으로 경성방직, 대한방직 등 주요 공장의 노동자들이 파업을 벌인다. 이런 투쟁은 10월 경북 일원으로까지 번진다. 이외에도 부산, 인천, 밀양 등지에서 투쟁을 전개하는데 그 인원이 200만 명에 달했다.[129] 조선은 일제에서 해방됐지만 경제는 매우 취약한 상태였다.

하지만 부평의 경제는 전 국민의 80% 이상이 농업에 종사했던 다른 지역과 다르게 미군의 주둔으로 그럭저럭 돌아갔다. 조병창 부지는 한국전쟁 발발로 미군이 철수하기 시작한 1950년 6월 27일까지 미군들의 주요한 보급기지 역할을 했다. 철수했던 미군이 다시 부평에 주둔하기 시작한 것은 전쟁 중인 1951년, 1·4 후퇴로 밀려났던 미군이 차례로 부평에 터를 잡기 시작하면서부터다. 보급창, 의무대, 공병대, 통신대, 항공대 등이 차례차례 부평에 자리를 잡기 시작했다. 애스컴에 한때 한국인 종업원이 8천여 명이나 근무했다.[130] 1967년 미군이 작성한 문건「UNITED STATES ARMY ASCOM DEPOT」, 1967. 2. 10일자을 보면, 1950년대 애스컴시티에는 제6의무보급창, 4통신대, 미 육군 종합 보급창인 제55보급창, 제195·330·74병기중대, 제728헌병대 D중대 Company 'D' 등이 속속 들어서기 시작했다. 이 부대들의 배치는 1960년대까지 이어졌다. 미군은 한국전쟁 후 복구사업에 참여해 현 화랑농장 건설과 학교 재건 사업 등을 지원했다.[131]

애스컴은 부산의 하야리아 부대와 함께 주한미군에 군수물자 등을 보급하는 역할을 담당했다. 하야리아 부대가 부산항으로 들어온 전쟁 물자와 재건 물자 등을 배분하는 역할을 했다면, 애스컴은 휴전선 인근에 있는 주한미군 부대에 전쟁 물자와 식량을 보급하는 보급창 역할을 담당했다. 육군 보급창고 7개가 애스컴시티에 존재했다. 종합 보급창인 미8군 보급창이 이때 조직됐다가 1973년 6월 30일 한국 국방부로 기능이 이전되면서 보급 지원 역할을 맡는 캠프마켓이 등장했다.

애스컴의 기능 중 '121후송병원'이 1971년 5월 용산 미8군에 최신 병원을 신축해 이전하고,[132] 다른 기능은 대부분 경상북도 왜관에 위치한 캠프 캐롤CAMP CARROLL 등으로 이전한다. 55헌병대와 베이커리(빵 공장)[133] 등 일부 시설만 남아 현재의 캠프마켓으로 불린다. 주한미군에서 애스컴이 차지하는 비중은 대단했다. 1973년 6월 부평에서 기능을

국군 제60 병기대대 입구. 부평에는 미군기지만 있었던 것이 아니다. 국군 제60병기대대도 지금의 부평공원(부평1동)에 자리 잡고 있었다. 이 부대에는 최초의 육군 군의학교도 설치되었다.

마치고 해체된 애스컴에 대해 주한미군은 "한국에 복무하는 거의 모든 미군이 어떠한 방식으로든 관계를 맺어왔던 애스컴의 폐쇄(closure)는 진정 역사적인 사건이었다"('Press Release on Phaseout of Ascom', 1973. 4. 13일자)고 평가했다.

애스컴의 해체는 주변에서 생활해 온 한국인들의 삶에 영향을 미쳤다. 기지에서 흘러나오는 물자와 돈으로 생활을 영위해온 많은 이들이 애스컴이 해체되면서 부평을 떠난다. 미군의 주둔과 함께 기지 주변에서 생활했던 이른바 '양공주'들도 대거 동두천, 의정부, 경북, 평택 등 미군이 이동하는 지역으로 이동했다.[134] 미군에게 성을 파는 여성을 통상 '양공주'라고 표현했다. 제2차 세계대전 패전을 전후에 미군이 주둔한 일본에선 전통적으로 매춘(賣春), 매음(賣淫), 매소(賣笑) 등의 용어가 사용됐다.[135] 하지만 이런 용어들은 성적 서비스의 판매[賣]에만 초점을 맞춤으로써 구매[買]를 비가시화하고, 따라서 주된 판매자인 여성만 낙인찍은 결과를 가져왔다. 일본 여성운동가들은 판매와 구매를 모두 일컫는 매매춘(賣買春)이라는 용어를 주로 사용한다. 국내에서도 이런 문제의식이 심화되었고, 최근에는 성을 미화하는 일본식 표현[春] 대신에 중립적인 '성매매'라는 용어가 정착됐다. '양공주'에 대한 우리 사회의 인식은 성에 굶주린 군인들로부터 일반 여성들을 보호하기 위한 '성적 방파제'로서 군대를 위한 위안 시설이 필요하다는 논리가 지배적이었다.

이런 인식은 일본도 마찬가지였다. 일본 신문 〈아카하타 赤旗〉[136]가 2006년 4월 29일 보도한 "종전 직후, 미 진주군의 위안부를 정부가 모집했다는 게 정말"이란 기사를 보면, 일본 정부는 패전 직후 미군의 진주를 앞두고 "양갓집의 자녀를 지키기 위해" 미군의 성적 위안시설 설치를 계획했다. 내각성은 종전 3일 후인 1945년 8월 18일, "외국군 주둔지에 있어서 위안시설 설치에 관한 내무성 경보국장 통첩(무전)"을 각 도도부현(都道府県)에 내렸고, 각 현 경찰은 이것에 기초해서 급히 '미군 성적 위안 시설'을 각지에 설치했다. 『사이타마현의 역사 통사편 7(埼玉県史通史編 7)』의 미군기지와 매춘문제에도 이 통첩의 전문을 싣고 있다. '외국 주둔군 위안시설 등 정비요망'이란 전문은 4개 항으로 구성됐다. 그중 3항에선 "성적 위안시설, 음식시설, 오락장"이 포함됐고, 4항에는 영업에 필요한 부녀자는 게이샤, 공창·사창, 여급, 작부, 상습 밀매 우범자를 우선적으로 충족하는 것으로 한다고 돼 있다.

경찰이 적극적으로 '위안' 시설을 설치한 것은 각 현 경찰의 『경찰 100년사』에도 사실적으로 기술되어 있다. 히로시마 현경의 역사에도 경찰관이 위안부를 모집한다는 기록이 있다. 히로시마 현경에는 "정말로 유감스럽지만, 점령 군인에 대한 성적 위안 시설(위안소)을 설치 운영하는 남자 기생 같은 일을 경찰이 취해야 했다"고 나와 있다. 『홋카이도(北海道) 경찰사 2』「쇼와(昭和)」 편에는 "쇼와12년(1937년)에 1052명이던 홋카이도의 창기도 종전 때는 450여 명에 지나지 않았다. 이 인원으로 2만 명에 달하는 미군 장병을 접대하기에는 불충분해 경험 있는 부녀자의 확보가 경찰부의 큰 과제였다. 경찰관 자신도 농촌과 어촌을 방문해 모포, 버선, 설탕을 주고 부녀자에게 협력을 구했다. (중략) 경찰의 이런 노력으로 홋카이도 위안부는 총 770명으로 두 배 가까이 증가했다"고 기술했다.

일본 공산당의 요시카와 하루코(吉川春子) 참의원은 1996년 11월 26일 "제2차 세계대전 때는 일본군을 위해, 패전 후에는 미군을 위해 '위안' 시설을 설치한 정부의 행위는 여성에 대한 인권 의식이 없었다"며 "전시 중의 '위안부' 문제와 함께 미군의 '위안' 시설 문제도 확실하게 총괄해야 한다"고 정부의 책임을 추궁했다.

3

조병창과
미군기지 노무자들이
선택한
죽산 조봉암

죽산의 평화사상 후대들이 실천해야

한국전쟁은 일제 강점과 함께 우리 민족에 씻을 수 없는 아픈 상처를 남겼다. 민간인 수백만 명이 목숨을 잃었으며, 36년간의 일제 식민 지배 통치로 인한 인적, 물적 수탈을 받은 조선반도를 또 다시 황폐하게 만들었다. 아울러 식민지 청산 기회를 잃어버림과 동시에, 다름을 인정하지 않는 수구 정치 집단의 기형적 팽창을 가져왔다. 이런 기형적 정치 지형은 민족주의자이며 평화통일가인 죽산 조봉암[137] 같은 인물을 간첩으로 몰아 형장의 이슬로 사라지게 했다. 죽산은 영구 집권을 꿈꿔온 이승만 독재 정권에 의해 1959년 간첩 혐의로 죽임을 당했다.[138] 죽산은 한국 현대사에서 최초로 사회민주주의 혹은 민주사회주의 이념을 실현하고자 한 인물로 후대에 평가받고 있다. 북한의 간첩이라는 누명을 쓰고 사법살인을 당한 죽산은 인천의 정치적 거목 중 한 명이었다.

죽산에 대한 추모는 1980년 후반부터 인천에서 수면 위로 올라왔다. 죽산 조봉암 선생 기념 사업회와 함께 지용택(77세) 새얼문화재단 이사장도 오랜 동안 죽산의 무죄 판결을 위해 움직였다. 지 이사장은 "천안함 사건과 연평도 포격 사태 이후 동북아 최대 화약고로 부각한 인천에서 반세기 전 평화통일을 주창했다가 북한의 간첩으로 몰려 죽임을 당한 죽산 조봉암 선생의 평화사상이 더욱 빛났다"며, "그의 사상을 후대들이 실천해야 한다"고 주문했다.[139] 죽산은 이승만의 자유당에도 참여하지 않았을 뿐 아니라, 한국민주당(한민당)으로 대표되는 보수 야당에도 참여하지 않았다. 또한 북한으로 대표되는 당시 공산세력에도 참여하지 않은 몇 안 되는 정치인이었다. 혁명 투사의 피가 흐른 조봉암은 무수히 많은 죽음의 고비를 넘기면서 숱한 선택의 갈림길을 마주했다. 조선공산당

창당에 관여했지만, 변화의 길을 걸은 것도 사실이다. 특히 일제 말 인천에 정착해 생업에 주력하던 모습이나 광복 후 반공산주의, 반공산당운동을 전개한 일이 낯설어 보이는 것도 당연했다. 하지만 조봉암에게 이런 사상이나 운동은 우선순위가 아니었다. 그래서 조봉암에게 '공산주의자' '전향한 변절자'라는 수식어가 항상 따라 붙었다.

진보당 창당 준비 위원장이었던 죽산은 1956년 대통령 선거에 출마해 200만 명(23.8%)의 지지를 얻어 세상을 놀라게 했다. 영구 집권을 꿈꾼 이승만 정권은 1958년 1월 13일 조봉암을 비롯한 진보당 간부를 북한의 간첩들과 접선하고 북한의 통일방안을 주창했다는 혐의로 기소했다. 진보당은 정당 등록이 취소됐으며, 조봉암은 1959년 7월 31일 사형을 당했다. 식민 지배와 분단 그리고 한국전쟁은 죽산과 같은 사회민주주의자조차도 간첩으로 몰아 형장의 이슬로 사라지게 했다.

또한 죽산이 추구했던 진보당의 정치 실험이 분단 반세기가 넘도록 빛을 보지 못하는 기형적 정치구조를 만들었다. 2011년 1월 대법원이 조봉암 사건에 대한 재심에서 무죄를 선고한 이후, 인천에선 새얼문화재단을 중심으로 죽산 동상 건립 운동이 진행되고 있다. 2013년 10월 말 기준으로 조봉암 동상 건립 모금 운동에 참여한 인사는 5244명에 이른다.[140] 모금액은 7억 2300여만 원에 달한다. 그럼에도 불구, 분단이 만든 기형적 사고관은 죽산을 여전히 빨갱이로 인식하고 매도하게 만들고 있다. 인천지구 황해도민회가 주축인 맥아더장군 동상보존시민연대는 매해 10월 인천 자유공원에서 '맥아더장군 동상 보존 및 빨갱이 조봉암 동상 건립 반대' 집회를 개최하고 있다.

대한민국 최초의 직접선거인 1948년 제헌의회 선거에서 죽산은 인천

제2선거구인 '을구(乙區)'에 출마했다.[141] 죽산이 출마한 '을구'는 농촌 마을이 많던 곳이다. 당시 인천은 경인철도를 중심으로 2개 선거구로 나뉘었다. '갑구(甲區)'는 옛 인천부가 중심이었다.[142] 인천 제2선거구인 '을구'에서 죽산과 경쟁한 후보는 하상훈[143]과 이승만을 추종했던 김석기[144]와 임홍재였다. 제일화학흥업회사 사장이던 이성민이 조선민족청년당 후보로 등록했다가 곧 사퇴했다.(표 참고) 당시 죽산은 부평의 한 양조장을 빌려 선거사무소를 차렸다. 당초 거주지인 도원동(12번지)이 인천 '갑구'인 관계로 지인의 집으로 주소를 등록해 출마했다. 소속은 무소속, 직업은 저술업(著述業)으로 표기했다. 조직력이나 자금 면에서 조봉암은 다른 후보에 비해 열세를 면치 못했다. 변변한 선거 홍보나 신문 광고는 고사하고, 조봉암의 선전대가 4월 30일 부평에서 테러를 당하는 일까지 일어났다. 이에 반해 상대 후보들에겐 각종 단체들의 지원이 잇따랐다. 가장 강한 조직력을 보여준 후보는 초대 인천시장을 지낸 임홍재였다.[145]

선거구	후보자별 득표수(득표율)							계
인천 1선거구 (갑구)	대한독립촉성애국부인회 이순선	무소속 김영주	무소속 함효영	무소속 곽상훈	무소속 윤무용	무소속 윤병덕	무소속 양제박	
	1240 (2.61)	3067 (6.47)	4986 (10.52)	2만6907 (56.8)	1696 (3.58)	5397 (11.39)	4071 (8.59)	4만7364
인천 2선거구 (을구)	조선민족청년단 이성민	무소속 하상훈	무소속 조봉암	무소속 임홍재	무소속 김석기			
	0 0	4394 (9.41)	1만7620 (3777)	8806 (1887)	1만5827 (3392)			4만6647

〈표〉 1948년 제헌의회 선거 현황

1950년대만 해도 부평과 계양구 일대는 계양산까지 거칠게 없는 너른 평야지대였다.

하지만 죽산에게는 도움의 손길이 있었다. 부평 토호 가문 출신으로 청송사업소라는 토건회사를 경영한 심계택이 자금을 지원했다. 부평에서 예식장과 사진관을 경영하던 김수현도 자금을 내놓았다.[146] 죽산은 1948년 4월 18일 부평동국민학교[147]에서 열린 첫 정견발표회에서 부평 토박이 출신인 김석기로부터 과거 공산주의자로 활동한 전력을 공격받기도 했다. 여러 어려움에도 불구하고 5월 10일 실시된 남한만의 단독 선거에서 죽산은 1만 7620표를 얻어 김석기(1만 5827표), 임재홍(8801표), 하상훈(4394표)을 이기고 당선됐다. 제도정당이 아직 뿌리를 내리지 못한 상황이라 제헌의원을 뽑는 5 · 10선거에서 죽산은 무소속으로 출마했다.

죽산과 같이 무소속으로 출마한 85명이 국회에 입성했다. 죽산은 이후 국회 무소속구락부(無所屬俱樂部)[148]의 대표가 되어 이승만 세력인 대한독립촉성국민회를 견제하면서 정치적 영향력을 키워나갔다. 이런 정치적 영향력은 죽산을 재선 의원으로 만들었다.[149] 죽산은 바로 장택상[150]과 함께 의회 부의장에 당선됐다. 좌우가 극심한 대립을 보인 당시 죽산은 어떻게 국회에 입성할 수 있었을까. 상대적으로 정보 접근성이 떨어지는 농촌 지역에서 죽산은 어떻게 많은 지지를 받았을까. 당시 인천 '을구'에는 애스컴을 다니는 조선인들이 많았을 것으로 추정된다. 미군기지에서 근무하는 수천 명은 대부분 기지 주변에서 출퇴근할 수밖에 없었을 것이다. 해방 이후 피폐화된 경제 상황에서도 애스컴은 조선인에게 일자리를 제공했다. 외국군 기지에서 근무하면서도 이들은 항일독립운동가와 사회민주주의자로 알려진 죽산을 선택한 것으로 추측된다.

이승만 정치 공세에도 죽산 선택한 부평

『조봉암평전, 잃어버린 진보의 꿈』(한길사)'의 저자 이원규 작가의 의견은 직접적 연관성을 객관적으로 입증하기는 어렵다고 지적했다. 이 작가는 죽산이 제헌의회와 2대 국회의원 선거에서 당선됐던 동력을 다음과 같이 설명했다.

"먼저, 1924년부터 25년까지 신문에 자주 이름(=조봉암)이 올랐다. 당시 인천 사람 중에서 죽산처럼 언론에 자주 노출된 인물이 없었다. 당시는 신(新)사상으로, 공산주의가 오늘날처럼 시효가 다할 줄 몰랐지만, 청년들에게 희망이었다.[151] 그들이 해방 이후 인천 등지에서 오피니언 그룹으로 성장했다. 두 번째, 1924년 인천에서 400명 이상의 청년이 모였던 강연회다. 이들이 해방 후에 중장년이 됐고, 지역 사회 여론을 이끄는 인물이 됐다. 이들의 지지가 매우 중요했다. 당시 인천 강연회를 앞두고 신문에 여러 차례 기사가 나갔다.[152] 세 번째는 토지개혁이다. '을구'는 '갑구'에 비해 농촌 중심 지역이었다. 부평도 농토가 많았다. 부평지역 토지가 오늘날은 대도시지만, 태반이 농지였다. 토지개혁을 추진했던 힘이 컸을 것이다"

실제 죽산은 제헌의원으로 당선된 후 특출한 조직 역량을 발휘해 제헌의회가 소집되자마자 의원 52명을 묶어 반(反)이승만·한민당과 민주통일노선의 6·1구락부를 결성했다. 또한 비슷한 노선을 가진 무소속 의원 20여 명을 흡수해 72명으로 구성된 무소속구락부를 조직했다. 이승만 초대 대통령은 이런 무소속구락부의 힘을 무시할 수 없어 결국 조봉암에게 초대 농림부 장관을 제의했다. 당시 인구의 80%가 농민임을 감안하면, 당시 조봉암이 행한 토지개혁은 이승만 정권으로서는 감당하기 힘들었을 것이다. 죽산의 농정 목표는 식민 잔재와 수백 년 이어온 봉건적 잔재의 일소에 있었다.[153] 죽산은 당시 농정 기구를 근대적으로 개편하기 위해 농업정책 전반을 유기적으로 다룰 농정국(農政局)과 농업 근대화를 이끌 농촌지도국(農村指導局)을 신설했다. 부르주아 민주주의 토대가 될 미완의 토지개혁을 담당할 농지국(農地局)도 신설했다. 특히 죽산은 독단적이고 주관적인 정책을 추진하기보다 농정 자문을 담당할 20~30명의 '농정심의회'를 운영해 농업 정책 개발과 농정 추진 등을 수행해나갔다.[154] 이원규 작가의 의견을 더 들어보자.

"네 번째는 해방 후 첫 3·1운동 인천기념식으로, 죽산의 대중성이 높아졌다. 인천공설운동장에 모인 군중이 5만 명 이상이었다. 당시 인천 인구가 21만 명이었다면 인천 인구 5명 중 1명꼴로 행사에 참가했다. 좌와 우를 망라하고 기념식장에 온 인사들은 너도나도 조봉암 선전위원장의 공로를 칭송했다. 당시 서울에선 좌와 우가 따로 행사를 치렀다.[155] 다섯 번째는 당시 인천 '을구'에는 미군기지를 다니는 조선인들이 많았을 것으로 추정된다. 부평에는 농민과 노무자들이 많았다"

오욕의 땅, 캠프마켓에 죽산 동상 건립하자

부평 사람들은 1920년대까지 농업이 주된 산업일 때 부평수리조합을 결성했고, 1930년대 공업지역으로 변모한 후에는 공장자주화운동을 일으켰다. 이런 소중한 경험을 가진 부평의 유권자들은 이승만 독재정권의 정치 공세에도 불구, 죽산을 선택했다. 때문에 죽산을 선택한 부평 유권자들의 뜻과 함께 식민지 독립 해방과 조국의 평화 통일을 위해 한평생 헌신해온 죽산의 정신을 기리기 위해 캠프마켓 부지에 죽산의 동상을 건립하자는 의견이 꽤 나오고 있다.

이 의견은 현재 거론되고 있는 '캠프마켓 부지에 역사박물관을 건립하자'는 의견과 연계돼 힘을 받을 것으로 보인다. '죽산 조봉암 선생 기념 사업회'는 강화 출신인 죽산의 사상과 업적을 재조명하기 위해 이미 생가터를 강화군 선원면 금월리 가지마을로 잠정 확정했고, 토지 매입과 생가 건립 방안을 인천시와 협의 중이다. 인천시도 죽산 선생의 생가 복원과 추모공원 조성 사업에 예산 10억 원을 배정했고, 생가와 관련한 문헌 고증 작업을 거쳐 내년부터 본격적으로 생가 복원 사업을 진행할 계획이다. 여기에 죽산의 정치적 기개(氣槪)를 인천의 후대들이 배워야 한다고 강조해온 지용택 새얼문화재단 이사장이 주축이 돼 추진 중인 죽산 동상 건립 운동도 활발하다. 동상 건립기금 목표액 8억 원이 모이면 동상 건립 추진위원회를 구성, 동상 규모와 위치를 확정할 계획이다. 생가는 강화 에 짓고 동상은 부평에 건립해 죽산의 정신을 인천 전역으로 확장하자는 의견이 힘을 얻고 있다.

또한 2009년 '친일인명사전'을 발간한 민족문제연구소가 창립 20주년 을 맞아 '일제강점기 민중생활역사관' 건립을 추진하고 있다. 최용규 전 국회의원과 홍영표 국회의원은 캠프마켓 부지에 '일제강점기 민중생활 역사관' 건립을 추진해왔다. 민족문제연구소가 소유한 사료만 6만 점에 이른다. 당초 민족문제연구소는 지난해까지 사업계획을 수립하고 올해 모금운동을 본격적으로 진행할 계획이었다. 이어 올해 말까지 실시설계 를 거쳐 내년 2월까지 역사관을 신축, 3·1절 95주년에 맞춰 개장할 목 표를 세웠다. 하지만 사업은 아직 답보 상태다. 홍영표 의원은 "건립비용 은 연구소 출연금과 시민모금으로 조달하고, 수도권 지자체의 대지 제공 이 있을 경우 비용을 줄일 수 있다. 우리 근현대사의 영욕을 간직한 인천 부평에 유치하면 후배들에게 좋은 교육의 장이 될 수 있다"며 "서대문 형 무소역사관과 같은 국가 지원 사업을 추진하는 것은 불가하더라도 수탈 과 침략에 맞선 민초들의 삶의 저항을 기록하고 보전하는 책무를 영욕의 땅 캠프마켓 부지에서 시작할 수 있기를 희망한다"고 밝힌 바 있다.[156]

방학진 민족문제연구소 사무국장은 조금 다른 의견이다. 방 국장은 "연구소는 더 많은 시민들이 찾을 수 있는 서울에 역사관 건립을 추진 중 이다. 다만 아직 역사관을 희망하는 지자체가 없어 사업이 더디게 진행되고 있다"고 말했다. 아울러 "인천에서 역사관 건립을 추진한다면 연구소가 도와드릴 수 있고, 도와드려야 한다고 생각한다. 역사관은 많을수록 좋지 않겠냐"고 덧붙였다.

인천은 왜 야도(野都)인가

노인들은 종종 "인천은 한때 야도(野都)였다"고 한다. 언론도 '야도 인천'이란 표현을 종종 사용했다. 인천은 전국 팔도(八道)의 축소판이라 할수 있는데, 왜 '야도'라 여겼을까. 그 이유는 대한민국 정부 출범 후 이승만 독재정권이 무너지기 전에 치러진 국회의원 선거 결과 때문이다. 2대부터 4대까지 인천에서 당선된 국회의원 9명 가운데 여당인 자유당은 2명에 불과했고, 민주당 3명, 무소속 3명, 국민당 1명 등 야당이 나머지를 차지했다. 인천이 '야도(野都)'로 불리게 된 계기다. 당시 인천을 야도(野都)로 이끈 주요 정치인으로는 죽산 조봉암을 비롯해 장면, 곽상훈 등이 있다. 이들 이후에는 김은하(金殷夏) 국회의원이 인천을 야도로 이끌었다. 김은하는 1952년 초대 인천시의회 의원에 최연소로 당선된 후 6~11대 국회의원을 지내며 인천에 '야도'의 전통을 뿌리내렸다고 평가받는 정치인이다.

언론도 한몫했다. 1945년 10월 7일 창간된 〈대중일보〉는 창간사에서 "우리의 정치, 경제, 문화 모든 측면이 일찍이 적의 수중에서 왜곡되고 약탈되고 말살되었던 것을 인제야 우리 손으로 낱낱이 탈환해 새로운 토대 우(위)에 건설하지 아니하면 아니 될 위대한 임무가 우리의 두 어깨 우(위)에 지어진 것이다. 오직 불편부당의 진정한 언론의 사명을 다할 것을 우리는 만천하 독자에게 공약하는 바이다"라고 했다. 〈대중일보〉는 당시 선명한 야당지 역할을 했다. 여기에 〈대중일보〉 일부 기자가 나와 1946년 3월 창간한 〈인천신문〉도 진보적 색채가 강했다. 〈인천신문〉의 창간 의지는 민주주의민족전선(民主主義民族戰線.민전)이 추구하는 지향점과 유사함이 많았다. 〈인천신문〉 창간호에 민전 인천위원회 의장인 조봉암의 축사가 실린 것도 이런 점에서 예사롭게 보이지 않는다. 이로 인해 〈인천신문〉이 민전 인천위원회와 깊은 관계가 있었을 것이란 추측 도 나온다.

1973년 8월까지 당시 인천에는 〈경기매일신문〉과 〈경기일보〉가 발 간됐다. 〈경기매일신문〉은 〈대중일보〉 창간을 주도했던 송수안 씨가 〈 대중일보〉 시설과 인원을 모아 재창간한 〈인천신보〉의 후신이다. 유신 에 의한 언론 강제통폐합 이전까지 인천을 지킨 두 개의 언론은 유신 독 재를 추종하지 않는 모습을 보였다. 이는 인천시민들의 정치적 자각에 한몫 했을 것으로 추정된다. 이훈기[157] OBS경인TV 보도국 부장은 "〈대 중일보〉, 〈인천신보〉, 〈경기매일신문〉은 분명히 야당지였다. 73년 유 신정권에 의해 자행된 언론 강제통폐합으로 인해 인천에서 발행되고 있었던 〈경기매일신문〉 등이 폐간되면서 인천은 15년 동안 언론 공백 기가 있었다. 이는 전국적인 조롱거리였다. 15년간 인천지역 언론의 공 백은 '주인 없는 도시 인천, 문화의 불모지 인천'이라는 자천타천의 굴레 를 남기게 됐다"고 평가했다.

이후 언론들은 각종 선거에서 인천을 야도(野都)로 표현해왔다. 〈한겨 레〉 1996년 2월 4일자, 7면에는 "4.11 총선 예비점검(6). 인천광역시 국 민회의 야도 인천 탈환 시동"이라는 기사가 실렸다. 당시 김대중 국민회 의 총재는 그해 9월 14일 인천시민회관에서 열린 인천시지부 결성대회 격려사를 통해 "과거 전통적인 야도(野都)에서 여도(與都)로 돌아선 인천 을 재건해야 한다"며 "내년 대선에서 인천시민이 총궐기, 여야 간 정권교 체를 반드시 이뤄내자"고 호소하기도 했다. 전두환 군사 독재정권을 무너뜨리는 데 단초를 제공한 5 · 3 인천민주항쟁도 '야도'의 특성이 있었기 때문에 가능하지 않았을까? 하지만 최근 선거 결과를 분석해보면 인천은 '여도'화 되고 있다. 특히 인천이라는 도시의 모태가 된다고 볼 수 있는 중구, 동구, 남구 등은 여권 지지층이 두텁다. 18대 총선과 19대 대선이 이를 그대로 보여줬다.

8

4

일제에 이어
미군도 병참기지화 한
부평

근대 이전의 전쟁에서 승전국은 패전국으로부터 천문학적인 전쟁비용을 받았다. 또한 수만, 수십 만 명의 패전국 국민을 노예로 데려다가 전쟁으로 인한 노동력 공백을 메웠다. 산업혁명 후 과학문명의 발전은 인류를 전쟁의 구렁텅이로 더 몰아넣었다. 과거 전쟁과는 비견이 안 될 정도로 전쟁으로 인해 죽어나가는 사람은 넘쳐났다. 20세기에 일어난 전쟁을 자세히 살펴보면, 전쟁을 일으킨 어떠한 국가도 승리하지 못했다는 것을 알 수 있다. 제1차 세계대전을 일으킨 오스트리아, 헝가리, 독일은 굴욕적 패배를 당했다. 또한 제2차 세계대전을 일으킨 일본, 독일 역시 패했다. 선후차의 문제가 있을 수 있지만, 통킹만 사건을 통해 본격적으로 전쟁을 확대한 미국도 베트남에서 결국 패배하고 말았다. 1948년 신생 유대 국가를 침략했던 아랍 국가들도 전쟁을 네 차례 일으켰지만 오히려 이스라엘에 영토를 빼앗겼다. 인도를 선제공격한 파키스탄도 도중에 분할됐다. 또한 이란을 선제공격한 이라크도 8년 전쟁 끝에 사상자 50만 명을 발생시키고 패배했다. 1991년 쿠웨이트를 침공한 후세인은 미군으로 대표되는 유엔군에 격퇴됐다. 코소보에 있던 알바니아 사람들을 모두 쫓아내려고 했던 계획도 나토에 의해 무산됐다. 그런데 한국전쟁은 왜 휴전 상태로 지속되고 있는 걸까.

남한 최대 병원이 있었던 애스컴

애스컴은 일본 육군 전쟁물자 기지인 조병창 자리에 해방과 한국전 쟁 후 주둔한 미군의 병참 본부다. 1970년 대 중반까지 인천 사람들에게 많은 일자리를 제공했을 뿐 아니라 애스컴에서 흘러나오는 각종 물자는 돈을 창출하는 원동력이 됐다. 1963년 애스컴에는 육군 보급창고 일곱 개가 있었다. 이를 총괄하는 미8군 보급창이 이때 조직됐다. 애스컴은 1971년 '121후송병원(21 Gereral Hospital. 이전에는 6th medical depot)'의 용산 미군기지 이전을 시작으로 축소된다.

121후송병원은 당시 남한 내 최대 병원이라고 할 수 있다. 미8군의 통상적 의료 지원 임무를 수행하는 제18의무사령부18th Medical Command 산하 병원이다. 18의무사령부는 일반적 의무 지원뿐 아니라 2차적인 의무 지원까지 가능했다. 중환자는 일본 오키나와에 있는 주일 미군기지나 미 본토로 호송했다. 121후송병원은 제2차 세계대전이 한창이던 1944년 창설되었고 한국전쟁에서 야전 병원으로 활약했다. 애스컴이 들어설 때부터 부평에 있다가 1971년 용산 미군기지로 이전해 현재까지 운영되고 있다. 121후송병원은 지금의 부평구 산곡3동 현대아파트 1지구에 위치해 있었다. 의료 수준과 의약품이 절대적으로 빈약했던 시절 남한에서 미군의 의료진과 의약품은 동경의 대상이었다. 121후송병원은 옛 부평성모자애병원(현 인천성모병원)과 기독병원에 의약품 등을 지원하기도 했다. 병원 건물은 콘크리트나 벽돌이 아닌 컨테이너로 조립한 것이었지만 규모는 꽤 컸다. 주로 전방에서 부상을 당한 미군 병사들이 치료를 받았다. 1971년 2월 부평에서 소아과를 개원해 40년 동안 운영했던 임남재(75세) 현 부평문화원 원장은 당시 인천지역 의료 상황을 아래와 같이 술회했다.

"당시 부평은 인천시 부평구가 아닌 경기도 인천시 북구였다. 그때는 지금의 부평·계양·서구가 하나의 행정구역으로, 인구는 9만 정도였다. 나를 포함해서 부평에만 개원의가 모두 16명 있었다. 당시 계양에는 의사가 없어 무의촌이라 불렀다. 소아과가 하나밖에 없다 보니 부평뿐 아니라, 계양·서구 심지어는 강화, 부천에서도 찾아왔다. 지금은 생활 수준과 위생·영양상태 등이 나아지고 예방접종 확대 실시 등 의료혜택 범위가 넓어져 전염성 소아질환이 사라졌지만, 그때만 해도 태어나서 죽는 경우가 많았다"[158]

1962년부터 1971년까지 애스컴에서 근무했던 문택윤(74세)[159] 씨는 당시 121후송병원에 대해 "애스컴에는 없는 물건이 없을 정도였다. 그 중에서도 으뜸으로 친 물건이 병원에서 취급하는 의약품이었다. 당시 병원에서 빼돌린 의약품은 남대문시장 등지에서 고가로 취급됐다. 그 당시 대한민국은 자체적으로 의약품을 생산할 수 있는 수준이 아니었다. 그렇다 보니 남대문시장 상인들이 121후송병원 어느 창고 어느 선반에 어느 의약품이 있다는 것을 알고 미군 또는 한국인 노무자들에게 그 의약품을 가져오라고 했다"고 당시를 회상했다. 121후송병원에서 한국인이 치료를 받는 건 매우 이례적인 일이었다.

이 병원이 어느 정도 위상이었는지 알 수 있는 사건이 있다.

1950년대 중후반의 부평의 모습

북한에 억류되었던 미군이 거쳐 간 121후송병원

첫 번째 사건은 1968년 1월 23일 원산 앞바다에서 북한에 나포됐던 푸에블로 호의 선원들이 진료와 치료를 받았던 사건이다. 미 정보함 푸에블로 호 나포 사건은, 1968년 1월 23일 원산 앞바다에서 승조원 83명 가운데 1명이 사망하고 13명이 부상당한 가운데 북한 해군에 나포된 사건이다.[160] 미 함정이 공해상에서 납치되기는 미국 해군 역사상 106년 만에 처음이었다. 미국은 일본에서 베트남으로 항해 중인 핵 항공모함 엔터프라이즈 호와 구축함 세 척의 진로를 변경시켜 원산만 부근에서 대기하게 했다. 또한, 미국은 해군과 공군 예비역 1만 4000여 명에게 긴급 동원령을 내렸고, 전투기를 비롯한 항공기 372대의 출동태세를 갖추게 했다. 주한미군 산하 오산, 군산기지에 전투기대대를 급파하는 등의 군사적 조치를 취했다.[161] 이외에도 1월 28일 미군은 추가로 항공모함 두 척과 구축함 한 척, 잠수함 여섯 척을 동해로 이동시켰다. 한국전쟁 이후 한반도에서 가장 긴장감이 돌았던 시점이다. 당시 남한 국민들은 몰랐지만 푸에블로 호 사건은 한반도를 전쟁의 소용돌이로 몰아넣을 뻔 했다. 결국 미국은 푸에블로 호가 북한 영해를 침범했다는 사실을 인정하고 사죄문을 발표해 사건을 마무리지었다.

석방된 푸에블로 호 승무원 82명(장교 6명, 사병 74명, 민간인 2명)은 판문점을 통해 1968년 12월 23일 귀환했다. 이들은 미군 헬리콥터 9대에 나눠 타고 23일 오후 1시 1분께 부평 121후송병원(당시 병원장 부카난 대령)에 도착했다. 이때 121후송병원에는 미8 군악대가 도열해 미 해군가인 〈닻을 올리고〉를 연주하며 이들을 맞았다고 한다. 이들은 병동 1342호에서 혈액검사와 X-레이 검사 등을 받았고, 24시간 안에 항공기 편으로 김포공항을 떠나 미국으로 날아갔다.

두 번째 사건은 북한에 109일 동안 억류됐던 승무원들이 이 병원에서 검진과 치료를 받은 사건이다. 휴전선 부근서 피격된 미군 헬리콥터 승무원 데이비드. H. 클로포드 대위(26세), 말콤. V. 뤼프케 준위(25세), 허먼. E. 호프스태터 상병(21세) 등 3명은 북한에 억류된 지 109일 만인 1969년 12월 3일 판문점을 통해 귀환했다.[162] 이들 역시 귀환 이후 바로 121후송병원으로 옮겨져 기본적인 검진과 검역을 받았다. 이들은 피격 당시 어깨 관통상, 총상 등을 입었는데 북한에서 기본적 치료를 받고 왔다. 당시 나왔던 언론 보도를 보자.

"송환된 헬기 승무원 3명을 태운 헬리콥터 3대가 부평(富平) 상공에 나타나자 121후송병원 헬리콥터 상륙장에 몰린 50여 명의 미군 장병들이 환성을 올렸고, 빨간 적십자 마크의 1번 헬리콥터가 착륙하자 대기하고 있던 2명의 위생병이 들것에 실린 '호프스태터' 상병을 앰뷸런스에 옮겼다. 병원당국은 이들을 건강진단한 뒤 24시간 안에 본국으로 보내겠다고 밝혔다"

이외에도 당시 언론 보도를 보면, 미군 범죄에 의해 피해를 입은 한국인도 121후송병원에서 치료를 받았다. 1957년 군산 미 공군기지 밖에서 풀을 베던 소녀들을 쏘아 그중 두 명에게 중상을 입힌 사건이 발생했다. 군산 미 공군기지 포탄저장소에서 20m 떨어진 지점에서 풀을 베던 엄금순(17세)·김점례(18세) 양에게 캐롤. B. 테일러 일병과 에드워드. T. 양 이등병이 군 규칙을 위반하고 총을 쏜 것이다. 언론은 김 양이 19일 군산 도립병원에서 121후송병원으로 후송돼 치료를 받았으나 중태라고 보도했다.[163] 또 다른 기사도 우리의 아픈 역사를 보여준다. 1960년 10월 25일 미군에게 강제 연행되던 양공주(洋公主)[164] 두 명이 달리는 차에서 목숨을 걸고 뛰어내리다 한 명은 사망하고 한 명은 중상을 입는 사고가 일어났다. 이 여성들은 이태원 미8군 부근에서 서성거리다가 728헌병대의 불심검문[165]에 걸려 용산경찰서로 연행되던 도중 원효로 1가 28 앞길에서 차량 뒷문을 열고 그 중 강복희(28세) 씨 외 1명이 뛰어내리다 둘 다 중상을 입었다. 미548병원에 입원 중 강 양은 생명이 위독해 헬리콥터로 121후송병원으로 후송 도중 사망했다. 이런 참변 소식을 접한 이태원 부근의 양공주 6명은 26일 콜터 장군 동상 앞에서 항의 데모를 전개했다고 보도했다.

근무 중이던 미 헌병에게 총을 맞은 한국군 헌병도 121후송병원에서 치료를 받았다. 1971년 2월 15일 오산 미 공군기지 정문 검문소에서 근무 중이던 미 공군 A헌병대 소속 에드워드 디젤 상병(24세)이 권총으로 함께 근무 중이던 한국 공군 B헌병대 소속 조인기(24세) 하사의 복부에 두 발을 쏴 중태에 빠뜨렸다. 조 하사는 부평 121후송병원으로 후송됐다는 보도다.[166]

마지막으로 기사 하나를 더 보면, 1966년 8월 2일 허귀자(22세) 씨가 밤 10시 20분께 제2한강교 앞에서 미8군 SAC69 수송중대 소속 차량에 강제로 실려 간 뒤 의문의 죽음을 당했다. 허 씨는 한강교에서 물 구경을 나갔다가 친구가 담배를 사러 간 사이 지나가던 미군 차량에 강제로 끌려갔다. 그 뒤 허 씨는 3일 정오 부평 소재 121후송병원에서 숨졌다.[167] 애스컴에 있던 121후송병원과 동두천, 연천 등 경기도 일대 미군기지가 1973년 미군 사령부가 위치한 용산으로 이전하면서 상당수 병원 인력과 기지촌 상인 1만여 명이 이태원으로 이주했다.[168] 이들의 이주와 정착은 이태원을 '서울의 라스베이거스' '외국인 거주 지역' '보세와 가짜 상표(짝퉁)의 쇼핑천국' '외국인 성매매 집결지'라는 새로운 공간으로 탄생시켰다. 1980년 문산 미군기지촌도 미군들이 본토로 귀환함에 따라 이 일대 상인들이 이태원에 가세하면서 업소들이 대거 늘어나 국제적 쇼핑타운으로 성장하는 물적 토대가 구축됐다.

주한미군의 법적 지위는

미국은 세계적으로 수많은 나라와 동맹을 맺고 그것을 유지하는데, 동맹은 상대국에 따라 다양한 형태를 보인다. 한국과 미국은 '한미상호방위조약'으로 동맹관계를 유지하고 있다. 미국은 중동 국가들의 감정을 고려해 이스라엘과는 정식 문서를 두지 않고도 정치·군사적 동맹을 맺어왔다.

광복 후 1945년 9월 8일, 미군은 남한에 진주해 미군정을 실시했다. 한 때 7만 명에 달했던 주한미군은 한국 정부가 수립된 후인 1949년 6월 29일 군사 고문단 500여 명만 남겨놓고 모두 철수했다. 하지만 한국전쟁이 발발하면서 주한미군은 한반도에 다시 발을 들여놓았다. 한국과 미국은 1953년 '한미상호방위조약'을 체결함으로써 양국 간의 법적 관계를 형성했다. 이 조약으로 한국에 대한 미국의 안보동맹은 보다 확고해졌다. 미국에서 볼 때 상호방위조약의 핵심은 한국에 대한 안보 공약과 함께 미국이 유엔군과 별도로 미군을 한국에 주둔을 시킬 수 있는 법적 근거를 마련했다는 것이다.[169] 한국은 상호방위조약을 통해 자체 군사적 능력이 부족한 상황에서 국가의 안보를 보장받았다는 점에서 의의가 있다고 볼 수 있다.

한미 동맹은 이 조약만으로 성립된 것은 아니다. 조약에는 다른 면에서 지원에 관한 내용이 없었기 때문이다. 한미상호방위조약은 '정전협정'과 '한미 합의의사록'과 함께 한미 동맹을 이루는 축이 된다. 한미 양국은 '정전협정'으로 전쟁을 멈추었고, '상호방위조약'으로 미군의 한국 주둔을 보장했다. 또한 미국은 '합의의사록'으로 한국군의 작전통제권을 장악할 수 있었다. 휴전 후 미국이 가장 신경 쓴 문제는 이승만의 북진정책이었다. 이승만은 휴전을 수용했지만 '시한부'라는 수식사를 사용하는 등 북진통일정책의 꿈을 버리지 않았다. 남한은 합의의사록으로 미국의 상당한 원조를 받는다. 결국 한미 관계는 '조약'과 '의사록' 그리고 '정전협정'으로 상호 보안적인 관계를 이룬다.[170]

또 다른 성역, 주한미군 범죄

식민 지배와 한국전쟁을 겪은 대한민국에는 절대적 성역이 존재한다. 이승만 정권을 시작으로 30여 년 동안 지속된 독재정권은 절대적 성역 중 하나였다. 이런 독재정권을 유지시켜 준 국가권력기관 역시 성역으로 존재해왔다. 하지만 이러한 독재정권이 무너져도 존재하는 성역이 있으니, 바로 주한미군이다.

한국전쟁이 일어난 지 50여 년이 되는 1999년 9월 노근리 학살 사건이 국내가 아닌 외국 언론의 전파를 타고 전 세계에 알려졌다. 소수의 외침을 외면해온 국내 언론은 AP통신이 미군에 의한 '노근리 양민 학살 사건(老斤里良民虐殺事件)[171]을 보도한 이후 앞다퉈 이 사건의 진상을 알리기 시작했다. 이 양민 학살 사건은 중국이 2000년에 만든 『인권백서』를 통해 미국의 인권정책을 비판할 때 이용했을 정도로 세계적인 인권 유린 사건이었다. 그러나 군사 독재정권의 눈치와 친미적 성향을 보인 국내 언론은 애써 외면해왔다. 『말』[172] 등 일부 진보적 매체가 이를 알리려고 노력했을 뿐이다. 결국 사건 발생 50여 년 만에 클린턴 전 미 대통령은 미합중국 대통령으로서는 유례없이 노근리 사건의 피해자들에게 "미합중국을 대표해 1950년 7월 말 노근리에서 한국 민간인들이 목숨을 잃은 데 대해 깊은 유감을 표명한다"고 성명을 발표했다.

미군에 의존해 국가권력을 유지해온 과거 독재정권과 그 정권에 눈치보기 급급했던 수구·보수 언론은 주한미군 범죄도 축소 보도하거나 외면해왔다. 이런 모습은 현재도 이어지고 있고, 대한민국에서 발생하는 미군범죄뿐 아니라, 미국의 약소국에 대한 인권 침해와 군사적 침략에 대해서도 그렇다. 아시아인의 시각에서 베트남 전쟁[173]을 재조명한 작가 황석영의 장편소설 『무기의 그늘』(1985년)은 미군이 베트남 민중을 학살하고 수탈하는 장면을 비교적 상세히 묘사했다. 또한 전쟁 그 자체가 가진 모순을 담백하게 그렸다. 특히 『무기의 그늘』은 현상적 전투만을 다루지 않고 돈과 전쟁의 연관관계를 파헤쳤다.

"미군 쪽 경제 공작 팀은 남은 생야채나 과일 따위가 상하기 전에 (베트남)시장에 낸다. 다낭 시민은 외각이 차단되면, 양파 한 알을 우리 땅의 것의 두 배, 세 배 값을 치르고 캘리포니아의 양파를 사 먹게 된다. 감자, 배추도 그렇다. 그 돈은 다시 베트남인 노무자들에게 지불되거나 군의 용역비로 쓰인다"[174]

『무기의 그늘』은 베트남 민족해방을 위해 투쟁하는 베트남 민족해방 전선 소속 주인공 팜민과, 팜민의 형으로 남베트남의 장교이면서 남북 베트남 어디에도 속하기를 거부하는 팜꾸엔, 한국 기지촌에서 베트남까지 돈을 벌려고 온 혜정(미미), 돈에 팔려온 한국군인 안영규(CID 요원)를 비롯해 여러 명이 목숨을 내놓고 전쟁터에서 도박하는 모습들을 묘사했다. 그러면서도 베트남 전쟁에서 행한 미군의 민간인 학살을 놓치지 않고 그렸다. 우리는 베트남 전쟁에 참전할 수밖에 없었던 한국군 장병을 용사라고 칭했다. 대한민국은 미국의 패권 때문에 벌어진 이라크 전에도 민주주의를 지킨다는 명분으로 미국의 파병 요청을 수락했다. 어두운 역사가 지금도 반복되고 있는 셈이다.

『무기의 그늘』은 소설이지만 전쟁에서 여자와 아이들이 최대 피해자라는 것을 다시 확인시켰다. 한국전쟁 이후 주한미군 범죄는 끊이지 않고 일어나고 있다. 그동안 하루 5건의 미군범죄가 대한민국 사법당국에 접수됐지만,[175] 기소율은 전 세계에서 가장 낮았다. 1967년 한미행정협정(Status of Forces Agreement. 이하 SOFA)[176] 체결 이전까지는 미군범죄에 대한 공식기록이 없다. 소파는 국제법상 평등한 두 나라의 협약이라 할 수 없어 많은 지식인과 진보인사들은 '노예문서'라고까지 평가하고 있다. 이승만 대통령의 군사고문이었던 로버트 올리버는 미국으로 돌아가 주한미군의 품성에 대해 이렇게 진단했다.

"남한 주둔 미군 3만 명 중 2000명은 불량분자이다. 동양 각지에서 미군에 대한 호감정은 점차 감소되고 있는 현상이며, 이것은 실로 우려되는 바이다"

주한미군 군목(軍牧) 언스트 W. 카스튼은 1964년 10월 본국에 보낸 보고서에서 "주한미군의 90%는 비도덕적인 성생활에 빠져 있다. 그들은 근무지에 도착한 즉시 밀매음(密賣淫) 구덩이에 틀어박히게 되며, 한국을 떠날 때는 여자와 여자의 집과 세간을 몽땅 새로 오는 사람에게 팔아넘기는 비도덕적인 일까지 저지르고 있다"고 비난한 적이 있다.[177]

아마 국부에 우산대 꽂힌 채 죽은 윤금[178]이나
목이 반쯤 잘린 상태로 발견된 이기순[179]이나 또는

미군 장갑차에 깔려 죽은 효순이 미선[180]이보다

더 처참하고 억울한 죽음이었는지 몰라

그날 그 무더웠던 여름날, 어느 양공주 이모 장례식 날,

에스캄 정문 앞에서

양공주 이모들이 상여를 매고 땀 반 눈물 반 범벅인 채

소리치며 울부짖으며 문 열어라 꽃상여로 들이받았던 에스캄 정문

그 문 열릴 줄 모르고 구경하던 어린 우리들은

영문은 모르지만 그냥 미국 놈들이 미워

철문 안에서 웃고 있는 미군 놈들에게 쑥떡만 먹였지

이제 에스캄 구 정문 앞 30여년도 더 지난 지금

옛날의 양공주 이모들 흔적은 하나 없고

길가의 '에스캄 사진관'으로만 남은 이름 에스캄

아, 에스캄이 에스 캠프라는 뜻이라지.

옮겨간 에스캄 신 정문 쪽으로 난 좌회전 신호 때문에

에스캄으로 드나드는 차 하 나 없는데 멍청히 서 있어야 하는 에스캄

신 정문

16만평 넓은 곳에 미군은 9명밖에 안 산다는 에스캄

그러나 2008년까지는 더 기다려줘야 하는

에스캄 신 정문 쪽으로 난 좌회전 신호등

— 신현수, 「에스캄 신 정문 쪽으로 난 좌회전 신호등」 전문

이 시는 한 살 때 부평으로 이사온 고등학교 국어교사이자 시인인 신현수(55세) 씨의 시 「에스캄 신 정문 쪽으로 난 좌회전 신호등」이다. 시인

이 성장한 곳은 바로 '에스캄시티' 인근이었다. 시인은 어릴 때 기억인 "어느 양공주의 장례식 날"을 길어 올렸다. 미군기지를 바라보면서 시인은 유년시절을 추억했다. 시에서 등장하는 "어느 양공주 이모 장례식 날 풍경"은 미군이 주둔한 후 기지촌 주변에서 심심치 않게 볼 수 있었던 풍경이다.

한국의 꽃상여와 베트남의 화려한 무덤

1965년 10월 5일 파주군 천현면 웅담리 미2사단 제2공병대 B중대 앞에서 양공주 100여 명이 데모를 하고 있었다. 이 여인들은 동료의 죽음을 항의했다. 살인자 해밀턴 병장을 내놓으라고 외쳤다. 해밀턴은 미2사단 제2휴양소 앞에서 양공주로 일하고 있던 당시 23세의 박혜림 씨와 시비를 하다가 박 씨를 때려죽였다. 이에 항의하기 위해 기지촌에서 함께 일했던 양공주들이 박 씨의 시체를 해부한 다음 미군기지로 몰려가 항의한 것이다. 이민족 군인을 향한 여인들의 투쟁은 동족 경찰에 의해 강제 해산됐다. 이 여성들은 그날 밤에도 미2사단 소속 미군들에게 몸을 팔아야 했다.[182]

애스컴시티에서도 이런 풍경은 흔했다. 1966년 부평지구 기지촌 성매매 여성 1000여 명이 미8057부대[183] 정문 앞에서 항의시위를 벌였다. 이들은 부대 안으로 들어가려 시도하면서 "테니 중사를 내 놓으라"고 외쳤다. 이들의 어깨 위엔 꽃상여가 올라 있었다. 상여 속 여인은 이은자(23세) 씨다. 이 씨의 직접 사인은 자살이었다.[184] 그러나 본질적인 사인은 타살이었다. 매달 4000원씩을 받으며 테니 중사와 8개월 가량 동거해오다 테니 중사의 폭행을 참지 못하고 자살했던 것이다. 이 여성들의 항의시위는 곧바로 미 헌병대 50여 명과 한국 경찰 30여 명에 의해 진압됐다. 미군과 경찰들이 여성들을 곤봉 등으로 때려, 당시 김순자(23세) 씨 등 10여 명이 부상을 입었다. 결국 이 여성들은 2시간 가량 시위를 벌인 후 상여를 메고 1km 떨어진 현재의 인천가족공원(부평공동묘지)에 이 씨를 묻었다.[185] 우리 조상들은 '꽃가마'를 타고 시집가는 꿈과 '꽃상여'를 타고 저승으로 떠나는 소박한 꿈을 간직하고 살아왔다. 그래서 동료 양공주들은 억울하게 죽은 동료 여성의 마지막 가는 길에 '꽃상여'를 준비했을 게다. 우리 민족과 비슷한 역사와 문화를 가진 베트남 민족에서도 비슷한 모습을 찾아볼 수 있다. 베트남 전쟁을 다룬 소설 『훈장과 굴레』[186]의 한 장면을 소개한다.

농장 안 남서쪽에 묘탑과 묘비들이 서 있는 것이 보였다. 가족묘지 같았다. 원색으로 찬란하게 단청한 묘탑들이 신기해서 그는 그쪽을 가리켰다.

"가족묘지입니까"

"네"

"화려해서 묘지 같지가 않군요. 묘지는 대개 어둡고 엄숙한 분위기인데, 이 나라는 그렇지 않아서 벌써부터 이상하게 생각하고 있었습니다. 죽음을 종말로 보지 않고 극락왕생 행으로 보는 게 동남아시아 불교권의 경향이긴 하지만 이 나라는 유난히 화려해 보입니다"

두 사람은 묘지를 향해 걸었다.

"세계사 모두 돌아봐도 우리나라(=베트남)처럼 화려한 묘지는 없더라고 어떤 여행가가 쓴 글을 읽은 적이 있어요. 아프고 슬픈 운명을 사는 민족일수록 묘지를 화려하게 꾸미는 것 같다고 그는 썼더군요. 나도 그렇게 생각해요. 너무도 슬픈 운명을 살고 불행하게 죽어간 영혼이기에 죽어서라도 찬란한 꿈을 꾸라고 이렇게 단청하다고 나는 생각해요. 실제로 요즈음 사람들은 묘지를 꾸밀 때 그런 기원 같은 걸 가져요"

미야는 노란 샌들을 천천히 옮겨 걸으며 다시 말했다.

베트남 민족은 수세기 동안 외세에 의한 침략과 수탈을 당했다. 응우엔왕조가 프랑스 침략에 굴복하면서, 베트남 민족의 수난은 시작됐다. 당시 전통적 유학자들이 주체가 되어 항불 봉기를 주도했다. 베트남 민족이 프랑스를 몰아내자 이번에는 일제가 침략했다. 일제를 몰아냈지만, 베트남 민중은 세계 최강 미국과 싸워야 했다. '명예롭지 못한' 베트남 전쟁에 참전한 한국군 장교와 소설 속 베트남 '다이퐁 촌'의 촌장의 딸 미야가 나눈 대화. 베트남 민족과 한민족은 모두 불교와 유교 문화의 영향을 동시에 받은 민족이다. 중국 본토가 흥하면, 피해를 볼 수밖에 없는 약소민족들이었다. 또한 일제를 비롯한 열강의 수탈 현장에서 힘없는 민초 수십만, 수백만 명이 죽었으며, 이념의 갈등으로 내전을 겪었다. 이런 아픔 때문인지 베트남은 무덤을 화려하게 꾸몄고, 한국은 관을 꽃상여로 치장했다.

열네 살 때 부평 신촌으로 이사와 살고 있는 장의영(66세) 부평3동 주민자치위원장은 "한 많은 양공주들이 죽어 나갈 때마다 꽃상여를 태워 신촌, 애스컴 정문 등지에서 노제를 지냈다. 그럴 때는 동료 양공주들이 모두 노제에 참석했다. 포주를 비롯해 유흥업소 관계자들도 참석했다. 일부 미군도 노제에 참석했다"고 당시를 회상했다. 1962년, 애스컴에 있는 미군들로 인한 범죄가 상당했다는 언론보도가 있다. 당시 인천 북부의 치안을 담당하는 부평경찰서는 1962년 1월부터 6월 말까지 일어난 범죄가 총 656건이었고, 이 중 15%가 미군 관계 사건이었다고 했다. 오죽했으면 미군과 한국 경찰은 당시 한미친선위원회를 월 1회 개최해 한미 간 문제와 친선 방법 등을 토의할 정도였다. 인천에서 비슷한 시기에 일어난 다른 범죄를 보면, 미군과 기지촌 성매매 여성의 관계를 짐작할 수 있다. (1969년 9월) 24일 밤 11시 30분께 인천시 북구 부평동 284 '드림보홀'에서 술을 마시던 미38부대 소속 리얼 미켈(24세) 병장이 동석한 위안부 인은주(25세) 씨의 얼굴에 술을 뿌린 것이 발단이 되어 위안부 100여 명과 미 헌병 50여 명이 미8057부대 정문에서 투석전을 벌여 위안부 10여 명이 중경상을 입고 미군 2명이 부상했다. 이날 미켈 병장과 인 씨가 싸우는 것을 본 위안부자치회장 김길연(32세) 씨가 이를 말리자, 미켈 병장이 김 씨의 머리를 잡고 미8057부대 정문으로 들어갔다. 이에 흥분한 위안부 100여 명이 부대 정문으로 달려가다 초소 헌병과 승강이가 벌어졌고 몰려온 헌병 50여 명과 투석전을 벌여, 이영순(22세) 씨 등 3명이 중상을 입고 미군 2명, 위안부 7명이 경상을 입었다.[187]

이와는 조금 다른 사건이지만, 미8057부대 소속 군인들이 관련된 사건이라 소개한다. 미군이 인천상륙작전을 한 9월 15일(1969) 새벽 애스컴시티에서 미 제202수송대 그린 일병은 점포를 경영하는 박종구(32세) 씨로부터 빌린 돈 2700원을 빨리 갚으라는 빚 독촉을 받았다. 그러자 그린 일병은 동료 미군 20여 명과 합세해 가지고 있던 칼로 박 씨의 배를 찔렀다. 이를 본 정동욱(30세), 이상철(28세), 한세원(26세) 씨 등이 달려들어 미군을 말리자, 미군들은 이들에게 집단 칼부림을 했다. 부평경찰

2002년 효순, 미선 양이 미군 궤도차량에 의해 압사한 사건이 발생하자 인천지역 시민단체들이 맥아더 동상 앞에서 규탄 퍼포먼스를 하고 있다. 〈시사인천 자료사진〉

서 소속 이정환(43세) 순경 등이 신고를 받고 출동했지만, 미군은 이 순경의 후두부를 난타하고 미8057부대 안으로 도망갔다. 이 순경은 생명이 위독할 지경에 놓이게 됐다.[188] 이를 지켜보던 부평 주민 200여 명이 미군기지 정문으로 몰려가 항의했고, 미군은 이번엔 소방차를 동원해 강제 해산 작전에 나섰다. 주민들이 물러서지 않자, 이번에는 한국 경찰이 출동해 강제 해산시켰다.

일제 위안부와 미군 양공주는 무엇이 다를까?

미군기지에서 근무했거나 기지 주변에서 살았던 사람들을 만나면 대부분 미군과 양공주에 대해 "미군은 우리가 못 먹고 못 입을 때 우리에게 일자리와 돈을 주었다. 양공주들은 외화벌이를 한 산업역군이다"라는 얄궂은 추억과 생각을 주저없이 말했다. 이들은 왜 이런 얄궂은 추억을 간직하고 있을까. 박정희 정권은 당시 '윤락행위방지법(61년 제정)'을 무시하고 기지촌 육성 정책을 펴면서 '외화벌이' 필요성을 간접적으로 강조했다. 박정희 정권은 미군을 상대로 한 술집에는 면세 혜택을 주었으며, 관광산업 진작이라는 명목으로 이들에게 해외연수도 시켜주었다. 또한 국내 104개소에 특정 윤락 지역을 설치했다. 기지촌의 행정관리들이 기지촌 성매매 여성들을 강당에 모아놓고 "당신들은 한국을 지켜 주려고 온 미군을 위안하고 달러를 벌어들이는 애국자"라고 칭송하는 해프닝이 미군기지 주변에서 벌어지기도 했다.[189] 하지만 일부 기지촌 여성들은 자신들을 제국주의 침략전쟁 때문에 희생된 위안부와 동일하게 느끼고 있었다. 한국전쟁으로 부모를 잃고 부평 애스컴시티에서 양공주가 된 J씨의 증언을 들어보자.

"내가 이렇게 된 건 전쟁 때문입니다. 전쟁이 나서 부모님이 돌아가시고 나는 먹기 위해 고아원을 뛰쳐나왔죠. 부평의 미군기지에서 세탁 일을 하다가 이곳 파주까지 왔어요. 나한테 밥을 준 건 이 나라가 아니고 미군이에요. 우리가 달러를 번 최초의 사람들이에요. 그 당시 우리 아니면 어디서 달러를 벌 수 있었겠어요. 나는 정신대 문제가 텔레비전에 나올 때마다 가슴 속에서 피를 토해요. 일제 때 강제로 혹은 돈 번다고 정신대로 끌려간 사람들만 불쌍하고, 미군에게 돈을 벌게끔 강제당한 우리는 전쟁과 군대에 얽힌 점과 국가의 개입이 조직적으로 행해졌다는 점에서 일본군 '위안부'와 미군 '위안부' 문제는 유사점이 많다. 한국에서 성 산업의 성장은 주한미군의 주둔과 함께 이뤄졌다고 볼 수 있다. 과거에도 성을 매매했지만, 유교 문화가 남아 있던 한국에서 성매매는 음성적으로 진행됐다. 이는 현재까지도 한국의 성 산업을 '복잡 미묘하게' 구조화시켰다. 일제와 미군정 등 외국에서 유입된 매춘 문화와 급속한 경제 성장이 빚어낸 매춘 문화가 몇 겹으로 쌓였기 때문이다. 강화도 조약과 을사늑약 이후 일본은 공창제를 한반도에 들여왔다. 이는 '불특정 다수를 상대로 성교를 하고 대가를 지불받는' 성매매를 공식화한 것이다. 해방 전 인천에도 화가동(花街洞)이라고 불린 성매매 집결지인 유곽(遊廓)[191]이 있었다. 유곽의 여성들은 주로 소작농의 딸들로 흉년이 들어 200~300원에 팔려왔다가 성병 등이 걸리면 유곽에서 쫓겨나 집에도 돌아가지 못해 비명횡사하는 경우가 많았다고 한다.

해방 이후 미군정은 '공창제'를 폐지했지만, 음성적 성매매는 오히려 장려했다고 볼 수 있다. 이런 이중적 행태는 일본 오키나와에서도 마찬가지였다. 일제는 '공창제'와 '군 위안부'로 대표되는 '관리주의'를 실시한 반면, 승전국인 미국은 성매매를 불법화하고 관련자들을 처벌하는 '금지주의'를 고수했다. 미군은 한국전에 참전하는 병사들이 오키나와에서 성매매를 하자, 1953년 2월 주민 거주 지역으로 미군과 군속의 야간 출입 금지를 발령했다. 당시 미군은 출입 금지 이유로 성매매를 제시했다. 이를 통해 미국이 가치로 내세운 금지주의라는 도덕적 원칙을 고수하면서, 성병 단속을 강제할 수 있게 됐다. 미군은 오키나와에서 출입금지와 해제를 반복하다가 최종적으로 'A사인 제도'를 확립했다. 미국 정부는 1956년 2월 '미국 군인·군속에 대한 음식 제공에 관한 위생 규정'을 발표했다. 음식점은 수질을 검사하고, 소독설비 상태가 양호하고, 종업원의 건강 증명서를 구비할 경우에 영업이 허가됐다. 성병 검사 비용과 치료 의무는 모두 업자에게 구가했다.[192] 한국전쟁을 거치며 일본에서 성매매 여성의 숫자는 5만에서 11만 명으로 늘었다. 현재도 미군기지촌 성매매 여성은 1만여 명으로 추정된다. 한국과 오키나와 사례는 군사적 종속과 경제적 빈곤, 사회적 약자인 여성에 대한 불평등이 개선되지 않는 한, 형법이라는 손쉬운 해결책으로 성매매를 근절하는 것이 사실상 불가능하다는 것을 보여준다. 미군 범죄만을 뽑아 몇 가지 사례를 소개하고자 한다.

화대 300원 때문에 죽은 지정숙

미 제335중장비부대 아버크롭비 상병은 1969년 5월 19일 부평 미군기지촌 성매매 여성인 조영애(25세) 씨를 찾아가 하룻밤을 함께 보냈다. 그는 돈 대신 '패스'를 내고 잠을 자다가 돈을 달라고 조 씨가 조르자 철사줄로 된 옷걸이로 조 씨의 목을 조른 다음 과도로 일곱 군데나 찔러 죽이고 부대 안으로 도망쳤다.[193]

이보다 앞선 1965년 11월 10일 미군기지촌 성매매 여성인 지정숙(28세) 씨는 화대 300원을 받으려다 미군의 발길에 걷어차여 복부 타박상으로 20일 고생하다 절명했다. 1967년 3월 3일 한국 경찰은 한강로 1가 34에 살던 미군 성매매 여성 정숙자 씨가 숨진 사건을 접수했다. 정 씨가 죽기 직전까지 함께 있었던 미8군 2수송대 존슨 상병은 경찰 조사에서 정씨가 자신이 준 수면제를 맥주와 함께 마시다 실신해 죽었다고 진술했다. 하지만 부검 결과 단순 흥분제가 아닌 극약의 일종인 '바르비탈산(중추신경계 억제제)' 염류에 의한 중독으로 드러났다. 경찰은 존슨보다 먼저 정 씨와 동침한 비프 이병도 조사했지만, 이들은 자신들이 극약을 준 일이 없다고 진술해 사건은 그렇게 덮어졌다.

용산 미군기지는 한국 여인 수난의 역사가 깃든 곳이다. 치외법권(治外法權)[194] 지역이기 때문이다. 1979년 9월 16일 오후 10시 용산구 삼각지 로터리 부근에서 택시를 기다리던 주부 원 아무개(25세) 씨와 윤 아무개(22세) 씨를 미8군 소속 데니스 L. 디커슨, 허레이스 J. 스켄트린 상병 등 3명이 흰색 군용세단에 강제로 끌고 태웠다. 이들은 두 여인을 용산 미군기지 내 막사로 데려가 다른 미군 2명과 함께 번갈아가며 능욕했다. 이 보다 앞선 1970년 7월 10일 오후 11시께 용산기지 내에서 10대 여성[195]이 미군 8명에게 윤간[196]을 당하는 끔찍한 사건이 발생했다. 박 아무개 씨는 미8군 영내에 있는 케이스클럽에 들렀다가 미8군 본부중대 소속 존 멜빈 일병과 선커 로버트 일병 등 8명에게 붙잡혀 클럽에서 50m 떨어진 막사로 끌려가 윤간을 당했다. 1967년 9월 11일 밤에는 용산기지 영내에서 한 한국 여인이 미군에 의해 몸서리치는 만행을 당했다.[197]

미8군 제30병기단 소속 윌리·페이지(19세) 상병과 베라스케 그레이먼드(20세) 상병은 서울 수유동에서 윤 아무개(22세) 씨가 영어를 배운다고 병기단에 들어가자 중대 내무반으로 데리고 가 윤간한 혐의를 받았다.[198] 2007년 1월 14일 홍익대학교 근처에서 66세 여성이 미군에게서 성폭력을 당하는 사건이 발생했고, 그해 4월 5일에도 강남 여성 성폭력 사건이 일어났다. 주한미군 주둔 이후 기지촌 성매매 여성뿐 아니라, 일반인을 대상으로 한 주한미군의 성범죄는 끊이지 않고 있다. 과거 법무부 자료를 보면, 1967년부터 1998년까지 미군 범죄 중 한국인이 재판을 관할한 강간 사범은 83명이다. 1967년 이전에 강간 사건 피해여성들은 헤아릴 수 없을 것이다. 2002년부터 2011년 8월 말까지 미군에 의한 성범죄도 49건 발생했는데, 재판권 행사 비율은 16.3%에 불과했다. 군사독재 정권 하에서 발생한 미군의 성범죄 사건에 대한 재판권 행사 비율은 이보다 훨씬 낮았다.

오발과 정당방위

1957년 인천에서 미군이 어린이와 청소년을 끔찍하게 살해하는 사건이 연이어 발생했다. 1957년 7월 6일 인천의 미군 송유관[199]에 올라앉아 놀고 있던 김용호(3세) 군이 미군 도날드 E. 파세트(19세) 이병이 쏜 총에 숨졌다. 미군 당국은 사건 발생 1주일이 지나도록 이렇다 할 조치를 취하지 않았을 뿐 아니라 자초지종을 발표하지도 않았다. 미군사령부는 8일째 되던 날에야 "어린이 사망 사건에 관한 완전한 내막은 현재 진행 중에 있는 공식 조사가 끝날 때까지 알려지지 않을 것"이라고만 밝혔다.[200] 미군의 자체 조사 결과는 '오발'이었다. 사건 발생 32일 만에 열린 미군 군법회의는 파세트 이병에게 무죄를 선고했다. 당시 〈동아일보〉는 "(1957년 8월) 7일 열린 미군 군법회의에서는 세 살 난 어린이 김용호를 살해한 파세트 이병에게 무죄를 선고했다. 파세트 이병은 오발했다는 이유로 3개월간 봉급의 3분의 2를 몰수당했다. 한국에서 근무하는 이등병의 월급은 93불 80선이다"라고 보도했다. 세 살 먹은 아이를 오발로 죽였다고 하더라도 3개월간 봉급을 몰수하는 선에서 사건을 마무리했다는 것은 미군이 점령군이 아니고서는 불가능한 판결이다.

전 세계에 미군이 파견돼 있지만, 이런 사고를 제대로 규명하지 않고 보상하지 않은 나라는 패전국 일본과 한국밖에 없었다. 미군의 이런 안이한 대처는 불과 보름 만에 또 다른 사고를 인천에서 일어나게 했다. 1957년 8월 25일 미군이 수영 중이던 한국 청년들에게 총상을 가하는 사건이 미 유류창 근처에서 발생했다. 인천시 남구 용현동 61에 위치한 염전 저수지에서 수영 중이던 조병길(18세) 군에게 송유관 경비 중이던 인천항만사령부 경비대 소속 마틴 밀쓴(18세) 일등병이 총질을 했다. 당시 언론 보도 등을 보면, 마틴 일등병은 조 군에게 돌팔매질을 하다가 M-1 총탄 3발을 발사했다. 그중 한 발이 조 군의 왼쪽 손을 관통하면서 우측 복부에 맹관총상을 입혔다. 조 군은 2개월의 치료를 요하는 중상을 입고 당시 인천도립병원에 입원했다가 결국 사망했다.[201] 당시 미군은 "송유관을 지키고 있었는데, 한국인 서너 명이 송유관에 다가오는 것을 보고 정지 명령을 했으나 이에 불응하자 이를 정지시키고자 위협사격을 한 것이다. 그중 1명인 조 군의 팔에 맞고 복부에 명중된 것"이라고 주장했다. 하지만 당시 한국경찰의 조사 결과는 미군의 명백한 조준사격에 의한 살인이었다. 한국 수사당국은 미군 당국에 합동조사를 제의했다.

같은 장소에서 연이어 발생한 사건이라 미군은 합동조사에 응했다. 마틴 일병은 처음에는 돌팔매 사실까지 부인했지만, 결국 군법재판에 회부됐다. 앞의 두 사건보다 몇 개월 전에는 기지촌 성매매 여성이 아무 이유 없이 미군 총에 맞아 죽은 사건도 일어났다. 이 사건은 피해자가 양공주였기 때문에 바로 잊혀졌다. 1957년 1월 14일 오전 6시 40분께 인천 만

석동 27번지에 사는 이춘옥 씨의 3녀 창배(16세) 양은 미 헌병이 쏜 권총에 맞아 절명했다. 권총 발사 동기는 "정거 중에 있는 미군 수송 열차 주위에 사람들이 쇄도하여 이를 저지하기 위해서였다"고 했다.[202] 이런 유사한 사건은 당시 미군이 주둔한 기지 주변에서는 흔하게 발생했다. 인천 저유소 총격 사건 발생 20일 만인 9월 15일 군산에서도 소녀들이 미군 총탄에 쓰러졌다. 오죽했으면 당시 〈동아일보〉 10월 6일자 사회면은 미군 범죄에 대한 기사[203]로 절반 가량이 채워질 정도였다. '연달은 미군의 만행'이라는 제목에 '총질·칼질 등 이틀에 또 3건'이라는 부제를 달았다. 미군이 한국에 주둔한 이후 가장 많은 건수를, 가장 큰 지면을 할애해 보도한 것이다. 이중 일부를 옮긴다.

"총기 등에 의한 미군들의 '만행'은 그칠 줄 모르고 빈발하여 5일 이른 새벽에는 동두천지역 미군기지에서 또 한국인 여자 1명이 사살당하고 1명(여자)은 부상을 입은 사건이 발생했다. 미8군 발표에 의하면, 5일 이른 새벽에 미7사단 공병부대 내에 쌓인 보급물자를 감시하던 미군 보초 1명은 그곳에 침입한 5명의 한국인 여자를 발견하고 총을 발사해, 그중 2명은 사망하고 1명은 부상을 입었다. (중략) 한편, 이러한 미군의 만행은 지난 3일 하루 동안 파주와 대구에서도 발생해 희생자 둘을 내었다. 이러한 사고는 최근에만도 군산, 인천, 김천 등지에서 발생해 유아, 소년, 소녀, 노파 등을 살상하였던 것이다"

병 주고 약 준 미군
구두를 닦아 생계를 유지하던 김춘일(14세) 군은 1958년 2월 25일 새벽 부평 애스컴 미 공군 정비장 옆에서 미군들에게 절도 혐의로 붙잡혔다. 당시 미군 장교인 토머스 G.제임스 소령과 마빈 E.캠프 대위를 포함한 미군들은 김 군을 보초실로 끌고 가 폭행했다. 주먹과 발길, 몽둥이로 사정없이 마구 때렸다. 심지어 칼로 양쪽 무릎과 팔을 푹푹 찌르기까지 했다. 미군들은 김 군 얼굴에 시꺼먼 콜타르칠을 했고, 김 군을 비행기 부속품[204] 운반용 나무상자에 넣었다. 제임스 소령은 그 궤짝을 헬리콥터 편으로 의정부 미 제1군단 비행장에 옮겼다. 비행기 부속품 상자를 내려놓은 카투사들은 상자 속에서 들려오는 비명 소리를 듣고 놀랐다. 김 군의 사연은 그해 3월 3일 AP 기자와의 단독 인터뷰를 통해 전 세계에 알려졌다. 김 군은 당시 "대위 한 사람과 상사 한 사람이 가죽 채찍과 2피트 길이의 막대기로 나를 때렸다"고 인터뷰했다. 사회적 논란이 됐지만, 한국쪽 수사관들의 손길이 미치지 못한 채 이 사건은 유야무야 끝났다. 그 뒤 미군은 김군을 미군이 원조하던 부평 달톤 고아원에 수용시켰다. 미군들은 동정금을 걷어 의류 등을 가지고 고아원을 찾아가 김 군에게 전달했다.[205]

싸움 말리고 구경한 죄로 총 맞아 사망

2013년 3월 17일 새벽엔 홍대 근처에서 술에 취한 미군이 행패를 부리다 이를 단속하는 경찰을 폭행하는 사건이 두 건이나 연달아 일어났다. 아무리 술에 취했다고는 하지만 제복을 입은 경찰까지 폭행하는 것은 용납하기 어려워 보인다. 대한민국 정부가 10대 경제 대국으로 성장했다고 호들갑을 떨지만, 자주적 독립 국가에선 발생하기 힘든 일이 2013년 현재도 발생하고 있다. 이는 불평등한 소파로 인해서다. 애스컴 보급기지창 공병대에서 근무하던 퍼킨슨은 1968년 2월 2일 밤 10시부터 한국인 친구 2명과 술을 마셨다. 퍼킨슨은 이후 집으로 들어가 한국인 처와 말다툼하다가 권총을 쐈다. 총소리를 듣고 근처를 지나가던 이상근 순경이 부부 싸움을 말렸다. 싸움이 잠잠해진 후 이 순경은 집을 나서다가 미군이 쏜 엽총 한 발에 허벅다리 관통상을 입었다.

망국병인 마약을 傳播한 미군

주한미군은 이른바 '망국병'으로 불리는 마약을 퍼트린 주범 가운데 한 무리다. 1970년에만 주한미군 1500여 명이 대마초를 비롯한 마약을 흡입하다 적발됐다.[206] 1967년 소파 발효 후 한국이 1차 재판권을 행사한 미군의 마약사범 건은 21건이다. 또한 1992년부터 2006년까지 '마약류 관리에 관한 법률' 위반으로 대한민국이 재판권을 행사해 재판을 받은 미군은 24명이다. 주한미군 주둔 후 가장 잔인했던 사건으로 알려진 동두천 김화남 부부 살해 사건도 마약에 취한 미군에 의해 자행됐다. 1970년 3월 5일 경기도 양주군 동두천읍 생면 4리 이보경(77세) 씨 집 아랫방에 세든 김화남(27세) 씨와 임신 5개월인 김 씨의 아내 정금례(21세) 씨가 방안에서 예리한 흉기로 목이 반쯤 잘린 채 발견됐다. 죽은 김 씨의 이마에는 흉기로 맞은 타박상과 목 앞부분에 도끼날 같은 흉기로 두 번 찍힌 길이 13cm, 깊이 7~8cm의 상처가 있었다. 검정 원피스를 입은 정 씨의 목 앞부분에도 길이 13cm, 깊이 5.5cm의 같은 상처가 있었고, 오른쪽 귀밑도 5cm쯤 찢어져 있었다.[207] 경찰은 범행에 미군이 개입한 정황을 포착했다. 사건 발생 한 달 전에 미군 흑인 병사가 김 씨에게 반지와 시계를 맡기고 돈을 빌려간 뒤 갚지 않는다는 점, 14cm 도끼 자국이 정 씨의

〈평화와참여로가는인천연대〉

베개에 있고 미군 야전용 손도끼일 수 있다는 점. 김 씨의 방에서 주사기 1대, 대마초 한 포대, 해피스모크happy smoke 60갑, 대마초 가루 3되 등을 발견한 점 등이다. 미군 PX(매점)에서 근무하던 김 씨는 대마초를 담배에 섞어 해피스모크[208]로 만들어 한 갑에 300원씩을 받고 집으로 찾아오는 미군에게 팔았다. 한미합동수사반은 사건 발생 4일 만인 9일 미군 7사단 제3여단 소속 흑인 병사 제임스 W.월터스(22세) 기술 상병이 범인이라고 밝혔다.

이 사건을 수사한 서울지검 의정부지청 백형구 검사는 이날 동두천 경찰서에 마련된 수사본부에서 "미군을 상대로 마약을 밀매해오던 김화남 집에 많은 마약과 돈이 숨겨져 있음을 알고 동정을 살피기 위해 사건 전날인 4일 죽은 김 씨 집에서 동료인 백인계 W · 브라운트(22세) 하사와 같이 찾아가 대마초가 든 담배 2개비를 요구했다가 거절당했다"고 범행 동기를 밝혔다. 월터스 상병은 다음 날 새벽 3시 30분께 김 씨 방에 들어가 미리 준비한 주먹 두 개만 한 돌로 잠자던 김 씨 부부의 머리를 차례로 내려치고 이발소용 면도칼로 부부의 목을 차례로 찔러 죽인 다음 금품과 다량의 헤로인을 훔쳐 달아났다고 발표했다. 월터스는 김씨와 의형제를 맺으면서 1년 전부터 마리화나 등을 상습적으로 구입했다.[209]

하지만 검찰의 발표는 일부 사실과 달랐다. 월터스 상병은 재판 과정에서 브라운트 하사가 함께 범행을 저질렀다고 자백했다. 재판 과정에서 드러난 사건의 전모는 이랬다. 1년 전부터 마약을 애용한 이들은 5일 새벽 1시까지 3시간 동안이나 대마초를 사 피우다가 약 기운이 약하다며 김 씨에게 생아편을 달라고 요구했다. 김 씨는 현금이 아니면 줄 수 없다고 거절했고, 마약에 끌린 두 미군은 새벽 3시 30분께 살인을 모의했다. 김 씨 부부가 잠들자 월터스 상병은 밖에서 주워온 돌로 잠든 김 씨의 머리를 내려쳐 실신시켰다. 정 씨가 잠에서 깨자 브라운트 하사가 이번에는 재떨이로 정 씨를 쓰러뜨렸다. 브라운트는 소지하고 있던 면도칼로 이들 부부의 목을 잘랐다. 이 군인들은 재판 과정에서 한국 법정에서 재판을 받지 않게 제지해달라는 '임시제지명령신청'을 워싱턴 지방법원에 내기도 했다. 두 미군은 결국 무기징역을 받았다. 월터스 상병은 복역 중 사망했으나, 브라운트 하사는 사건 발생 4년 만인 1974년 11월 포드 대통령 방한 때 특사로 출소해 귀국했다.[210]

1973년 9월 28일, 부평구 부평동 276 석정여관 2층 6호실에서 미군 3명이 이 동네에 사는 노기남(32세) 씨에게 M16 총을 마구 난사한 사건이 발생했다.[211] 미군은 노 씨를 죽이고 바로 달아났다. 당시 경찰 조사에 따르면, 미군들은 노 씨와 함께 여관에 투숙했고, 고성이 오가는 언쟁을 벌이다 갑자기 총을 쏘았다. 죽은 노 씨가 마약과 폭력 전과가 있었던

〈인천시민회의〉

것으로 미루어 경찰은 당시 미군과 마약 거래를 하다가 시비를 벌인 것
으로 보고 수사를 진행했다. 한국 정부는 미군기지를 중심으로 한 합성
대마(스파이스) 등의 유통이 급격히 증가하고, 전반적으로 마약 사범이
증가하자 마약청 신설까지 검토했다.

절도사건

1970년 7월 31일 주한미군 사병 1명은 한국인 4명과 공모해 미군 물
품을 훔쳤다. 이 미군은 미군청소업체인 피셔회사 소속 운전사인 한국인
이남훈 등 3명과 함께 범행을 저질렀다. 미군은 이 씨에게 카투사 복을
입게 하고, 이 씨가 운전하는 트럭을 의정부에 있는 미군 제4정비대대 소
속인 양 흰 페인트로 차량번호까지 써놓고 애스컴 내 보급 창고에 들어
갔다. 이들은 위조한 물품 교환권을 제시하고 군복 기지와 케이블선 등
군수품 1000만 원어치를 싣고 부대를 빠져나왔다. 물품을 내준 뒤 교환

권을 의심한 한 간부의 신고로 이들은 검거됐다.

또 다른 사건이다. 미군과 한국인, 중국인 등이 낀 군수물자 절도단 5명이 한국 경찰에 검거됐다. 부평경찰서는 1969년 1월 10일 미군과 한국인, 중국인 등 절도단 5명을 검거했다고 밝혔다. 장물만 1만 4410달러(시가 600만 원어치)를 압수했다. 경찰에 따르면, 부평동 110 앞길에서 미 군수 물자인 건축 자재를 싣고 서울 방면으로 가는 미8군 부평보급창 소속 트럭 1대를 불심 검문해 운전병 메치홀(21세) 일병으로부터 부정 유출시킨 것을 자백받고, 같은 보급창 창고지기 스파크스(19세) 일병, 정문 감시 헌병 모레노(21세) 일병과 중국인, 한국인 종업원 2명을 검거했다. 이들은 부평보급창 39호 창고 안에 있던 동관, 철판, 동판 등을 빼돌리려다 적발됐다. 물자가 절대적으로 부족했던 한국에서 미군의 PX는 범행의 주요 대상이 됐다.

민간 컨테이너를 미군 보급차로 위장해 PX 물품을 대량으로 훔친 미군도 있었다. 미군 다니엘 하톰(20세)은 한국인 7명과 짜고 1975년 11월 22일 인천 천일정기 화물 컨테이너 1대를 13만 원 주고 대절했다. 이들은 컨테이너 운전사 정 아무개 씨를 협박해 서울로 데리고 갔다. 이들은 컨테이너를 색칠하고 보급품 20톤(시가 4000만 원 상당)을 훔쳐 싣고 나가려다 경찰에 잡혔다. 1980년 4월에 구속된 미군들은 최대 밀수 조직 이태원파와 짜고 6년간 10억 원 대의 PX 물품을 빼냈는데, 미군들은 미군 포섭책 이문세로부터 물품 구입자금과 수고비를 받고 물품을 구입해 미리 대기시켜 놓은 미군 전용 아리랑 택시를 이용해 밀반출했다. 이들은 서울, 경기, 인천 일대에서 1974년부터 이런 범죄를 저질렀다.

사치품·마약 루트, 미군사우체국

미군은 수입 허가 없는 사치 물품을 국내 시장으로 들여오는 주요 통로였다. 경제 개발을 위해 수출 주도형 산업 정책을 펼쳐온 박정희 정권은 외화벌이에 집중하면서 달러 해외유출을 최대한 막았다. 해외여행과 일정 금액 이상의 달러 송출은 정부의 철저한 관리 속에서 이뤄졌다. 하지만 모든 정책에는 구멍이 있는 법. 미군들은 면세 특권을 악용해 수입 허가 없는 사치 물품을 국내로 마구 들여왔다. 그 통로는 미군사우체국APO이었다. 미군은 세계 어느 곳에나 미군이 주둔하는 곳엔 미군사우체국을 설치했다. 미군사우체국은 군인들이 그들의 가족과 통신하고 명절 때 선물 등을 주고받을 수 있게 마련됐다. 미군이 주둔하는 대부분의 국가에선 미군사우체국을 통해 들어오는 물품에 면세특권을 줬다. 미국 샌프란시스코에 본거지를 둔 미군사우체국은 1970년 중반까지는 국내에선 서울, 인천, 부평, 김포, 춘천, 오산, 부산 등지에 분국을 설치해 운영해왔다. 문제는 이 미군사운체국을 통해 사치품과 필로폰, 양주 등이 밀수입됐다는 데 있다. 이외에도 100개소에 달했던 미군 PX도 사치품의 주요 유통 창구역할을 했다.[212] 1950~1960년대에는 우산, 재봉틀, 화장품, 라디오 등이 밀수입됐다. 미군 군수물자의 불법 유출도 만연했다. 1970년대는 금괴와 텔레비전 등 가전제품이 세관을 피해 들어왔다. 1980년대는 시계와 보석류, 밍크코트 등 고급 사치품이 밀수품목으로 인기를 끌었다. 1990년대에는 컴퓨터기기와 필로폰, 골프채, 양주 등이 주종을 이뤘다. 외화 밀반입도 적지 않게 발생했다.

1967년 소파 제정 이전까지는 미군범죄에 대한 대한민국 정부의 공식 기록은 없다. 주한미군범죄근절운동본부에 따르면, 1991년 소파 개정 이후 한 해 미군 범죄가 1000명 이하로 줄어들었다. 재판권 행사는 채 1%도 되지 않다가 차츰 증가하고 있다. 2001년 2차 소파 개정 이후 범죄 총량과 재판권 행사비율은 크게 감소했다. 하지만 여기에는 2003년 이후 진행된 주한미군의 감축과 1999년 10월 이후 피해액 200만 원 미만의 단순 대물 교통사고에 대한 불입건제도를 시행하면서 통계에서 제외된 측면도 있다. 재판권 행사 비율은 2003년 이후 20%대를 유지했으나, 법무부는 2009년부터 통계자료를 제공하지 않고 있다. 미군 범죄는 매해 400건 가량 일어나고 있다. 주한미군은 9·11테러가 발생한 2001년 9월부터 장병에게 자정부터 새벽 5시까지의 영외활동을 금지했다. 10년 만인 2010년 7월 2일에서야 야간 통행금지를 해제했다. 미군은 미군의 범법 행위에 대한 처벌과 관련해 횟수에 따라 처벌 수위를 높이는 '3진 아웃제'를 도입할 계획이지만, 아직 실행하지 않고 있다.

한국전쟁 이후 미군은 최대 32만 5000여 명까지 한국에 주둔했다. 2013년 현재 주한미군은 대략 3만 명 내외다. 주한미군이 큰 폭으로 줄고, 한국의 국제적 위상이 높아졌음에도 불구 주한미군의 범죄는 왜 줄어들지 않을까. 무엇보다도 소파 때문이다. 소파Status of Forces Agreement란 국가 간 군사협력과 동맹관계에 따라 군대의 파견과 접수가 활발해지면서 군대 파견국과 접수국 간 외국 군대의 주둔으로 야기되는 제반 사항을 규정하기 위해 체결한 국가 간 약속이다. 소파는 원래 '대한민국과 아메리카 합중국 간의 상호방위조약 제4조에 의한 시설과 구역 및 대한민국에서의 합중국 군대의 지위에 관한 협정'이라는 긴 이름이다. 이 협정은 전문 31개조와 합의의사록, 합의양해사항, 교환각서를 포괄하는 방대한 것으로, 미군이 사용하는 시설과 구역 및 주둔비용부담,

미군 범죄에 대한 형사재판 관할권, 미군기관에 고용된 한국인 노동자들의 처우문제, 모든 군수물자의 통관 및 관세, 미군과 군속 및 가족의 출·입국 문제 등에 대한 규정을 담고 있다.

이 협정은 1948년 8월 28일 대한민국 정부 수립 이후 이승만 대통령과 주한미군사령관 간에 체결된 '잠정적 군사안전에 관한 행정협정'에서 유래했다. 사실상 점령군으로서 미군이 대부분 철수하는 1949년 6월까지 미군은 특권적 법적 지위를 누렸다. 한국전쟁 발발 후 주한 미국대사관은 대한민국 외무부 앞으로 한국에 주둔할 미군의 법적 지위를 한국정부가 수락할 것을 요구하는 각서를 보냈다. 미국은 주한미군의 효과적인 작전 수행을 위해 ①미군군법회의가 주한미군의 구성원에 대해 전속적 형사 관할권을 행사할 것 ②한국인이 미군 또는 그 구성원에 대해 가해 행위를 했을 경우 미군은 그 한국인을 구속할 것 ③주한미군은 미군 이외의 여하의 기관에도 복종하지 않을 것 등을 요구했다. 이승만 대통령은 전쟁의 급박한 상황에서 미국의 요구를 그대로 수용했다. 이렇게 체결된 협정이 이른바 '대전협정'[213]이다. 이로 인해 주한미군은 전속 관할권뿐 아니라 한국인을 체포할 수 있는 법적 지위와 권한을 얻었다.

중공군의 참전과 유엔군과 북한 인민군의 대치가 휴전선을 중심으로 진행되면서 주한미군의 수는 급격히 불어났다. 이에 따라 군사·법적 문제 이외 경제적 문제가 제기되기 시작해 미군은 경제적 문제에 대한 통제권을 보장받을 필요가 대두됐다. 이에 따라 한미 양국은 1952년 5월 백두진 재무장관과 마이어 미 대통령 특사 간에 '대한민국과 통합사령부 간의 경제 조정에 관한 협정(마이어협정)[214]을 체결했다. 휴전 협정 조인 후 주한미군 범죄가 계속적으로 증가하자, 1961년 4월 10일 장면 국

무총리는 매카나기 주한미
대사의 공동성명을 통해 주
둔군지위협정을 체결하기
위한 교섭을 개시한다고 발
표했다. 한국전쟁 후인 1953
년 10월 1일 체결된 '한·미
상호방위조약'으로 주둔군
의 법적 근거를 마련했다.

5·16 군사 쿠데타로 정
권을 잡은 박정희 정권이
협정 체결에 미온적 태도를
보여, 1962년 6월 고려대학
교 학생들이 소파 체결 촉
구 시위를 벌이기도 했다.
이 협정은 1966년 7월 9일
이동원 외무부 장관과 러스
크 미 국무부 장관 사이에
조인돼, 한국 국회에서는
그해 10월 14일 비준을 거
쳤다. 미국 정부에는 11월 9

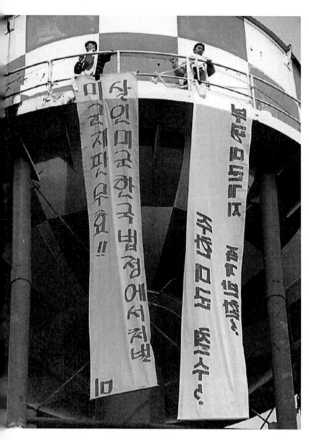

2002년 12월 SOFA 개정과 부평미군기지 조기
반환을 요구하며, 대학생들이 캠프마켓 물탱크에
올랐다. 〈평화와참여로가는인천연대〉

일 통보됐고, 미국은 1967년 2월 9일 발표했다.[215] 1967년 2월 9일로 발
효된 소파는 '대전협정'에서 규정한 주한미군에 대한 미군법회의의 전
속적 재판권과 한국인에 대한 미군의 체포, 마이어협정에서 규정한 미

군 산하 각 기관과 개인에게 부여된 광범위한 특권과 면책특권을 폐기하고, 한국군과 경찰에 의한 미군 병사의 체포권 등을 새롭게 포함했다.

분단국가이면서 군사독재정권이 연이어 등장한 대한민국의 위정자들에게 불평등 조약인 소파의 개정은 큰 관심사가 아니었던 것 같다. 쿠데타로 18년 철권 통치한 박정희 정권과 광주 학살로 집권한 전두환 정권은 대미 추종적 정책으로 일관하면서, 소파에 관심을 기울이지 않았다. 1980년 들어 주한미군 범죄가 커다란 사회문제로 부각되었음에도 소파 개정은 좀처럼 다뤄지지 않았다. 그러다 88서울올림픽 이후 12월 개정 협상이 시작되어 2년 만인 1991년 1월 4일 개정됐다. 1차 개정에 따라 형사 관할권 중 한국의 형사재판권 자동포기 조항의 삭제, 1차적 재판권 대상 범죄의 확대 등의 성과를 얻었다. 하지만 실제 한국 쪽의 권리 행사를 제한시키는 조항에서는 기존의 협정과 큰 차이는 없었다. 2001년 소파 2차 개정 때 12개 주요 범죄에 한해 신병 인도시기를 '재판 종결 후가 아닌 기소 시점'으로 앞당기는 성과를 냈다.

하지만 살인, 강간, 방화, 유괴, 마약거래, 마약제조, 폭행·상해치사, 음주운전 사망사고, 교통 사망사고 뒤 뺑소니, 흉기강도 등의 중요 범죄로 한정지었다. 소파는 1980년 이후 한국에서 '반미' 구호를 등장하게 했다. 소파는 엄격히 말해 자주권을 가진 두 나라 간의 협약이라고 할 수 없다. '주둔군과 피주둔군' 사이의 협정이라고 하기보다 '점령국과 피점령국 간의 협정'처럼 보인다. 2차 개정에도 불구, 전 세계적으로도 불평등한 협정이다. 미국은 한국을 비롯해 80여 개 국가와 소파(SOFA)를 체결했다. 미군의 주둔이 전범 국가인 독일과 일본에선 점령의 목적에서 시작된 데 비해, 한국은 전범 국가도 아닌데도 소파가 매우 불평등하게 체결돼 운영되고 있는 것이다.

전범 국가보다 못한
불평등한 소파

    대한민국에서 미국을 바라보는 시각은 전 세계에서 찾아볼 수 없는 독특함을 띠고 있다. '미국은 우리의 빛이고, 우리가 빚을 진 나라'란 인식이 팽배했다. 하지만 미군 양민학살 피해자 유족들과 5·18 광주학살을 겪은 젊은 세대, 상당수 지식인은 미국에 따뜻한 시선을 보내지 않고 있다. 대학가를 중심으로 반미운동이 일어나기 시작했다. 1980년 12월 광주 미문화원 방화 사건을 시작으로 82년 3월 부산 미문화원 방화 사건, 85년 서울 미문화원 점거 투쟁 등이 전개됐다. 반미 구호는 전국 곳곳에서 등장했다.

    특히, 주권 침해 요소를 가진 한미 소파 개정의 목소리가 높았다. 두 차례에 걸쳐 개정됐지만, 전범 국가인 독일, 일본과 승전국 미국 간의 '주둔군지위협정'에 비해 불평등 요소가 여전히 많기 때문이다. 한미 소파는 몇 가지 지점에서 개정이 필요하다. 먼저, 한국 국민들이 가장 불평등하다고 느끼는 형사 관할권 부분이다. 2000년 12월 소파 개정 협상 후에도 재판권 행사 문제는 큰 진척을 보지 못했다. 소파 합의의사록(제22조 3항)에는 "한국 당국이 일차적 재판권을 가지는 경우에도 미군 당국의 요청이 있으면 한국 당국이 재판권을 행사함이 중요하다고 결정하는 경우를 제외하고는 일차적 권리를 포기한다"로 규정되어 있다. 또한 "공무 중 일어난 범죄는 미군 당국이 일차적 재판권을 갖는다"고 돼 있다. 공무 여부의 판단은 합의의사록 '22조 3항 1'에 따라 미군이 한다. 결국 알맹이 없는 개정이 이뤄져, 여전히 한국의 사법주권을 심각하게 침해하고 있다고 볼 수 있다.

2002년 6월 발생한 효순·미선 사건도 결국은 사고를 낸 미군 병사들이 미군 법정에서 무죄 판결을 받았다. 당시 한국 경찰이 초동수사에 참여할 수도 없었고, 재판 관할권의 판단도 미군이 내리게 됐다. 이외에도 미군은 '가족'의 범위를 친척, 초청계약자까지 확대해놓고 있다. 일본과 체결한 '소파'에는 기타 친척은 '가족'에 포함이 안 돼, 대조를 보인다. 치외법권자의 범위를 넓혀놓았고, 기소 후 한국 당국의 불심문과 한국 쪽이 계속 구금권을 행사할 경우 변호사 출두 시까지도 불심문, 변호사 부재시 취득한 증언·증거는 재판 과정에서 불사용을 규정해놓았다.

용산 미군기지에서 발생한 기름 유출 사건과 2000년 미군 쪽이 독성 물질인 포름알데히드를 정화시설 없는 하수구에 무단 방출한 사건이 기폭제가 되어 신설된 환경 조항도 미비점이 많다. '환경보호의 중요성을 상호 인정한다'는 정도의 선언적 문구에 그치고 있다. 독일은 환경영향평가를 실시하고 건축 행위 관련 원상회복하게 되어 있다.[216] 노무 조항도 문제점이 많다. 노동3권이 근본적으로 제약돼 있다. 동식물검역과 시설·구역의 공여 및 반환 부분 가운데, 시설 건축 시 한국과 사전 합의한다는 부분은 개선됐지만 '불용토지의 반환' 조항에서 불용 여부의 판단권은 여전히 미국에 있다. 이밖에 민사소송 부분도 불평등한 요소가 많다. '공무집행 중 발생한 손해에 대한 배상금 문제'가 전혀 개선되지 못했다. 대부분 공무집행 중 발생한 민사 소송이 많기 때문에 민사 분야의 개정만으로는 아무런 의미가 없다. 이로 인해 '민주사회를 위한 변호사 모임' 등은 ①형사재판권 관련 규정의 인적 적용 범위 축소 ②재판권 행사

와 포기에 관한 평등한 기준 마련 ③공무 판단에 대한 미군의 최종 결정

권 배제 ④기소 시 신병인도원칙의 관철 등을 요구하고 있다.

미군 성범죄, 주둔지 가리지 않아

1995년 9월 일본 오키나와 주둔 미 해병대 병사 3명은 오키나와 소녀 (12세)를 성폭행하는 만행을 저질렀다. 이 문제는 오키나와 주민들의 반미(反美)의식을 고취시켰고, 오키나와 미군기지 문제를 전면에 부각시켰다. 오키나와에는 주일미군의 75%가 집중돼 있다.

마커스 길(23세) 등 미군 병사 3명은 1995년 9월 길 가던 소녀를 렌터카로 납치해 성폭행했다. 일본 검찰은 이들에게 징역 10년씩을 구형했고, 일본 법원은 "범행은 계획적일 뿐 아니라, 피해자의 인격을 무시한 흉악 대담한 범행으로 피해자와 그 가족들에게 심대한 충격과 고통을 안겼을 뿐 아니라, 지역 사회에 미친 공포감도 컸다"며 3명 중 2명에게 징역 7년을 선고했다. 성폭행 중 피해자가 어린 소녀인 것이 걸려 중도에 폭행을 멈춘 컨드릭 레디티(21세)에겐 징역 6년 6월을 선고했다. 이 사건으로 일본 본토까지 반미감정이 번졌고, 미 클린턴 행정부는 즉각적으로 유감의 뜻을 표명했다.

이 사건은 1955년 미군이 강간 후 살해한 6세 소녀 유미코 사건을 일본인들에게 상기시켰다. 당시 오키나와 현 지사와 중앙정부가 정면 대립하는 단계로 확대됐다. 주일미군은 범인의 신병 인도를 거부했고, 그 후 오키나와의 미군기지 이전 요구가 본격화됐다. 오키나와를 비롯한 일본 시민들은 소녀의 안전도 보장하지 못하는 현실에 분노했다. 분노는 미군기지 축소와 미일 지위협정의 재고를 요구하는 운동으로 발전했다. 1995년 10월 21일 오키나와 현민 집회가 열렸다. 오키나와 현 주민의 3분의 1인 8만 5000여 명이 참가했다. 이는 빌 클린턴 미 대통령이 일본

국민에게 직접 사과하게 만들었다. 또한 오키나와 주둔 미군 규모를 축소하겠다는 내용의 협정을 체결하는 계기가 됐다. 아울러 이듬해엔 주일미군이 저지른 '살인과 강간 등 흉악 범죄'에 대해 일본 쪽의 요청이 있으면 미군이 기소 전 신병 인도에 호의적으로 배려하기로 합의하기도 했다.

그럼에도 불구하고 오키나와에선 주일미군에 의한 일본 여성 성폭행 사건이 끊이지 않았다. 2003년에도 미 해병대원이 여성을 성폭행했고, 1998년과 2004년 미군이 민가에 침입해 여성들을 성폭행했다. 2008년에도 미 해병대원이 소녀를 성폭행했고, 2012년 10월 16일에도 미 해군 병사 2명이 20대 여성을 성폭행했다. 오키나와 주둔 미군들은 술에 취해 귀가하던 중 여성을 성폭행하며 목을 조르기도 했다. 주일미군이 자행한 강간 사건의 4분의 3이 오키나와와 가나가와 현에서 집중 발생했다. 일본 경찰청이 아카미네 중의원에게 제출한 자료를 보면, 1989년부터 2011년까지 발생한 미군에 의한 강간 사건은 오키나와 현에서 절반 이상이 발생했다. 본토에 있는 가나가와 현에서도 꽤 발생했다.[217] 결국 미군이 집중된 지역에서 미군의 성범죄는 피할 수 없는 현실이다.

기지촌 정화 운동

　기지촌 성매매 여성들은 군사 독재정권 하에선 관리의 대상이었다. 한국의 경제가 위태로울 때는 외화벌이를 하는 '산업역군'으로 사실상 매춘을 강요당했다. 가족을 먹여 살리고 동생의 학비를 벌기 위해 미군을 상대하지만, 유교적 가치관을 가진 가족에게 무시당했다. 대부분의 한국사람은 일본군 '위안부'와 주한미군기지촌 여성을 다른 시각으로 바라본다. 한국인들은 오랜 기간 미군에게 관대했다. '일제를 한반도에서 내쫓을 수 있었던 그들의 정치, 군사, 경제적 시혜에 감사해야 한다'는 인식이 많았다.

　미8군 본부를 둘러싼 서울 후암동과 이태원 일대, 평택군 송탄읍 신장리, 오산, 대전, 대구, 왜관, 춘천, 군산, 목포, 진해에 이르기까지 미군이 주둔하는 곳마다 기지촌이 생겨났다. 외국인 전용 술집(클럽)엔 미군과 기지촌 여성, 미군기지에서 흘러나온 외제품, 암달러상, 포주가 꼬였다. 미장원, 세탁소, 양복점, 사진관, 당구장, 국제결혼 중개업사무소 등의 상인들을 중심으로 특수한 형태와 기능을 가진 기지촌들이 형성됐다. 매춘 유형은 클럽 매춘부터 계약 동거까지 다양했다. 매춘 여성의 수는 1960년대 3만 명에서 80년대 초 2만 명 정도로 줄었다. 박근혜 대통령은 아버지 박정희 대통령의 유신을 구국의 결단이라고 찬양했지만, 그 유신의 그늘 속에는 기지촌 정화 운동도 포함됐다.

　1971년 1월 박정희가 한미 1군단사령부를 순시했을 때, 미군 쪽은 박정희에게 기지촌 정화를 건의했다. 당시는 닉슨독트린에 의해 미군이 한국에서 일부 병력을 철수할 때였다. 이에 박정희는 대책 마련을 지시했고, 당시 정무비서관인 정종택이 담당해서 기지촌 정화에 나섰다. 정종택은 새마을운동 담당관을 겸임하고 있었다.[218] 대통령 지시에 따라 그해 12월 31일 청와대에서 10여 개 부처 차관들이 위원으로 참석해 기지촌 정화위원회를 발족했다.

일제는 병사의 전투력을 높이기 위해 조선, 필리핀, 중국 등 식민지 나라 여성들을 강제로 '위안부'로 동원하는 만행을 저질렀다. 일제는 이에 대해 아직도 참회하지 않고 있어, 평화 애호 세력을 비롯한 일반 국민들의 반일감정을 자극하고 있다. 일제는 전투력 손실을 막고 병사의 사기를 높이기 위해 깨끗한 성을 공급하는 성매매 시스템을 두었다. 박정희 정권이 추진한 기지촌 정화 운동은 이 '일본군 위안부 제도'를 빼닮았다. 또한 친일 잔재를 제대로 청산하지 못한 이들이 기지촌 정화 운동에 나선 것이다. 이나영 교수의 연구에 따르면, 1964년 한국의 외화 수입이 1억 달러에 불과하던 시절에 미군 전용 (성매매) 홀에서 벌어들인 돈은 약 10%인 970만 달러에 달했다. 이 교수는 "대한민국 전체가 '양공주'가 담보하는 국가안보에 기대어 '양공주'가 번 돈에 혹은 그들의 일터와 관계된 경제구조에 기생하며, 일정 부분 미국의 '위안부'가 되어 살아왔다"고 평가했다.[219]

마틴 루서 킹 살해 불똥, 기지촌 정화로 번져

비폭력 인권운동가로 미국 양심세력과 특히 흑인으로부터 절대적 신망을 얻고 있었던 마틴 루서 킹Martin Luther King Jr(1929. 1. 15.~1968. 4. 4)[220] 목사가 괴한의 총격에 살해되자 미군이 주둔한 한국에서도 흑백 인종 간 싸움이 기지촌마다 벌어졌다. 인종 차별은 만인이 평등하게 창조됐다는 「미국 독립선언서」의 정신을 무색하게 만들었다. 특히 평등의 기독교적 가치는 흑인 출입을 금하는 교회 앞에서 무색해졌다. 1960년대만 해도 'for whites only(백인만 출입할 수 있음)'나 'no blacks and dogs(흑인과 개는 사절)'와 같은 문구가 공공장소에 흔했던 미국이었다.

장의영 부평3동 주민자치위원장은 "킹 목사가 죽고 나서 백인들이 신촌에 걸어 다니지 못했다. 골목길에서 지나가는 백인 군인을 집단으로 구타했고, 칼로 동료 백인 군인을 찌르는 사건도 직접 목격했다. 이런 인종 갈등으로 인해 당시 신촌에서 영업 중이던 술집들이 거의 문을 닫는 일도 일어났다"고 회상했다. 미국의 인종 차별 불똥은 한국 땅, 한국인에게 튀었다. 미군 당국이 이 싸움을 중재하는 과정에서 미군들은 "한국 기지촌 여성들이 더럽다. 우리는 한국을 구해줬는데, 대접이 너무 소홀하다"는 불만을 제기했고, 미군 당국은 한국 정부에 기지촌 정화사업을 요구하기에 이르렀다. 한국 정부는 주한미군 감소 정책과 관련해 미국 눈치를 보고 있었다. 60년대 말부터 미군 철수설이 나돌다가 닉슨독트린이 발표되고, 60년대 말 6만 2000여 명이었던 주한미군이 71년엔 2만여 명이 철수해 4만 5000여 명이 됐다. 미군 눈치를 보던 박정희 정권은 미국 의회의 지지를 얻어 미군을 한국에 붙잡아두기 위해서는 한미관계가 좋다는 인상을 주는 것이 시급하다고 판단했을 것이다. 미군 당국의 요구를 즉각 받아 들여 성병 진료를 매주 실시하도록 하고 전국의 기지촌에 성병 진료소를 세웠다. 1962년 애스컴에서 카투사(KATUSA: Korean Augmentation to the United States Army, 주한미군기지 업무지원) 사병으로 근무했고, 1983년부터 신촌에서 식당을 운영하고 있는 한정철

(72세) 씨는 당시 상황을 이렇게 기억했다.

"미군, 한국 경찰, 헌병, 통역관 등이 신촌에 있는 술집을 비롯해 길가는 여자들을 막무가내로 잡아서 성병을 검사했다. 월요일과 금요일 두 번에 걸쳐 이런 검진이 신촌에서 벌어졌다. 드림보 홀을 비롯해 송도 홀, 유니버설 홀 등에 갑자기 들어와 그곳에 있는 한국인 여성들이 성병에 걸렸는지를 조사했다. 성병 검사에 불응해 도망가는 여자들을 잡기 위해 출입문에서는 한국 경찰들이 지키고 있었다. 무조건 잡아 성병 여부를 검사했다. 검사해서 성병이 확인되면 모두 주안에 있는 수용소로 보내졌다. 미군들도 성병에 걸리면 수용소로 보냈다"

성병 진료소 '몽키 하우스'

성병 진료소는 일명 '몽키 하우스'로 불렸다. 이런 몽키 하우스는 미군이 주둔한 지역에는 모두 설치됐다. 몽키 하우스의 어원을 확실히 알 수는 없지만 이곳에 수용되면 성병이 완치될 때까지 외출이 금지됐다. 미군의 70%가 성병에 걸려 있었는데, 그 책임은 오로지 한국 여성에게 돌아갔다. 성병진료소에서는 처음에 페니실린을 투약했는데, 부작용이 자꾸 생기고 잦은 투약으로 내성이 생겨 약효가 떨어지자 투약 용량을 늘렸다. 페니실린 부작용으로 인해 여성들은 다리가 끊어지는 고통을 안고 살아야 했고, 자다가 또는 화장실에서, 밥 먹다가 죽었다는 증언도 있다. 기지촌 성매매 여성들에게 성병 검진증은 영업 허가증과도 같았다. 미군 기지촌 정화 운동을 연구한 캐서린 문의 『동맹속의 섹스』를 보면, 주한미군 1000명 당 성병 발생 건수는 1970년 389건, 1971년 553건, 1972년

692건으로 급격히 늘어났다. 상황이 이렇다 보니 미군기지 정문 보초의 주된 임무는 외출하는 병사들에게 콘돔을 나눠주는 일이었다. 한국과 미국의 섹스 동맹은 이후에도 계속됐다. 경제 성장을 어느 정도 이룬 80년대 중후반까지도 이른바 '담요부대'로 불렸던 팀스피리트[221] 훈련지를 따라나선 원정 성매매가 이뤄졌다. 일본군에 의해 강제 동원된 '위안부'와 큰 차이 없이 하루에 미군 수십 명을 상대했다는 증언도 있다.

성매매에 대해 두 얼굴을 가진 미군

일제는 제2차 세계대전 당시 모든 전선에 군 위안소를 설치해 운영했다. 여기엔 일본 성매매 여성들도 일부 포함됐지만, 상당수는 식민지 국가의 여성들이 동원됐다. 필리핀, 조선, 중국, 베트남 등 아시아 여성들은 전쟁의 고통을 고스란히 몸으로 이겨내야만 했다. 일제는 공창제와 '군 위안부' 제도로 대표되는 '관리주의'를 통해 성을 통제한 반면, 미군은 성매매를 불법화하고 관련자들을 처벌하는 '금지주의Prohibitionism'를 1910년대부터 지속해왔다. 이런 금지주의는 또 다른 범죄 형태인 포주와 조직범죄단을 양성했다. 미군은 제1차 세계대전에 참전하면서 전국적으로 성매매 업소를 폐쇄하는 조치를 취했다. 원인은 성병으로 인한 군의 효율성이 추락했기 때문. 하지만 제2차 세계대전 직전에 '페니실린 penicillin'이 개발되어 성병의 공포가 사라지자, 미군은 자국뿐 아니라 미군이 파견된 국가에서 성매매를 사실상 묵인했다.

제2차 세계대전 후 오키나와에 상륙한 미군은 일제의 공창제와 미군의 금지주의의 결합을 통해 새로운 성매매 문화를 형성했다. 오키나와 사람들은 과거 공창제가 그랬던 것처럼 성매매 시설을 양성화하면 미군에 의한 성적 위협이 완화될 것이라고 생각했다.[222] 미군정 역시 이를 묵인했다. 미군기지로부터 1마일 이내에 주택이나 건축물 설치를 금지하는 포고령이 완화되자 특수 음식점가가 설치됐다.[223] 한국전쟁에 참전한 미군들이 대거 오키나와에 머물면서 일본의 미군 상대 성 산업은 팽창을 거듭했다. 보건소에는 수백여 명의 성 판매 여성이 검진을 받기 위해 방문했기 때문에 다른 업무가 불가능할 정도였다고 했다. 하지만 성병이 증가하자, 미군은 성매매 업소 출입을 통제하기 시작했다. 이에 일본의 특수 음식점가 주민들은 출입금지 해제를 촉구하며 자체적인 성병 관리와 위생 상태 개선을 약속했다.[224]

특히 종전 직후 일본 정부는 점령군 미군을 위해 위안부를 모집했다.[225] 미군은 이를 통해 미국 정부의 금지주의 정책을 고수하면서도 성병 단속을 강제할 수 있게 됐다. 결국 주민들을 자발적 규율에 복종시키는 효과를 얻게 됐다. 일본 오키나와 성 산업의 쇠퇴는 1972년 오키나와의 일본 반환 전후에 시작됐다. 일본 정부는 오키나와에 일본 자위대를 파병하면서 본토 예산을 오키나와에 쏟아붓기 시작했다. 본토의 원조가 미국의 원조를 상회하기 시작해 1971년에는 다섯 배를 넘었다. 각종 개발 사업이 진행되고 일자리가 늘어나면서 성 산업에 집중된 인력은 자연스럽게 빠져나갔다. 대신 미군을 상대로 한 성 산업에는 일본 여성이 아닌 빈곤한 아시아 여성들이 유입됐다. 영어에 능통한 필리핀 여성을 비롯해 제3세계 여성들이 일본 성매매 여성의 자리를 대신 메웠다.

한국에서도 주한미군이 성병에 걸리는 것이 골칫거리였다. 그래서 미군은 외박을 나가는 병사들에게 콘돔을 무료로 나눠주기도 했다. 조우성 인천일보 주필은 "동인천 양키시장 인근으로 등하교를 했는데, 그때 어른들이 '풍선'을 팔았다. 어린 우리들은 그것이 '풍선'인 줄 알고 사서 가지고 놀았다. 그것이 콘돔이라는 것을 나중에야 알았다. 콘돔은 그 시절 흔하게 구할 수 있었다"고 회상했다. 연령 60대 전후의 부평 토박이들도 비슷한 이야기를 했다.

전 세계 곳곳에 군대를 파견하는 미국은 군인들의 성병 또는 에이즈

감염 등이 지금도 큰 문제다. 미국은 이라크 전쟁 때인 1991년 사우디 아라비아에 미군 54만 명을 주둔시켰는데, 콘돔 77만 5천 개를 보급했다.

5

한국 최초의 기지촌,
부평의 명암

남들은 어릴 때 뛰어 놀던 곳이 뒷동산 금잔디인지 몰라도

나 어릴 적 뛰어 놀던 곳은 누가 뭐래도 에스캄이다.

남들은 어릴 때 가장 큰 명절이 추석인지 설인지 몰라도

나 어릴 때 가장 큰 명절은 누가 뭐래도 미군의 날[226]이다.

아 잊을 수 없는 미군의 날

해마다 가슴 설레며 손꼽아 기다리던 미군의 날

에스캄에 마음 놓고 들어갈 수 있었던 미군의 날

헬리콥터도 태워주고

구내 기차도 태워주고

미제 사탕도 주고 미제 쪼꼬렛도 주고

슬쩍 사무실에 들어가 미제 휴지도 훔치고 미제 연필도 훔치고

매일 미군의 날만 계속 된다면 얼마나 좋을까?

남들은 어릴 때 무엇 먹고 그렇게 키가 컸는지 몰라도

나 어릴 적 꿀꿀이 죽 먹고 키가 이렇게 컸다. 영양가도 좋고, 키도 쑥
쑥 자라게 한다는

아 꿀꿀이 죽

운 없으면 미제 담배꽁초에 미제 가래침도 나왔지만

재수 좋으면 이빨자국 남아 있는 아주 큰 미제 햄과

커다란 미제 고기 덩어리도 들어 있는

에스캄에서 나오는 미제 뜨물통을 먹고

나 이렇게 키가 컸다.

(…)

나 이제 사십이 다 되어 가는 어른이 돼서

아파트 베란다에 나가 담배를 피우며

옛 생각 하면서

나 어릴 때 놀던 에스캄을 바라다보며 서 있다.

나 태어나기 전부터 거기에 있었던 에스캄

나 어린 시절 추억이 담겨 있는 곳 에스캄

왜 나이 사십이 다 되어 가는 지금까지

그 넓은 땅을 차지하고 있는지

원래 에스캄은 그들의 땅인지

의문도 없이

고향을 바라보듯이

추억에 젖어

담배를 피우며

나 에스캄을

바라다보고

서 있다.

— 신현수, 「에스캄」 전문

이 시는 부평 출신 시인 신현수의 세 번째 시집(『이미혜』)[227]에 실린 「에스캄」이라는 시이다. 신현수의 동료 박영근[228] 시인은 "에스캄'이라는 미군기지를 바라보면서, 화자는 그곳에서 보냈던 유년시절을 매우 행복한 것으로 추억했다. 시의 화자가 성인이 되어서도 에스캄을 바라볼 때도 사정은 변하지 않았다. 고향을 바라보듯이/추억에 젖어/담배를 피우며/바라보고 있는 것이다. 시가 드러내고 있는 시선과 그것이 보여주는 내용이 그러함에도 불구하고. 이 시를 읽는 사람들은 서서히 차오르는 슬픔에 젖게 된다"고 평가했다.

"인천경찰서는 치안국이 내린 어린이인권보호령에 따라 부평리 284 판자촌에서 문아무개와 이아무개 등 5명을 아동복리법 위반 혐의로 입건해 구속영장을 신청했다" 문 씨의 혐의는 장녀와 장남을 부평기지촌 내 관광 홀(클럽) 등에 보내 구걸 행위를 시켜온 것이다. 이 씨의 혐의는 장녀에게 기지촌 위안부와 미군들을 상대로 껌팔이를 시킨 것이다.[229] 전형적인 기지촌 풍경이다.

미8군 사령부가 1955년 7월 26일 일본 오키나와에서 서울 용산 미군기지로 이전했다. 이에 따라 미8군에 소속된 군인과 군무원들도 대거 이주했다. 미8군 사령부가 위치한 용산 미군기지는 주한미군기지들 중에서 가장 중요한 기지 역할을 했다. 더욱이 애스컴에 있던 121후송병원과 동두천, 연천 등 경기도 일대 주한미군이 1970년대 용산으로 이전하면서, 상당수 병원 인력과 기지촌 상인 1만여 명이 이태원으로 이주했다. 베트남 전쟁을 전후로 애스컴이 축소되기 전까지 애스컴은 용산기지 다음으로 규모 면에서 컸다.

미군 물품이 넘쳐났던 부평

기지촌으로 성장하기 시작한 부평은 항구를 끼고 있는 인천의 다른 도시와 다른 성장 과정을 거쳤다. 인천은 부산과 여러 유사점을 가진 도시다. 외세에 의해 강제로 항구가 개방되고, 다른 어느 곳보다 외국 문물을 빠르게 흡수했다. 해방과 한국전쟁 이후 부산과 인천에는 미군의 보급을 담당하는 부대들이 들어섰다. 부산은 '하야리아 부대'를 비롯해 해운대 탄약부대, 수송부대 등이 들어섰고, 인천에는 애스컴을 비롯한 미군기지들이 들어섰다. 한국전쟁으로 인한 경제적 폐허는 힘없는 약자인 여성을 성매매 노예로 내몰았다. 특히 한국전쟁에서 남편을 잃은 부녀자들이 살기 위해 미군기지 주변으로 몰려들기도 했다. 포주라는 이름의 가옥주가 생겨났으며, 홀이나 클럽으로 불리는 술집, 미군과 기지촌 성매매 여성을 상대하는 각종 상점도 우후죽순처럼 생겨났다.

또한 미국 대중문화의 주요 수입 통로가 되기도 했다. 1960년대 후반부터 미군의 PX에서 흘러나온 각종 전자제품은 보릿고개를 넘긴 한국의 중산층에게 호응을 얻었다. 물자가 부족하고 외환 사정도 어려웠던 시기 주한미군 PX에서 흘러나온 미제 물품과 달러는 기지촌의 확산을 부채질했다. PX에서 나온 물품들은 주로 기지 주변에 사는 성매매 여성을 통해 유통됐다. 양공주라 불리는 이 여성들에게 미군이 화대 대신 PX에서 나온 담배, 술, 커피, 통조림, 전자제품, 화장품 등을 건넸고, 이는 기지촌 상인들을 거쳐 국내에서 두 배, 세 배 가격으로 유통됐다. 기지촌 상인들의 상당수는 성매매 여성들에게 방을 월세로 임대하기도 했다. 이들은 미군을 상대로 성을 판매하는 여성에게 돈 대신 PX에서 나온 물건을 받기도 했다.

이렇게 유통된 미군 물품은 주로 서울의 남대문 지하상가, 부산 국제시장, 대구 교동시장, 대전 양키시장 등지에서 유통됐다. 인천에선 동인천 양키시장과 부평시장에서 유통됐다. 동인천 양키시장에서 50여 년 동안 옷가게와 이불가게 등을 운영해온 신 아무개(70세) 할머니[230]는 "나는 미제 물건을 취급하지 않았지만, 당시 양키시장으로 불린 중앙시장은 장사가 엄청 잘 됐다. 아직도 미제 물건을 판매하는 분들이 있다"면서, "남대문 시장에서 당시 50만 원어치 물건 가져오면 반나절 만에 다 나갈 정도였다. 연평도, 백령도 등에서 물건 가지러 새벽에 오는 분들이 많아 새벽 4시에 문을 열었고, 노점상은 새벽 1시까지 장사했다"고 회상했다. 황해도에서 내려와 60여 년 동안 중앙시장에서 양복점을 운영해 온 할아버지는 "예전에는 미군기지에서 나오는 물건 판 분들이 꽤 많았다. 그때는 부평뿐 아니라 항구를 중심으로 한 미군기지가 꽤 있었다"고 말했다.

미군기지에서 근무하는 한국인 노무자나 미군 군속 등에 의해 PX 물품이 유통되기도 했다. 암거래업자와 암달러상, 깡패들이 판을 치던 60년대는 부평 신촌을 비롯한 기지촌 경제의 황금기였다. 애스컴이 소재한 부평을 비롯해 미8군이 있는 용산, 동두천, 대구, 군산, 부산 초량 등 전국 62개 기지촌에서 미군을 상대하는 성매매 여성은 대략 2만 명을 넘어섰다. 1960~70년대까지만 해도 PX 물품을 절취하는 경우는 흔하게 일어났다.[231] 국내 조직폭력배나 밀수단이 개입하기도 했으며, 미군이 조직적으로 물품을 도깨비시장 등에 내놓다가 적발되기도 했다. 요즘도 미군기지 주변에서는 미군들이 즐기는 술, 과자, 각종 햄 종류 등만을 취급하는 가게들이 성업 중이다. 부평 신촌에서 오랫동안 미국 물품을 취급해온 한 상인은 "애스컴이 있을 때까지는 좋았다. 예전에는 모두 미군기지에서 나오는 물건들만 취급했지만, 지금은 미국에서 수입한 물품을 주로 취급한다"며 "지금도 미제 물건을 선호하는 분들이 물건을 찾는다"고 귀띔했다.

1970년대 중반까지 부평 신촌에는 미군 GI에게 이자 놀이하는 론머니Loan Money : 대부업, 파운숍Pawnshop : 전당포, 미군 전용 양복점이 유행했다. 1947년 부평에서 태어난 장성훈(66세) 씨는 부평에서 목재업, 연탄공장, 건축회사 등을 운영하던 선친의 사업을 물려받아 문화주택을 짓는 건축업을 하다가 가구공장, 전자대리점 등을 운영했다. 그는 "남대문 도깨비시장 물건도 다 여기서 건너간 것들이었다. 그쪽 상권의 원천도 부평이다. 여기서 물건을 빼내서 도깨비시장이 생긴 것이다"라고 말했다.[232]

한 살 때 부평 신촌으로 이사와 현재까지 신촌에 사는 김영식(62세) 씨는 애스컴이 있던 때를 "(한국인 노무자) 몇 천 명이 미군기지에서 근무했고, 기지 주변에는 양공주들이 있었다. 양공주들에게 방을 세주는 주인, 미군과 양공주들 세탁해주고 돈 버는 사람, 미제 물건 파는 사람, 미군과 양공주들에게 밥 해주는 사람들로 넘쳐났다. 양복점과 사진관도 꽤 잘 됐다. 펨프보이(고아들을 칭함)들은 미군들을 상대로 대마초도 팔고 여자들을 소개시켜 주면서 생계를 이어갔다"고 회상했다.

양공주만 수천 명 있던 부평

김 씨는 신촌에만 양공주가 200여 명 있었으며, 삼릉과 십정동, 다다구미[233] 등에 거주하는 양공주까지 합치면 대략 400~500여 명이었다고 했다. 역시 부평3동 주민인 김 아무개(60세) 씨도 "당시 부모님이 양공주 아홉 명에게 세를 주었다"고 기억했다. 김 씨는 "애스컴에서 1년 정도 일을 했다. 기름을 취급하는 일을 해서 날마다 미군과 함께 샤워하곤 했는데, 당시 미군들이 샤워하고 버리는 비누, 면도기 등을 밖으로 가지고 나와 팔아 용돈으로 쓰기도 했다"고 말했다. 당시 신촌에 살았던 사람들은 "미군을 상대로 성매매를 했던 양공주들은 경상도, 충청도, 전라도에서 올라온 여성들이 많았다"고 기억하고 있었다. 두 사람은 "대부분은 자발적으로 온 경우가 많았던 것으로 기억한다. 가족 생계 때문에 그 직업을 택한 경우가 많았다. 좋은 경우는 미군과 결혼해서 온 집안 식구들이 미국으로 이민 가는 경우도 있었지만, 그렇지 않은 경우는 미군에게 맞거나, 언제나 빚에 허덕였다. 심지어 미국까지 가서 남편의 폭행 등을 참지 못해 귀국하는 경우도 있었다"고 말했다. 이렇듯 좋은 추억만 간직하고 있는 것은 아니었다.

"당시 피임 방법이 흔하지 않아 양공주들이 아이를 낳는 경우가 종종 있었다. 신촌 인근 논두렁, 밭두렁에 아이를 버려 죽이는 경우도 꽤 있었다. 설사 아이를 낳아도 키우지 못하고 인근 달톤 고아원 등에 버리는 경우가 많았다. 일부 혼혈아들은 같이 학교에 다니는 경우도 있었지만, 대부분은 학교도 다니지 못했다"

미군이 한반도에 첫발을 내딛고 미군과 한국 여성 사이에서 태어난 혼혈아는 대략 8만여 명으로 추산됐다. 이들 중 대다수는 아버지로부터 버림받고, 생활 전선에 나서야 했던 어머니의 관심도 받지 못했다. 유해 환경 속에 방치된 여성은 어머니처럼 양공주가 되는 악순환을 거듭했다. 애스컴의 상당수 기지들이 1973년에 평택(캠프험프리), 왜관, 김천(캠프캐롤) 등지로 이전하면서 부평에 있던 상당수 포주들이 동두천, 평택, 송탄과 의정부 등으로 이주했다. 부평에 양공주가 1000명을 상회했다는 증언과 자료도 있다.

신촌에서 태어나 인천시의회 시의원을 지낸 이진우 씨는 "신촌은 기지촌이라 그런지 아이들이 폭력적으로 성장했다. 송상용을 비롯한 '전국구 주먹(조직폭력배)'이 세 명이나 나올 정도였다. 어려서부터 미군, 펨프 보이, 한국인 간의 싸움을 보고 자랐다. 그렇다 보니 전과 없는 청년이 드물 정도였다. 과거 부평에만 양공주들이 1500여 명 정도 있었다. 신촌과 그 주변에 1000명 살았다"고 말했다. 애스컴 사령부 정문 앞에는 양공주 1700여 명이 살고 있었다. 해방이 되자 일제의 다다구미촌이 한국인을 상대하는 성매매 집결지로, 그리고 관동주는 미군을 상대하는 성매매 집결지로 변화됐다.[234] 이 전 시의원은 20대 때 신촌 2대 청년회장을 맡아 동네 정화 사업에 참여하기도 했다. "1960년대 신촌에 집이 100채라면 70채는 양공주들에게 방을 임대했다. 일반인에게 세를 주면 1만 원 받고, 양공주들에게는 1만 5000원 정도 받다 보니 집주인들이 양공주들을 싫어하면서도 선호했다. 우리 집도 내가 어렸을 때 몇 년간 세를 주었던 기억이 있다"고 회상했다. 이 전 시의원은 삼릉은 주로 미군 간부들이 한국인 여성들과 동거하는 지역이었고, 신촌이나 십정동 등은 일반 병사와 흑인 간부들이 동거하거나 성을 사는 지역이었다고 했다.

1968년 신촌에서 미장원을 개업해 현재까지도 신촌에서 미용실을 운영하고 있는 70대 할머니[235]는 신촌까지 왜 왔느냐는 물음에 "서울에서 하도 신촌이 양공주 때문에 장사가 잘 된다고 소문이 돌아 서울에서 개업하지 않고 신촌까지 와서 일하고 살다 보니 지금까지 여기서 살고 있다"며 "하루에 수십 명이 미용실을 찾았다. 돈은 포주가 계산했다. 그러다가 포주들이 야반도주해 돈을 못 받는 경우도 허다했다"고 당시를 회상했다. 할머니는 애스컴이 해체되어 일부 시설이 이전한 평택에서도 미용실을 운영했다. 애스컴이 해체되면서 기지촌 주변에 있던 포주, 성매매 여성들도 미군과 함께 다른 지역으로 삶의 터전을 옮겼다. 할머니는 1969년 기준으로 '고대(뜨거운 열기에 머리 모양을 다듬는 것)'를 해주고 100원 정도를 받았다고 기억했다. 할머니는 자녀 학교 진학 문제로 다시 신촌에 와서 살고 있다.

캠프마켓 바로 인근에서 50년 동안 '애스캄'이란 사진관을 운영했던 김도석(78세) 씨를 수소문 끝에 만났다. 김 씨로부터 미군기지를 중심으로 했던 오래 전 부평의 생활상을 일부분이라도 들을 수 있었다. 김 씨는 황해도 장연군 출신으로 1·4 후퇴 때 '8240부대(주한첩보연락처, 일명 켈로부대)[236]에 입대했다. 부대에서 미군들로부터 사진 찍는 기술을 배웠고, 그 인연이 김 씨를 신촌까지 이끌었다. 1959년 신촌에서 '애스캄' 사진관을 열어 지금부터 4~5년 전까지 운영했다. 그는 미군들로부터 '오일 컬러[237] 주특기를 배웠다. 이 덕분에 '애스캄' 사진관을 찾는 미군들로부터 큰 인기를 얻었다. 1960년 중반에 '8×10cm' 컬러 사진 가격은 5달러였다. 50여 년 동안 김 씨가 찍은 결혼사진과 미국 여권 사진은 헤아릴 수 없었을 정도다. '애스캄'이란 상호는 미군들도 쉽게 부르고 기억할 수 있어 정했다. 미군이 빠져나간 부평 상권을 월남전에 참전했다 돌아와 창설된 5·9공수부대가 대신 채워줬다. 일제의 군수공장과 미군 군수기지가 나간 자리를 한국 군부대가 채운 셈이다. 이때까지도 부평은 여전히 기지촌이었다.

애스컴, 1970년대까지 주민 생계 지탱

애스컴이 부평 주민에게 많은 일자리를 제공했던 사실은 주민들의 직업 분포를 통해서도 확인할 수 있다. 미군기지 내 일자리와 연관이 있는 서비스업 등에 종사하는 비율이 인천의 다른 어느 지역보다 높았다. 애스컴 주변 지역인 부평동과 산곡동 그리고 청천동 주민 가운데 서비스업이나 기타 업을 가진 이가 절반에서 4분의 3 정도에 이를 만큼 높았다.[238] 부평공단이 활성화되는 1970년대까지 애스컴은 부평지역에서 지역경제와 주민 생계를 지탱했다고 볼 수 있다. 부평은 분지라 농지가 많았음에도 농사에 종사하는 인구는 20%로 인천 다른 지역과 비교하면, 농업 종사자의 비중은 낮았다. 이는 미군기지와 관련한 산업에 종사하는 사람들이 많았다는 것을 의미한다. 이로 인해서일까? 당시 부평 실업률은 인천 평균보다 낮았다. 실업자가 적었다는 것은 부평 지역이 다른 지역에 비해 경제 상황이 좋았음을 보여준다. 미군기지에서 근무했던 사람들 중 상당수는 한국전쟁 피난민과 전국에서 일자리를 찾아온 이들일 것이다. 인천시가 1958년 발간한 『시세일람(市勢一覽)』을 보면, 1957년 말 인천에는 약 5만 8000여 명의 피난민이 있었는데, 이는 당시 원주민의 약 14분의 4에 해당했다. 같은 시기 부평에도 약 3천 700여 명의 피난민이 있었다.

피난민들은 일자리를 찾기 위해 미군기지 주변으로 몰려들었다. 당시 미군기지 종사자의 처우는 일반기업 종사자나 공무원보다 좋았다. 1960년대 제조업 종사자의 월 급여액이 2만 6000환, 1961년에는 2만 8400환이었던 것에 비해 주한미군 종업원의 경우 1960년 5월 현재 중간 간부인 5급 사무직(GS) 4호봉이 월 4만 9280환, 기능직 4호봉이 3만 7840환으로 제조업 노동자의 평균 임금수준에 비해 높았다. 1969년 애스컴에 취업했던 박 아무개(66세)[239] 씨는 "내가 인천시청 공무원도 합격했지만, 미군기지를 선택했다. 급여가 두 배 정도 차이가 났다. 더욱이 주5일 제 근무로 농사일도 어느 정도 거들 수 있었다"고 말했다.

1976년에 부평 캠프마켓에 취업한 이 아무개(71세)[240] 씨도 "사회에서 여러 일을 했지만, 당시 우리 경제가 어렵다 보니 매일 같이 잔업에 특근 등을 해도 월급이 제때 나오지 않았다. 하지만 미군기지는 28일 간격으로 월급이 꼬박꼬박 나왔다. 더욱이 4시 30분에 정확히 퇴근하고 주5일제 근무로 근무여건도 매우 좋았다"고 말했다. 이광희 주한미군한국인 노동조합(이하 '주미노조') 부평지부 사무국장도 "1968년 이곳으로 일하러 왔는데, 당시 은행지점장이 3만 환정도 받았다. 나도 그 정도 받는다기에 취업했다"고 말했다. 처음부터 미군기지에서 일하는 노무자들의 임금 수준이 좋았던 것은 아니다. 최저생계비에도 미달해 노조는 당시 노동자들의 최저생계비를 확보하기 위한 투쟁에 나서기도 했다.

6

폐허에서
재건사업

휴전 후 대한민국 정부는 재건사업에 총력을 기울였다. 하지만 전후 재건을 위한 물적 토대가 빈약하기 그지없었다. 무에서 유를 창조할 수밖에 없었고, 1950년대 전 세계 재화의 40% 이상을 독자적으로 생산한 미국의 지원이 절대적일 수밖에 없었다. 부평에 주둔한 미군은 물자와 기술을 지원하며 전후 복구 사업에 참여했다.

인천 지역 사회에 대표적으로 알려진 사업은 '화랑농장' 건설 사업과 학교 재건 사업이었다. 부평 토박이들은 화랑농장의 탄생 배경을 알고 있다. 하지만 부평으로 이주한 젊은 세대 등은 화랑농장을 주말 텃밭이나 야외 음식점 밀집지역 정도로만 알고 있는 경우가 많다. 화랑농장은 한국전쟁 때 부상을 당한 상이용사들이 모여 살면서 붙여진 이름이다. 한미재단의 도움을 받아 상이용사 출신인 김국환 씨와 진상구 씨의 주도로 산곡동에 조성됐다.[241] 당시 대한민국 정부는 전쟁에서 사상당한 참전 군인에게 보상을 제대로 못 했다. 가난한 나라였던 대한민국이 전사자들에게 충분한 보상을 하기는 현실적으로 어려웠다. 상이용사에 대한 지원은 더 그랬다. 상이용사들은 설 곳을 찾지 못했다. 김국환 씨 등은 화랑농장이란 간판을 단 후 자선 사업을 시작했다. AFAK(Armed Forces Assistance to Korea. 미군대한원조)로부터 원조자재를 받아 미 제8057부대에서 건물 11채를 증축하면서 자활원으로 자리 잡아 나가기 시작했다. 이를 통해 독신 상이군인(傷痍軍人) 132명, 세대를 갖고 있는 상이군인 60명, 상이군인 가족 97명이 거주했다.[242] 이승만 정부는 관영 매체 등을 동원해 이를 대대적으로 홍보했다. 1955년 3월 5일 화랑농장 개소식에는 당시 최재유 보건사회부 장관, 이익흥 경기도지사, 맥카오 주한미군 후방지원사령관 등이 참석할 정도였다. 1955년 3월 7일자 〈

동아일보〉는 '상이군인 위한 집단농장'이란 제목으로 화랑농장 준공식을 보도했다.

"겨레의 방패로서 몸에 상처를 받은 상이군인들의 자활의 터전인 부평 화랑농장 신축 준공식이 5일 하오 현지에서 성대히 거행되었다. 이 농장 은 한미재단의 건축자재 원조와 미제8057부대의 노력과 기술 원조로서 우리나라에서는 처음 보는 규모를 갖춘 유일의 집단 농장인데 이날 식은 낙성식을 겸한 건물 기증식이었다. 최재유 보건사회부 장관, 육군참모총 장 미제8057부대 사령관을 비롯한 한미 관계자들이 다수 참석한 가운 데, 하오 일시부터 시작되었다. 행사에서 미군으로부터 건물을 한국 측 에 기증한다는 선언과 동시에 개척과 전진을 상징하는 '키(Key)' 모형을 증정"

또한, 미군은 화재로 소실된 현재의 부평동초등학교에 복구 자재를 제 공했고, 부평동초 부개 분교 건설에 원조를 제공했다. 또한 인천에 주둔 한 미군들은 전쟁으로 소실된 학교 등의 재건을 위한 물자를 지원했다. 이외에도 전쟁고아를 지원하기 위해 인천 소재 고아원, 보육원 등을 지 원했다.

애스컴 지원으로 개원한 인천성모병원

지금의 가톨릭대학교 인천성모병원은 1952년 3월 현재 병원이 위치 한 인천시 부평구 부평동 665번지 2층 목조건물 75평으로 시작했다. 당 시는 병원이 아닌 전쟁고아 등을 돌보기 위한 보육원으로 첫발을 내딛

었다. 그 뒤 김영식(베드로) 신부가 '연백성모원[243]'을 개원했다. 김 신부
는 전쟁과 가난 등으로 인해 다친 아이들을 돕기 위해 병원 설립을 결심
했다. 김 신부의 결심을 뒷받침한 곳은 애스컴이었다. 미8군 121후송병
원과 제6의료보급창으로부터 시멘트, 목재, 철근 등 다량의 원조를 받아
1954년 9월 22일 착공한 후 이듬해 초에 2층짜리 목조건물(연면적 119
평)로 증축해 완공됐다. 병원은 그다음 해에 개원해 본격적인 진료에 나
섰다. 당시 의료진은 의사 2명, 간호원 2명, 직원 5명에 불과했다. 진료
과목도 내과, 외과, 소아과 정도였고, 병상 41실과 수술실, 방사선실을 갖
춘 정도였다. 1953년 인천에는 조산원, 한의원을 포함한 병의원이 166
개소에 불과할 정도였던 것을 감안하면, 인천성모병원 개원은 인천시민
들에게 의미가 컸다.

전쟁의 폐허에서 기본적 의식주도 해결하기 힘들었던 상황에서 한
국이 독자적으로 의약품을 생산하고 공급한다는 것을 기대하기 힘들었
다. 인천성모병원은 결국 애스컴으로부터 각종 의약품을 기증받아 병원
을 운영할 수밖에 없었다. 1958년에는 미8군 제6의료보급창으로부터
링겔, 다이아진(diazine 폐렴 구균, 연쇄상 구균 따위의 세균성 질환 치
료 의약품) 등 19종에 달하는 의약품을 전달받았으며, 1961년 10월 9일
에도 121후송병원과 6의료보급창으로부터 증기소독기와 현미경 등 15
종의 의료 기구를 기증받았다. 아울러 121후송병원과 긴밀한 관계를 유
지해 임상병리검사와 병리조직검사 등을 지원받았다. 인천성모병원은
1962년 1월 환자 50명을 수용할 수 있는 입원실을 증설했고, 특히 산부
인과에는 최신식 자동분만대를 설치하는 등 능력을 보완해 그해 4월 7
일부로 가톨릭 의과대학 제4부속 병원으로 편입됐다. 자동분만대는 미

군으로부터 X-Ray와 함께 기증받아 운영됐다. 이런 성장세로 인천성모병원은 당시 미8군 지정 병원을 비롯해 공무원, 산업재해보상보험, 경찰전문학교 지정 병원 등으로 선정됐다.[244]

정진석 추기경, 인천성모병원 최초 설계

추기경(樞機卿, cardinal, cardinalis)은 로마 교황이 선임하는 최고 고문으로서, 교황청의 각 성성(聖省)과 관청의 장관 등 요직을 맡아보며 교황 선거권을 행사할 수 있다. 한국에서는 1969년에 서울대교구장 김수환 대주교, 2006년에는 정진석 대주교가 추기경에 서임됐다. 인천성모병원과 정진석(鄭鎭奭, 82세) 추기경의 인연도 각별하다. 정 추기경은 1950년 서울대학교 공과대학 화공과에 입학했으나, 한국전쟁으로 학교를 중퇴했다. 독실한 가톨릭 신자였던 정 추기경은 당시 부평에 살면서 부평2동 성당을 다녔다. 당시 김영식 신부는 정 추기경에게 "네가 공대 다녀봤으니 병원 건물을 그려보라"고 권유했다. 정 추기경은 건축 학도가 아님에도 인천성모병원 건축물 설계의 밑그림을 그렸다. 이학노 몬시놀 인천성모병원 원장은 "정 추기경님이 인천성모병원 건물의 밑그림을 그렸고, 미8군 예하 부대 공병대가 인천성모병원을 설계해 2층 병원으로 개원할 수 있었다. 지금의 의료 복합동 건물이 위치한 곳에 초창기 병원이 위치했다"고 말했다. 이어 "정 추기경님도 당시 병원의 밑그림을 그렸던 것을 기억하셨고, 병원에서 밑그림을 보관하고 있어 추기경에게 (선물을) 드렸다"고 일화를 소개했다.

주한미군은 홍수로 인해 피해를 입은 계산동 주민들을 위한 배수로 공사를 도와주기도 했다. 아래 기사는 1958년 7월 31일자 〈경인매일신문

(KYUNGIN DAILY PRESS)[245]이 보도한 내용을 미군이 내부용으로 작성한 것으로 보이는 기사다.

'계산동 홍수 방재 작업'

"지금까지 이미 보고된 계산동 강바닥을 따라 침수된 배수로 공사 작업이 이 지역 미군 카투사부대의 기획으로 실행되어 왔다. 이 공사는 '애스컴 지역 사령부' 부대장인 콜론 힐이 계획한 것으로 막바지 작업 중이다. 1958년 7월 4일 미국 독립기념일에 맞춰 콜론 힐이 호의를 베푼 것이다. 그리고 이 작업은 지금 거의 완성된 것으로 알려졌다. 이 활동 결과, 150세대 주민 3000여 명이 침수로 인해 파괴된 집과 농작물을 구할 수 있게 됐다. 콜론 힐의 약간의 영향과 도움을 준 한국 국민들의 좋은 인간 정신이 이번 배수로 정리 작업에 드러났고, 이것은 매우 칭송받고 있으며, 콜론 힐의 이름과 평판이 부평지역 거주자들의 입소문을 타고 쉼 없이 오르내리고 있다."

이처럼 미군은 당시 한국전쟁의 폐허에 놓인 한국의 재건 사업에도 많은 도움을 주었다. 당시 애스컴의 규모는 현재의 캠프마켓보다 4~5배 컸기 때문에 계산동 인근은 애스컴시티에 근접한 지역이었다. 미군이 대민봉사 차원에서 홍수 피해로 어려움에 처한 계산동 일대 150세대를 위해 배수로 공사 등을 해주었던 것으로 보인다.

전 세계를 지배하는 미군은 어떻게 운영되는가?

양차 세계대전과 냉전에서 승리한 미국은 전 세계 거의 모든 국가에 경제, 군사, 문화적 영향력을 행사할 수 있다. 엄밀하게 말해, 마음만 먹으면 직접행동까지 옮길 수 있는 물적 토대를 가지고 있었다. 냉전 종식 후 전 세계에 흩어진 미군기지들이 일부 통폐합됐지만, 여전히 미국은 세계 30여 개국 750여 개 기지에 미군 25만여 명을 주둔시키고 있다.[246] 사실상 러시아와 중국을 제외한 전 세계가 미군의 책임구역이다.

미국은 현재 전 세계를 5개 지역으로 나누고 각 지역에 통합군사령부를 두고 있다. 통합사령부에는 육·해·공군·해병대·특수부대가 소속돼 있어 독자적 전쟁 수행이 가능하다. 주한미군은 미국 하와이에 본부를 두고 있는 태평양사령부PACOM 산하에 있다. 태평양사령부는 일본과 한국뿐 아니라 인도양, 호주 등의 광범위한 지역에 미군을 파견하고 있다. 유럽사령부EUCOM는 독일 슈투트가르트에 본부를 두고 있다. 유럽과 아프리카, 중동 일부 지역에서 미국의 군사적 이익을 대변하며 미군기지를 운영하고 있다. 미 본토를 중심으로 쿠바, 아이슬란드, 포르투갈을 담당하는 북부사령부NORTHCOM는 미 본토인 콜로라도 피터슨 공군기지에 있다.

남부사령부SOUTHCOM는 콜롬비아와 온두라스에 미군을 주둔시키면서 최근 반미의 핵으로 부상하는 남미에서 미국의 이익을 대변하고 있다. 마지막으로 냉전 종식 후 석유로 인해 급부상한 중동에서 미국은 바레인, 쿠웨이트, 오만, 카타르, 사우디아라비아, 아랍에미리트 등에 미군을 주둔시키고 있다. 중동을 책임지는 사령부는 중부사령부

CENTCOM다.

미군은 함대 5개를 거느리고 있는데, 2함대와 6함대는 대서양과 지중해, 5함대는 중동의 페르시아 만, 3함대와 7함대는 태평양을 담당하고 있다. 이외에 미국은 우주·특수작전·수송·전략 등의 기능을 중심으로 4대 통합사령부를 운영하고 있다.

태평양사령부와 주한미군

태평양사령부(USPACOM, US Pacific Command)는 한반도를 포함한 아시아와 태평양, 인도양 지역을 담당한다. 태평양사령부 아래에 다시 4개 사령부를 두고 있다. 미 본토, 하와이, 일본에 걸쳐 분포하는 태평양육군USARPAC과 3함대와 7함대로 구성되어 강력한 억제력을 가진 태평양 함대PACELT, 5·7·11·13공군을 가진 태평양 공군PACAF, 그리고 해병대 사단 2개를 거느린 태평양해병대부대MARFORPAC가 있다. 주한미군이 소속된 태평양사령부는 태평양과 인도양을 거쳐 작전 지역을 가지다 보니, 지구 표면적의 50%를 망라하고 있다. 태평양사령부는 해군 42%, 해병대 25%, 육군 20%, 공군 13%로 구성되어 있다. 이에 따라 태평양 총사령관은 해군대장이 맡는다.[247]

태평양사령부가 담당하는 지역은 단순히 범위만 넓은 것이 아니다. 미국, 러시아, 중국, 인도, 남북한 등 세계 7대 군사 대국이 포진해 있다. 또한 반미 성향이 강한 세계 최대 회교 국가들이 집중되어 있다. 여기다 세계 1, 2위의 인구 대국 중국과 인도가 경제력이라는 날개를 달면서 군사 대국화도 추진 중이다. 특히 미국이 체결한 상호방위조약 7개 가운데 5개가 태평양사령부가 담당하는 국가들과 체결된 상태다. 미군은 나토 19

개 회원국 군대와 미군의 유럽사령부 병력을 합쳐 '나토연합군'을 운영하며, 한국군과 주한미군을 합쳐서 만든 '한미연합군'이라는 두 개의 연합사령부를 운영하고 있다. 주독 미군사령관은 유럽사령관과 나토군사령관을 겸하고 있다. 역시 한국에 주둔한 미군사령관은 주한미군사령관과 유엔군사령관, 한·미 연합사령관을 겸한다. 이를 통해 유사시 유럽사령부와 태평양사령부 산하 미군부대가 나토와 한미연합군에 배속될 수 있다.

애스컴 내 부평 포로수용소

적아(敵我)가 구분되어도, 되지 않아도 전장에 놓인 인간은 생존을 위해 적을 죽여야만 한다. 그럼에도 전쟁에선 포로가 발생할 수밖에 없는 법. 한국전쟁에서 발생한 포로의 규모는 남북한 합쳐 20여만 명에 달했다. 특히 미군 태평양함대의 물량이 총동원된 인천상륙작전으로 북한군 상당수가 생포됐다. 인천상륙작전 이후 미군은 인천에 포로수용소 2곳을 설치했다. 항구와 가까운 인천포로수용소[248]를 먼저 운영했고, 나중에는 애스컴 기지 안에 '부평포로수용소'를 설치해 운영했다. 휴전을 앞둔 상황에서 북한군과 중공군 등 17만 3000여 명이 거제도 포로수용소에 수용됐다. 북한에도 수만 명의 포로가 있었다. 미군과 대한민국 정부는 거제를 비롯해 서울, 대전, 등지에도 포로수용소를 설치했다. 부평포로수용소 자리는 과거 일제 조병창 부지였다. 현재 부평구 산곡3동 소재 부영공원 자리다. 부평포로수용소에는 1953년을 기준으로 포로 1500여 명이 수용됐다. 거제 포로수용소는 1개 단위구역에 6000여 명을 수용했다고 한다. 수용소 인근에는 보급창, 병원 등이 설치됐다. 부평포로수용소도 거제포로수용소와 비슷하게 운영됐을 것으로 추정된다.

제네바협약 118조는 적극적인 적대행위가 종료한 후 지체 없이 포로를 석방하고 송환토록 규정하고 있다. 하지만 이 조항에 따른 한국전쟁 포로의 '전원 송환'은 쉽게 이행되지 않았다. 1953년 8월 5일부터 9월 6일까지 북한과 중국으로 송환을 원한 포로는 각각 6만 9000명과 7만 4000명에 달했다. 이들은 수송선 25척을 이용해 인천으로 이동한 후 영등포를 거쳐 판문점에서 교환됐다.(〈표〉 참조)

수용소	위치	구성/성향	규모	1953. 6. 26.
제1수용소	거제도	북한, 남한, 민간인억류자, 중국군(송환희망)	4만 2839	4만 7015
1A	저구리	북한, 민간인억류자(송환)	1만 1688	1만 1607
1B	용초도	북한, 남한(송환)	7187	3317
1C	봉암도	민간인억류자(송환)	8819	8575
2수용소	부산(병원)	입원자	3172	2940
3수용소	모슬포(제주)	중국(송환거부)	1만 4279	1만 4260
4수용소	영천	북한, 민간인억류자(송환거부)	1022	269
4A	대구	북한(송환거부)	489	239
5수용소	상무대	북한(송환거부)	1만 636	174
6수용소	논산	북한(송환거부)	1만 1050	3043
7수용소	마산	북한(송환거부)	3857	927
8수용소	제주	중국(송환희망)	5036	5305
9수용소	부산	북한(송환거부)	3927	111
10수용소	부평(Ascom City)	북한(송환거부)	1488	879

〈표〉 수용소별 포로 상황

중공군의 참전으로 주한미군의 피해가 상상 이상으로 발생하자, 미군과 중공군은 휴전 회담에 들어갔고, 이승만 대통령은 북진통일을 강력히

수용소명	수용인원	탈출인원	사망	잔류인원			
				부상	피체	미탈출자	계
거제	3065	392	1		116	2556	2672
영천	1171	904	1		116	150	266
대구	476	232	2		180	60	242
광주	1만 610	1만 432	5	8		165	173
논산	1만 1038	8024	2	2	336	2674	3012
마산	3825	2936	3	11	144	731	886
부산	4027	3930				97	97
부평	1486	538	42	60	39	807	906
계	3만 5698	2만 7388	81	81	931	6740	8254

〈표〉 지역별 포로 상황

주장했다. 이 대통령은 휴전에 반대 의사를 공개적으로 표명하고, 아이젠하워 미국 대통령에게 친서를 보내 "휴전 전에 미국이 한미방위조약을 체결하고 한국군 지원을 약속해준다면, 휴전에 동의할 수 있다"고 제안했다. 미국이 휴전 전 한미상호방위조약의 체결을 거부하자, 이승만 정부는 '휴전 반대 단독 북진'의 노선을 다시 천명하고 유엔군 포로의 석방을 단독으로 진행해 미국을 압박했다. 이 대통령은 부평과 부산 포로수용소를 비롯한 전국 8개 포로수용소에서 포로를 석방할 것을 유엔군과 아무런 상의 없이 지시했다. 이로 인해 포로들이 수용소 탈출을 시도했고, 2만 7389명이 수용소를 나왔다. 하지만 이 과정에서 61명이 미군 경비병의 사격에 목숨을 잃었다.[251] 이중 47명이 부평 포로수용소에서 탈출하려던 포로들이다. 부평 포로수용소는 애스컴 한가운데에 위치해 있어 탈출이 어려웠다.

당시 부평 포로수용소에 있었던 권 아무개 씨는 탈출 과정에서 미군 경비병이 탈출을 저지하기 위해 휘두른 총 개머리판으로 앞틱, 허리, 옆구리 등을 구타당해 쓰러져 포로병원으로 후송되어 치료를 받기도 했다. 사단법인 '618자유상이자' 회장 박 아무개 씨는 "2004년 1월 권 씨가 한국전쟁 당시 유엔군 포로가 되어 경남 거제도 포로수용소를 거쳐 1953년 6월 18일 부평에 수용 중 탈출하다가 미군 경비병의 저지사격으로 상이를 입고 치료를 받았다"고 확인했다. 권 씨는 이를 근거로 2004년 서울지방보훈청을 상대로 보훈심사를 청구했다. 하지만 보훈청은 포로수용소에서 탈출하다 상이를 입었다고 할 만한 구체적이고 객관적인 공적자료가 없다며 권 씨의 청구를 기각했다.

이승만 정부는 반공포로 석방을 단행했지만, 이들에게 어떠한 지원도

하지 않았다. 남한 국민들 역시 북이나 중국에서 온 이들에게 차가운 반응을 보였다. 탈출한 포로 중에서는 수용소로 다시 돌아갈 수 있다면 돌아가겠다는 의사를 나타내기도 했다.[252] 미국은 1953년 로버트슨 국무차관보를 대통령특사 자격으로 한국에 파견해 장장 17일간에 걸친 협의를 진행해 공동성명을 발표했다. 휴전 후 한미 양국은 1953년 8월 8일 당시 변영태 외무장관과 델레스 미 국무장관이 '한미상호방위조약'의 초안을 가조인했다.

한편, 부평에는 미군교도소도 운영됐다. 미군교도소는 미군이 한반도에 주둔하고 바로 설치한 것으로 보인다. 1946년 3월 16일자 〈동아일보〉는 "조선 경찰이 2000명을 동원에 부평 미군형무소에서 탈옥한 종신 징역수 레네레오나드와 메이나모바트, 주란늘만 3명을 검거했다"고 보도했다. 교도소는 애스컴 해체 때까지 있었다. 당시 언론을 보면 한국에서 각종 사건 사고를 일으킨 미8군 소속 미군들을 애스컴 형무소에 수감시켰다. 미군교도소 자리는 현재 산곡동 한국군 군부대와 그 주변이다. 애스컴 해체 이후 평택으로 이전했다.[253]

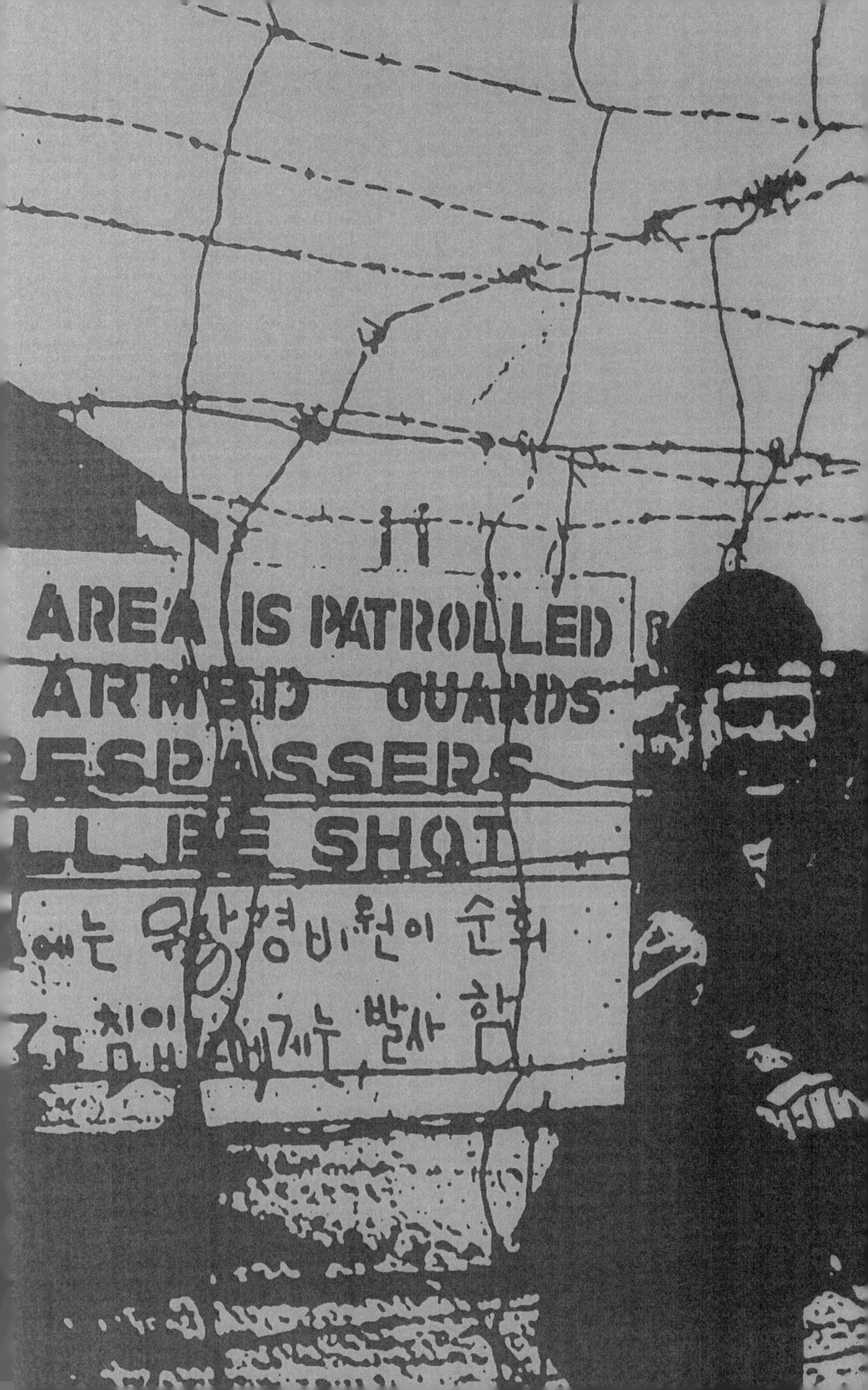
AREA IS PATROLLED
ARMED GUARDS
SHOT

7

한국 대중음악의 산실 애스컴

미8군은 미국 문화 대중화의 집산지였다. 미군부대마다 안팎에 미군이 여가를 보내는 클럽이 있었다. 이곳에서 한국 뮤지션들은 생계를 이었다. 또한 한국 뮤지션들은 생소한 맘보, 차차차, 블루스, 모던 재즈, 컨트리, 소울 등의 음악을 자연스럽게 접할 수 있었다. 미8군이 한국 대중음악의 시작이라는 평가는 이래서 나왔다. 한국전쟁 이후 미8군 무대에 선 뮤지션들이 한국 음악에 미친 영향은 실로 대단했다. 트로트 일색이던 한국 대중음악에 서구의 음악을 소개하거나 접목하면서 다양한 음악을 선보였으며, 이들은 1980년대까지 한국 가요계를 이끌었다.

미8군과 함께 미국 문화를 국내에 소개한 매체는 AFKN(American Forces Korea Network) 방송이다. 미국은 제2차 세계대전을 거치면서 군인을 위안하고 전투 의욕을 고양할 목적으로 전파매체를 활용했다. 이 전파매체는 심리전의 주요 수단으로 활용됐다. 한국에 주둔한 미24군단은 서울, 광주, 부산에 군 AM라디오 방송국을 개설했다.[254] 미군은 한국전쟁 중 AFKN 라디오 방송을 송출했고, 1957년에는 TV방송도 했다. AFKN은 군인을 위한 방송임에도 한국 대중문화에 큰 영향을 미쳤다. 특히 미8군 무대에 선 뮤지션과 특별히 소비할 문화가 전무했던 20~30대 젊은 층은 AFKN의 〈American Top40〉과 같은 프로그램을 애청했다. 음악감상실 디제이들도 AFKN 방송을 즐겨 청취하며 미국 음악을 국내에 알렸다.[255] AFKN은 한국에 컬러 TV가 보급된 이후에도 국내 채널 2번과 12번을 사용하면서 1990년대까지 한국 문화에 직간접적 영향을 미쳤다.

한국 대중음악의 출발지 미8군 무대

한국 대중음악에서 미8군 쇼는 중요한 위치를 차지했다. 미8군 쇼단 밴드(악단)는 세 가지 범주였다. 첫째는 오디션을 통과해 노래 공연 뿐 아니라 각종 쇼를 전국 기지를 순회하면서 선보인 '플로어밴드Floor bands'다. 둘째는 '하우스밴드House bands)로, 미8군 기지 내 특정 클럽에서 장기 계약을 하고 연주와 노래 등을 선보이는 밴드다. 마지막 '오픈밴드Open bands'는 미군부대 내 정규 클럽이 아니라, 기지 주변 민간인이 운영하는 클럽에서 연주하며 생계를 잇는 뮤지션들을 일컬었다. 오픈밴드에서 활동하는 뮤지션들은 플로어밴드나 하우스밴드가 사정상 연주를 하지 못할 경우 그들의 빈자리를 채웠다. 그러다가 실력을 인정받아 플로어나 하우스밴드로 진출하는 경우도 종종 있었다. 1960년대 활동하던 가수 절반 이상이 미8군 무대 출신일 정도였다. 미8군 쇼는 대중음악 가수가 되는 관문이 됐다. 미8군 클럽이라고 하면, 미군이 주둔하고 있는 기지 내와 주변에 미군들의 위안을 목적으로 세워진 클럽을 의미한다. 휴전 직후 서울 근교를 중심으로 형성된 클럽은 264개에 달했다고 한다.[256] 1950~80년대까지 미8군 무대는 국내 최고였다. 이 시기에 미8군 무대에서 음악을 했던 사람들은 당대를 풍미했다. 미8군 무대에 서기 위해서는 용산에 있는 주한미공보원USIS[257]에서 분기별로 오디션을 보고 실력을 인정받아야만 했다. 오디션을 통해 더블A, 싱글A, B, Drop 등으로 등급을 부여받은 이들은 그에 맞는 보수를 지급받았다.[258] 음률 조화, 영어발음 정확도, 쇼맨십, 감정 표현 등이 심사 기준이었다.

이들은 한때 대한민국의 외화벌이 수단이었다.[259] 미8군 무대에 서는 연예인의 수입은 1950년대부터 1960년대까지 연간 120만 달러였다. 미8군을 통해 가수 생활을 시작한 최희준은 오디션을 거쳐 A클래스로 활동했다. 당시 그가 받은 보수가 월 20만 환이었는데, 이는 은행원 월급의 4배 수준이었다.[260] 전설적 뮤지션 신중현은 1957년부터 미8군 무대에 섰는데, 인기 정상을 달리던 1962년 받은 보수는 화폐개혁 이후 월 2만 4000원이었다. 이 보수는 당시 도시근로자의 월 평균 수입 5,990원의 4배 수준이었다. 먹고 살기 위해서만이 아니라 자신이 좋아하는 음악을 위해 몰려든 뮤지션이 모두 고액을 받은 것은 아니었다. 또한 뮤지션들이 대거 몰려 경쟁은 치열했다. 최신 노래를 입수해 끊임없이 연습해 실력과 흥행성을 배가하는 길이 유일했다. 외국 악보가 거의 없던 시절이었기에 AFKN 방송을 듣고 악보를 자신이 직접 만들어 연습하기도 했다.[261] 돈 없던 시절이라 채보(採譜) 작업은 기본인 셈이었다.

전국 미군기지에 흩어진 각 클럽에는 전속 가수와 밴드가 4~5개 정도 있었다. 이들을 전문적으로 관리하는, 요즘으로 치면 엔터테인먼트 Entertainment의 쇼 단체들이 있었다. 제일 먼저 미8군 허가를 취득한 회사는 화양(한국흥행주식회사)이다. 유니버설, 아주, 삼진, 동영, 대영 등이 뒤를 이었다. 미군은 1968년 연예군납회사 10개 사를 허가하고, 쇼 단체 28개의 등록을 허용했다. 미8군 무대에서 음악을 했던 인물 중 신중현은 화양 소속으로 가장 유명한 기타리스트였다. 신 씨 이름이 미군 클럽에서 알려진 후 그는 미 정보부 소속 '시빌리언클럽[262]에서 1960년 첫 대규모 기타 독주 무대를 개최했다. 록음악이 국내에 제대로 소개도 안 됐을 때 신 씨는 미8군에서 록 기타를 선보여 미군들의 기립박수를 받았다. 윤복희, 패티김, 최희준, 김상희, 정훈희, 정미조, 박상규, '세시

봉'으로 잘 알려진 조영남, 송창식, 윤형주, 그리고 조용필, 구창모 등 당대 가요계를 풍미했던 이들은 미8군 클럽 출신 뮤지션이다. 이런 뮤지션들은 1960년대 산업 근대화 이후 국내에서도 생기기 시작한 음악감상실, 살롱 등에서 활동하기 시작했다. 미군에게 유명한 신중현은 미도파살롱, 은성살롱 등에서도 활동했으며, 지방에 있는 미군기지에서 근무하던 미군들이 서울까지 올라와 신중현의 기타 연주를 듣기도 했다. 신 씨는 AKFN이나 미8군에서 특집으로 다뤄질 정도였다. 〈돌아와요 부산항에〉〈창밖의 여자〉 등으로 국민가수 반열에 오른 조용필도 미8군 무대에서 가수 생활을 시작했다. 조용필은 문산 근처 기지촌의 무명 밴드에서 음악을 시작해 1969년 '파이브핑거스'에 스카우트되어 미8군 무대에 섰다.

1970년대는 한국 청년문화의 시초로 평가받는다. 경제 성장을 계기로 억눌렸던 젊은 세대의 욕구가 민주화 운동과 노래 등으로 표출되기 시작했다. 그 노래를 만들고 부른 뮤지션들의 상당수는 미8군에서 음악을 본격화했다. 결국 미8군 출신 음악인들은 1980년대까지 주축이 되어 가요계를 이끌어갔다. 외국 군인들의 영향을 받아 '절름발이'라는 빈정거림도 있었다. 하지만 가난한 대한민국 젊은이들에게 미국 방송과 음악은 유일하게 세계와 통하는 창이었다. AFKN 청취는 당시 엘리트의 징표였다. 1970년대 AFKN의 '소울트레인'은 첨단 대중문화의 쇼윈도 같은 프로그램으로 그 세대 뮤지션들이 꼭 알아야 할 음악과 춤의 표본처럼 여겨졌다.

애스컴시티에 클럽만 수십 개

미8군 클럽을 찾는 소비자는 미군 또는 미군의 군속들이었다. 대한민국에 있지만, 소비자는 철저히 외국인이었다. 클럽은 미군에게 타국에 나와 자기 고향의 노래를 듣고, 이성을 만나 위안을 찾을 수 있는 유일한 공간이었다. 미8군 클럽은 미국 사회의 이데올로기가 그대로 반영되는 또 다른 특수한 공간이었다. 애스컴이 위용을 자랑하던 1960년대 부평에만 클럽이 23개 있었다고 한다. 미국 본토에 여전히 남아 있던 인종차별 문제는 한국에서도 그대로 투영됐다. 인종차별은 백인이 찾는 클럽과 흑인이 찾는 클럽으로 나뉘었다. 클럽 23개 중 백인이 즐길 수 있는 클럽은 18개였다. 반면, 흑인만 이용하던 클럽은 5개에 불과했다.

또한 클럽은 계급사회인 군대의 특성도 그대로 흡수해 우선 계급에 따라 사병들이 가는 EM클럽, 하사관들이 가는 NCO클럽, 장교들이 찾는 오피서스클럽 등으로 구분됐다. 1960년대 미8군 클럽에서 록음악 밴드 '김치스'를 결성해 활동했던 심현섭 씨에 따르면, 백인 병사들이 자주 찾는 클럽은 주로 비틀스The Beatles나 비치 보이스The Beach Boys 같은 록 음악, 나이가 든 백인 하사관들이 모이는 클럽에서는 주로 컨트리 음악Country Music 등이 연주됐다. 흑인들이 모이는 사병클럽이나 하사관클럽은 제임스 브라운James Brown 같은 소울Soul 음악, 장교 클럽은 인종에 관계없이 음악도 분위기 있는 음악이 주로 연주되는 특색이 있었다.[263]

애스컴시티로 불린 부평에는 당시 NCO, 로터리, 레오, 시사이, 이즈·

인천시 부평구 신촌의 한 골목길

서비스, 유니버설, 드림보, 화이트 로즈, 인터내셔널, 초원 클럽 등이 있었다.[264] 〈돌아가는 삼각지〉(1967년, 아시아레코드)로 유명한 배호[265]는 17세 때부터 미8군 와인클럽에서 드럼연주를 시작했다. 배호는 애스컴 클럽에서 2년간 악단 생활을 하면서 본격적인 음악인의 삶을 걸었다. 〈노란 샤쓰의 사나이〉(1961년, 비너스레코드사)로 유명한 한명숙 씨도 애스컴 클럽에서 노래했다. 한명숙의 〈노란 샤쓰의 사나이〉는 국내뿐 아니라 동남아까지 히트를 쳤다. 특유의 허스키 보이스 매력 덕분에 음반을 세 차례나 재발매했다. 가수 최희준의 회고에 따르면, 한 씨는 1959년 부평의 미군 클럽에서 이색적인 목소리로 노래했고, 새로운 음악을 열망하던 손석우에게 연결돼 〈노란 샤쓰의 사나이〉란 노래를 부르게 됐다.

1961년 12월 21일 미국의 유명한 희극배우 다니케이가 미8군 군인을 위문하기 위해 한국을 방문했다. 그는 크리스마스를 앞두고 애스컴의 이지·서비스 클럽에서 위문공연을 했다. 23개 클럽 중 가장 규모가 크고 장사가 잘됐던 곳은 드림보 클럽이었다. 드림보 클럽은 현 부일식당(부평3동 274-55) 자리에 있었다. 당시 드림보 클럽은 여름에 냉장한 찬물을 제공하고, 재생 음반도 절대 쓰지 않을 정도로 미군들이 몰렸다. 미8군 클럽 무대에 서는 뮤지션들이 삼릉에 모이면서 인천 출신 뮤지션도 많이 배출됐다. 1970년대 데블스Devils라는 그룹사운드를 이끈 김명길[266] 씨가 유명하다. 50대 이전 세대에게는 익숙하지 않은 이름이다. 하지만 1970년대 자유분방한 젊음을 소재로 했던 영화 〈고고70〉으로 주목을 받은 밴드 '데블스(Devils)'를 실제 이끈 인물이다. 김 씨는 한국 가요계 최초로 흑인 음악인 소울을 파고들었다. 동산중학교 밴드부에서 트럼펫을 불며 음악을 시작해 1950년대 미8군 무대의 빅 밴드에서부터 한국 최초의 그룹으로 평가받는 애드포 등에서 신중현과 함께 음악 활동을 한 김대환도 유명하다. 김대환은 조용필, 최이철과 함께 '김 트리오'에서 활동하면서 한국 그룹사운드 형성에 공을 남긴 인물이다. 밴드 '서울패밀리'의 리더 겸 기타리스트 김재덕도 부평을 대표하는 음악인이었다.

'에인젤스'라는 그룹을 이끈 뮤지션 연석원도 유명하다. '가왕' 조용필이 꼽은 한국 최고의 기타리스트인 김홍탁도 인천 출신으로 부평 미군 클럽에서 하우스 밴드로 연주하면서 본격적으로 음악을 시작해 '키보이스'를 결성했다. 이후 '히하이브' '히식스' 등의 활동을 하면서 한국 그룹사운드 역사에 큰 흐름을 만든 것으로 평가받는다. 인천 출신의 구창모도 미군 클럽의 영향을 받은 인물이다.[267] 20대 나이에 미8군 무대에 16인조 악단 '트로바티스'를 이끌며 연주했던 차영수(파이오니아 리더, 70세)는 1970년대 초까지 애스컴의 한 클럽에서 연주했다. 그는 "예전에 삼릉을 JV(Japan Village)라고 불렀어요. 그곳에서 문학, 군포 미사일 기지 등을 포함해 보통 하루에 16개 악단이 출발했어요. 당시 삼릉에 있던 삼부약국 앞에는 미군 차량을 기다리는 악단들이 늘어선 모습이 장관이었죠"라고 회상했다. 차 씨는 애스컴 앞에서 화이트 로즈라는 클럽을 운영하기도 했는데, "드림보, 유니버셜, 화이트 로즈 등 악단이 연주하는 다운타운 클럽이 용산보다 많았다"고 기억을 더듬었다. 정유천 인천밴드연합 회장은 "미군 주둔으로 탄생한 미군 클럽을 통해 외국 팝 음악이 전파되는 구실을 부평이 했다. 오늘날 한류까지 이어지는 국내 대중 음악사에 뿌리와 같은 역할을 했다"며 "이런 역사적 사실을 부평이나 인천지역 사회가 놓치고 있는 것이 안타깝다"고 평가했다.

지금은 부평을 떠났지만 삼익악기, 영창악기, 콜트기타 등의 국내외적으로 유명한 악기 공장들이 부평에 몰려 있었다는 것은 우연만은 아니다. 현대 대중음악사에서 부평의 이런 역사적 배경과 가치가 간과되어서는 안 될 것이다. 하지만 자자체, 문화인 등이 이런 사실을 방치하거나 외면하고 있어 안타깝다.

60~70년대 뮤지션들의 집합소 애스컴과 삼릉

"삼릉에는 많은 뮤지션들이 하숙을 했다. 내 기억에만 미8군에 나가는 밴드가 7~8개 팀 있었다. 가끔은 하숙집에 들어와 술도 함께 마시고, 낮에는 마당에 나와 연습도 함께했다. 당시는 연습할 공간도 없었다. 애스컴을 중심으로 인천에만 50여개의 클럽이 있었다. 밴드들은 전국을 무대로 다녔다. 그래도 근거지는 삼릉이었다. 삼릉에 모여 새로운 음악이 나오면, 함께 연습하고 어울렸다"

국민가수로 불리는 조용필과 함께 '위대한 탄생' 일원으로 함께 활동했던 김청산은 미8군 뮤지션으로 활동했을 당시를 이렇게 기억했다. 김 씨는 위대한 탄생 일원으로 조용필 4집(지구레코드 발매) 음반에 참여했다. 조용필 4집은 시대성, 음악성, 영향성 등을 갖춘 한국 대중음악의 최고작으로 평가받았다. 대중 음악평론가 조원희와 강헌 등은 공통적으로 조용필 4집을 최고작으로 꼽았다. 불후의 명곡으로 평가받은 조용필 4집에서 김 씨는 키보드를 맡았다. 당시 '위대한 탄생'에는 조용필을 비롯해 이건태(드럼), 이호준(피아노), 곽경옥(기타), 유재학(매니저) 등이 함께했다. 김 씨는 인천시 부평구 부평2동인 삼릉에서 하숙을 하면서 미8군에서 음악 활동을 했다. 그는 "미군 트럭이 매일 같이 와서 삼릉에 모인 밴드를 미8군 산하 기지 클럽으로 직접 실어 날랐다. 당시 대부분의 밴드는 애스컴을 거쳤다고 보아야 한다"고 회상했다. 또한 "당시 부평에는 화려한 사교 클럽이 많았다"며 "애스컴 근처에는 실력 있는 뮤지션이 많았던 것으로 기억한다. 바닷물이 짜서 잘했는지 모르겠다.(웃음) 부산이 일본 문화를 빨리 받아들였듯이, 미군이 최초로 부평에 주둔하다 보니 미국 음악을 빨리 받아들인 것 같다"고 증언했다. 김 씨는 애스컴을 비롯한 미군부대를 통해 한국 대중음악이 크게 변했다며 1960년대 뮤지션들은 어려운 환경에서 음악 활동을 했다고 들려줬다.

"미군들로 구성된 GI밴드[268] 실력은 꽤 좋았다. GI들과 교류하면서 미국의 새로운 음악을 접하기도 했다. 돈과 물가가 풍부하지 않던 시절이라 AFKN 방송을 들으면서 악보를 만들어 연습하거나 미8군 매니저를 통해 겨우 악보를 구해 연습했다. 주말에 가끔 클럽에서 미국 영화, 공연 영상 등을 보여 주면 뮤지션들은 집에도 가지 않고 그 모든 것을 보면서 미국 문화와 음악을 배웠다"

김 씨는 김희갑 악단에서 드럼을 치던 김성환을 뮤지션으로 입문시킨 일화도 털어놓았다.

"성환이가 고등학생인데도 드럼을 잘 쳐서 내가 미8군에 입문시켰다. 애스컴 클럽에서 밤새 연주시키고 첫차로 등교를 시키기도 했다"

마지막으로 "미8군이 한국 음악에 많은 영향을 준 것은 당연하다"고 한 뒤 "요즘 한류가 뜨는데, 한류를 하려면 순수하게 한국 뮤지션들로 해야 한다. 미국 시장에 진출하기 위해 작곡이나 편집을 외국 뮤지션에 맡기고 그것을 한류처럼 포장해서는 안 된다"고 뼈 있는 지적을 했다.

8

인천 주미노조

한국전쟁에 주한미군을 중심으로 한 유엔군이 참전하자, 이들의 작전 업무를 지원할 노동력이 필요했다. 전투 지역에선 주민들이 대부분 피난했기 때문에 노동력을 조달할 수 없었다. 결국 피난민이 집결한 부산과 대전 등지에서 노동력을 모집했다. 임시 수도 부산에선 길거리에서 건장한 장년을 마구잡이로 데려가는 바람에 이른바 '징용(徵用)'이라는 말도 나왔다.[269] 이렇게 징용된 사람들을 '한국노무단Korean Service Corps'이라 불렀는데, 동원된 정확한 숫자는 파악되지 않으나 최고 15만 명에 달했다고 했다. 이들은 유엔군의 탄약을 비롯한 보급품의 수송, 도로 건설과 보수, 전사자 수송과 매장 등에 종사했다. 이들에게 주어진 장비는 지게 정도라, 이들은 지게부대라고 불리기도 했다.

휴전 이후 거리에서 징용은 자취를 감추었으나, 이들은 '101노무단'에 편성되어 유엔군의 작전업무를 계속 지원했다. 이들에 대한 처우는 겨우 생존할 수 있는 수준이었다. 외국 쌀과 콩나물국을 먹고 퀸세트Quonset라는 곳에 집단 수용됐다. 최전선에 배치된 일부 노무자는 참호에 짚을 깔고 담요 한 장으로 밤을 지냈다. 음식도, 전투 중 미군들과 함께 'C-레이션'을 먹는 경우를 제외하고는 자체 급식했다. 양이 적은 데다 영양가까지 충분하지 않아 어느 소대는 노무자 절반 이상이 영양실조에 걸리기도 했다. 근무 중 병사하거나 공상(公傷)으로 불구자가 되어도 한 푼의 보상도 없었다. 단지 귀향여비만 주어질 뿐이었다. 전쟁이 끝나서도 이승만 정부는 이들에게 어떠한 관심을 보이지 않았다. 문제가 심각해지자 1955년 3월 8일 제34회 국회는 한국노무단의 실정을 파헤치고, 이들의 신분을 민간인 신분으로 변경했다.[270]

애스컴은 한국전쟁 이후부터 베트남 전쟁이 끝나는 70년대 중반까지는 용산 미군기지와 함께 주한미군의 중추적 기지 역할을 했다. 미군기지 특성상 각 기지의 기능과 상주 군인에 대한 정확 정보는 없지만, 한국인 노무자의 숫자로 기지 규모를 추정해볼 수 있다. 애스컴에 고용된 한국인 노동자가 얼마나 되는지 정확히 파악하기는 어렵지만, 1962년 6월 17일에 재건된 외기노조 부평지부 조합원이 1965년 5월 31일 기준으로 3166명(남자 2900명, 여자 266명)에 달했다. 당시 애스컴에서 근무했던 노무자 증언 등을 감안할 때 애스컴에 직간접으로 고용된 인원은 1973년까지 8000여 명에 달할 것으로 추정된다. 해방 당시 인천시 북구(현 부평구, 계양구, 서구) 인구는 4만 명에 불과했다. 그러다가 휴전 이후 전국 각처에서 일자리 등을 구하기 위해 몰려든 사람들과 미군부대 종업원, 성매매 여성들로 1962년에는 8만 명을 헤아렸다. 원투원병원을 비롯해 애스컴 기지 안에서 근무하는 한국인 노무자는 8000여 명에 달했다.[271]

주한미군 대다수가 거쳐 간 애스컴

한국전쟁 이후 1960년대 중반 사이 한때 애스컴에는 미 해군병참본부 U.S. Marine Support Command For Korea와 인천병력교체대기소 Inchon Replacement Center가 편재되기도 했다. 요즘 한국에 배치되는 주한미군은 미국 본토나 오키나와에서 오산 공군기지로 들어온다. 항공편이 발달하지 않았던 1970년대 초까지 만해도 대부분의 주한미군은 선박으로 한국에 들어왔다. 대부분의 병력은 인천항을 통해 들어오거나 나갔는데, 이 때 미군들이 임시 머물던 곳이 애스컴 보충대였다. 한국전쟁 이후 애스컴이 해체될 때까지 주한미군 대다수는 반드시 애스컴을 한 번은 거쳐 지나간 셈이다. 1971년 미7사단이 철수하면서 그 기능이 서서히 줄어들기 전까지, 애스컴이 있던 부평은 주한미군의 물자뿐만 아니라 병력 대부분이 오가던 전략기지였다.

1963년 당시 애스컴엔 육군보급창The 8th U.S. Army Depot 7개가 있었다. 군사기밀 사항에 해당해 충분한 자료가 없는 점과 미군 철수, 기지 이전 등 때문에 일률적으로 말할 수 없지만, 1970년 기준으로 애스컴에는 제20지원단The 20th Support Group, 제69운송대대The 69th Transportation Battalion, 제13군수중대The 13th Ordnance Company, 제30군수중대The 30th Ordnance Company, 제595정비중대The 595th Maintenance Company, 제199보충중대The 199th Personnel Service Company 등이 주둔했다. 애스컴의 규모는 현재 캠프마켓 부지에다가 부평1동 동아·대림·욱일아파트 단지, 산곡1동 신명스카이뷰 아파트까지였다. 또한 산곡2동 부평전화국 맞은 편 경남·한양아파트 단지와 산곡3동 백운현대아파트 지구, 청천동 소재 부평우체국과 청천지구대 자리에도 미군 교도소와 수송부대가 있었다. 1964년 다른 지역에도 애스컴과 비슷한 보급창이 설치됨에 따라 미육군 애스컴 보급창U.S. Army ASCOM Deport으로 개칭됐다고 한다.[272] 보급과 관련한 행정업무와 작전지휘는 초기에는 애스컴 지역통제소ASCOM Area Command에 의해, 이후에는 20지원단20th Support Group에 의해 이뤄졌다. 미군이 철수하면서 애스컴이 해체되고 대부분의 부지와 시설은 1973년 이후 한국 국방부로 넘겨지고, 현재 캠프마켓과 같은 모습이 됐다.

미군기지와 관련한 일로 먹고사는 사람들이 절반이 넘었다고 볼 수 있다. 애스컴이 들어선 부평은 전형적인 기지촌이었다. 한국인 노무자들은 기지 20여개에서 근무했는데, 전국외국기관노동조합(이하 '외기노조') 부평지부 조합원 수는 3166명이었다. 애스컴에서 일했지만 부평지부에 속하지 않은 노무자도 상당했을 것으로 추정된다. 1970년대를 전후해 인천 북구의 인구가 대략 15만 명이었던 것을 감안하면, 애스컴이 지역 경제에 차지하는 비중을 짐작할 수 있다. 외기노조의 후신인 주미노조 부평지부 사무국장으로 45년 동안 일한 이광희(70세)씨는 "내가 부평에 처음 왔을 때(1968년 주미노조 취업) 큰 공장이래야 백마장 쪽 한국베어링 이외에는 없었다. 미군부대에 한국 노무자가 4000여 명이 넘었을 때니 전부가 미군부대를 근거지로 해서 살았다고 해도 과언이 아니다"라고 말했다.

애스컴 소속 외기노조 이외에도 인천에는 외기노조 인천POL지부[273]와 인천지부가 1962년과 1963년 각각 결성됐다. 이곳에도 조합원이 수천 명에 달했다. 1965년 5월 31일 기준으로 인천POL지부의 조합원은 634명(남자 491명, 여자 143명)이었다. 인천지부 조합원은 1880명(남자 1838명, 여자 42명)이었다. 지부 3곳의 조합원 수가 5680명에 달해 외기노조 전체 조합원 2만 7712명(1953년 5월 31일 기준)의 20%에 달했다. 애스컴이 용산미군기지 다음으로 주한미군의 주요 거점이었음을 짐작하게 한다. 전국 외기노조가 발간한 『외기노조 20년사』를 보면, 미국의 베트남 전쟁 참전 전후로 주한미군이 감축되면서 미군기지에 종사하는 한국인 노무자들의 숫자도 차츰 줄기 시작했다. 전국 외기노조 조합원은 1969년 3만 9000명을 정점으로 한 뒤 1970년 3만 6000명, 1971

년 2만 8000명, 1972년 2만 3000명, 1974년 2만 1000명, 1978년 2만여 명으로 차츰 감소했다. 미군기지에서 근무하는 한국인 노무자들이 이렇게 감소한 배경에는 주한미군의 인원 감축에 따른 기지 통폐합이 진행됐기 때문이다. 이 기간에 애스컴도 인원 감축이 이뤄졌다. 애스컴에 속한 외기노조 부평지부 조합원도 1969년 이후 차츰 줄기 시작했다. 1970년 3653명, 1971년 3185명, 1972년 2128명, 1973년 987명, 1974년 653명, 1975년 641명, 1976년 666명, 1977년 1116명, 1978년 852명, 1979년 758명을 기록했다.

여기서 눈여겨볼 시기는 애스컴 기지가 단계적으로 축소되기 시작한 1969년부터 1974년까지다. 이 기간에 애스컴에 있던 애스컴 총사령부와 20지원사령부가 대구 왜관 등으로 이전하면서 한국인 노무자들도 다른 지역으로 이주하거나 실직했다. 이에 앞서 원투원병원도 용산 미군기지로 이전했다. 특히 1971년부터 1973년 사이에 조합원이 각각 1000여명씩 줄었다. 1977년에 조합원 수가 다시 늘어난 것은 인천지부와 부평지부가 통합했기 때문이다. 3대 대통령 선거와 4대 대통령 선거의 인천 유권자는 각각 14만 1497명과 18만 4014명에 불과했다. 5대와 6대 대선 때는 각각 21만 4180명과 25만 2040명 수준이었다. 7대 대선 당시 인천의 유권자는 32만 7031명이었다. 이중 북구 유권자는 7만 7704명에 불과했다. 애스컴을 비롯한 인천지역에 주둔한 미군이 당시 시민들의 삶에 얼마나 큰 영향을 미쳤는지를 미루어 짐작할 수 있다.

이광희 주미노조 사무국장은 "1960년대에서 1970년대 초까지만 해도 한국인 노무자들이 기지 내에 수 천 명 있었는데, 미군은 그보다도 훨씬 많았다. 미군기지에 들어가면 우글우글 할 정도였다. 한국인 노무자

숫자와 비교할 수 없을 정도로 미군이 많았다"고 당시를 회상했다. 70년대 초까지 애스컴에 근무하는 한국인 노무자는 7000~8000명이었다. 부평은 미군기지의 영향권에 있었던 전형적인 기지촌이었던 것이다. 특히 부평시장은 '미제' 물건을 찾는 사람들로 문전성시를 이뤄 '인천의 이태원'이라고 불렸다.[274] 하지만 애스컴이 1973년 6월 30일 공식 해체됨에 따라 부평미군기지의 영향력은 점차적으로 줄어들었다. 미8군 지원단의 군수와 행정 지원 업무가 중단됨에 따라 부평미군기지에는 물자 저장 시설, 미군 영창시설, 제빵 시설 등만 남게 됐다.

59년, 야간 횃불시위까지 번진 자유노조 투쟁

부산에 조직된 미군종업원노동조합 이래 처음으로 인천지역에서 미군종업원들이 인천지구자유노동조합(이하 '자유노조')을 1956년 6월 결성했다. 주된 동력은 역시 부평 애스컴 기지였다. 여기에 인천항만 등에 근무하는 조합원 등이 참여했다. 전국적으로 미군종업원노동조합이 결성되기 이전이었다. 자유노조가 조직 확대를 꾀하던 때인 1958년 미군 측이 영내 조합 활동 금지와 종업원 몸수색을 자행했다. PX에 근무하는 여종업원에게는 몸에 꽉 끼는 이른바 맘보바지[275]를 착용하게 했다.[276] 이에 자유노조는 부대 정문에서의 몸수색을 인권유린이라고 규정하고 즉각적인 시정을 요구하는 동시에 미군종업원의 인금 인상과 미군 시설 내에서 자유로운 노동조합 활동을 미군 쪽에 요구했다. 이에 대해 미군 측의 반응이 만족스럽지 못하자, 자유노조는 트럭 약 100대에 조합원을 태워 인천지구 미군 기관 주변에서 야간 횃불시위를 전개했다. 그럼에도 미군 측은 최저임금에도 못 미치는 임금을 인상하지 않았을 뿐 아니라,

미군 시설 내에서 노조 활동을 인정하지 않았다.

이에 자유노조는 기관지 〈미노 회보〉를 매달 1만부씩 발행, 배포하면서 투쟁을 이어나갔다. 자유노조의 이때 투쟁은 경인지역 주미노조를 태동시키는 데 크게 공헌했다.[277] 하지만 자유노조는 집행부 내부 문제로 인해 결국 역사의 뒤안길로 사라지고, 애스컴에 근무하는 조합원들은 1959년 2월 '애스컴 지구 미군종업원노조'를 결성했다. 이보다 앞선 1957년 9월 인천 소재 미군 정유저유소 종업원들이 인천POL노조를 발족했다.

그 후 전국에 흩어져 있던 미군기지별로 존재하던 노동조합은 1959년 11월 8일 단일한 노조로 출범했다. 당시 서울, 동두천, 부평, 인천, 부산 지구 등 5개 미군종업원노조 조합원 5천여 명을 대표하는 전국미군종업원노조연맹(全國美軍從業員勞組聯盟. 이하 '미군노련')을 결성한 것이다. 미군노련은 1960년 2월 최초로 주한미군사령관을 상대로 임금 100% 인상과 퇴직금제도 확립을 포함하는 한국 근로기준법의 전면 적용을 요구했다. 미군노련은 출범 몇 년 만에 조합원 수가 2만 7712명으로 급격히 늘어났다. 하지만 주한미군이 단계적으로 감축하면서 미군노련 소속 조합원들도 차츰 줄어들었다. 인천지부와 부평지부는 서로 독립적으로 활동하다가 1977년 8월 6일 부평지부로 통합했다. 이에 앞서 김포지부 조합원도 흡수했다. 미군노련이 나중에 주미노조로 명칭을 변경했으며, 2013년 현재 부평지부 조합원은 250명(노무자 300여 명) 정도다. 캠프 마켓이 평택미군기지로 이전하면 이중 일부는 평택으로 함께 가야 한다. 그렇지 않은 노무자들은 새 직장을 찾아야 하는 상황이다.

주한미군 병력 및 주한미군한국인노동조합 조합원 추이

연도별	주한미군 병력수(명)	조합원수(명)
1990년	41,000	18,383
1991년	40,000	16,470
1992년	36,000	15,138
1993년	35,000	14,142
1994년	37,000	13,005
1995년	36,000	13,059
1996년	37,000	12,756
1997년	36,000	12,549
1998년	37,000	12,178
1999년	34,413	12,314
2000년	-	12,157
2001년	-	12,462
2002년	-	12,515
2003년	36,109	12,487
2004년	37,500	12,449
2005년	32,422	11,727
2006년	29,477	11,072
2007년	28,356	10,970
2008년	27,968	10,503
2009년	26,305	10,522
2010년	31,839	10,539
2011년	37,354	10,252

〈전국주한미군한국인노동조합〉

장금석 인천시 시민소통관

장금석 인천시 시민소통관은 부평미군기지 반환 운동에 초창기부터 결합했다. 당시 평화와참여로가는 인천연대 부평지부 사무국장으로 활동했기 때문이다.

자료를 정리하다보니 시민감시단 활동을 했다

당시 무적 차량(번호판 안 단 차량)도 감시단에 적발됐다. 대한민국 법 위에 미군이 있다는 것이 재차 확인된 셈이었다. 시민감시단 활동이 본격화되자, 익명을 요구한 시민들의 제보가 이어졌다.

반환 운동을 하면서 힘들거나 기억에 남는 일이 있다면?

초기에는 전기가 없어 촛불을 켜놓고 농성장을 지켰을 정도로 어려웠다. 하지만 점차 인천시민 모두 미군기지 반환 운동에 관심을 보여주셨다. 특히 미군기지 주변 시민들의 반응이 꽤 좋았던 것으로 기억하고 있다. 2002년 12월 인천지역 대학생 두 명이 캠프마켓 안에 있는 30미터 높이의 물탱크에 올라가 미군 범죄를 규탄하고 캠프마켓의 조기 반환을 주장했다. 당시 인근 아파트에 사는 시민들이 지지 현수막을 게시했던 것은 지금도 잊지 못할 장면이었다.

인천시민회의는 '반환'을, 부공추는 '이전'을 주장했다

모든 문제가 한 번에 풀릴 수 없다. 단계적 목표에 맞는 구호가 필요하다. '이전' 구호도 반환을 원하지 않아서 주장한 것은 아니고, '반환'도 당장 미군을 몰아내자는 주장은 아니었다고 생각한다. 운동과정에서 차이였을 뿐이다. 부공추 분들이 미군기지 문제를 시민들의 '액세서리'에서 '생필품'으로 전환했다는 긍정적 평가를 할 수 있다. 다만, 그 분들의 운동은 명분에 치중하다보니 절실하지 않았다고 본다.

미군기지 반환 운동의 역사적 배경은 무엇인가?

1990년대 중후반이 과거 전통적 민주운동에서 시민운동이 분화되던 시기였다. 1997년 '노동법·안기부법' 개악 저지 투쟁이 결과적으로 승리하면서 지역에서 연대 움직임이 활발할 때였다. 지역운동에 착목해 지역 의제를 모색한 가운데서 미군기지가 등장한 것이다.

미군기지 반환 운동이 인천 시민운동사에 하나의 획을 그었다고 생각한다

부평미군기지 반환 운동이 지속될 수 있었던 것은 무엇보다 농성장이라는 거점이 있었기 때문이다. 그 농성장이 674일 동안 지속될 수 있었던 힘은 활동가들의 헌신과 함께 인천시민들의 지지다. 시간과 마음을 내 농성한 시민단체 회원들뿐 아니라, 음료와 먹거리 등을 가져와 격려하는 시민들까지 다양한 방식으로 반환 운동이 진행됐다. 인천 시민운동사에 큰 획을 그은 운동으로 평가될 것이다.

향후 활용 방안은 어떠해야 한다고 보는가?

철저하게 시민의 이해와 요구에 맞게 활용 방안을 도출해야 한다. 인천시는 일제 강점기 건물을 활용해 제2의 시립박물관을 유치하는 안도 검토하는 것으로 알고 있다. 검토할 만하다고 본다. 부평은 포화상태의 도시라는 것을 감안하고 부평공원과 연계해야 한다.

원권식 노동자교육기관 대표

부평미군기지를 보면서 어떤 생각이 들었나?

어린 시절 강원도 영월에서 자라면서 강의 방죽, 철길 주변을 자주 걸었다. 그런 습관이 있어 짬짬이 부평미군기지 철길을 걸었다. 처음엔 미군기지가 있는지도 몰랐다. 당시 미군기지를 출입하는 우리나라 사람들을 종종 봤다. 그런데 그 사람들이 잘 사는 사람들이고 그 곳에서 파친코를 하려고 기지를 출입한다는 이야기를 듣고 충격을 받았다. 도심 한가운데 있고 군사적 기능을 상실했다는데 하루 속히 시민들에게 돌려주어야 할 기지라고 생각했다. 주변 지인들도 비슷한 생각했다. 제가 노동조합 활동을 하면 반환 운동에 자연스럽게 참여하게 됐던 것 같다.

미군기지 반환 농성도 참여했는데

부평미군기지 반환 운동이 한창일 때 한국특수잉크공업주식회사 노동조합 위원장을 맡고 있었다. 노동조합이 꼭 조합원의 후생복리만을 챙겨서는 안 되고 가능하다면 사회 참여도 해야 한다고 생각했다. 지역 현안으로 부상한 미군기지 반환 운동에 동참했고, 당시 조합 간부나 조합원들도 이에 동의했다. 그러면서 미군기지 반환 집회, 행사, 농성에도 참여했다.

이제는 꽤 오래 전 일이다. 기억에 남는 일이 있나?

2001년 겨울로 기억하는데, 늦은 저녁 조합원 3명과 함께 농성장을 지키고 있었다. 아주머니 세 분이 농성장을 찾았다. 만두 세 봉지를 들고 오셨다. 모금함에 2만 원도 넣어주셨다. 미군기지에 대해 이런 저런 이야기를 나누었던 기억이 난다. 그 분들은 미군이 나가면, 학교나 병원, 공원이 들어왔으면 좋겠다고 했다. 농성을 처음 할 때는 이룰 수 없는 주장을 한다고 생각도 했지만, 농성이 진행될수록 미군기지 반환이라는 주장이 결실을 맺을 수 있다는 희망을 봤다.

미군기지 문제는 우리 사회에서 가장 뜨거운 감자였다

정말 뜨거운 감자였다. 농성하면 가끔은 한국전쟁을 겪은 어르신들이 찾아와 빨갱이가 쳐들어오면 어떻게 하냐며 시비 아닌 시비를 걸었다. 하지만 어르신들도 부평미군기지가 군사적 기능이 상실했고, 언젠가는 나가야 한다는 데 동의했다. 한번은 아이와 함께 버스를 타고 (농성장을) 지나가는데 아이가 미군기지에 대해 물어보길래 이것저것 이야기해줬다. 그런데 50대 후반쯤 돼 보이는 한 아주머니가 자식교육을 그렇게 하면 어떻게 하냐고 화를 내, 버스에서 논쟁 아닌 논쟁을 벌이기도 했다.

참 어렵게 되찾은 땅이다. 미군기지가 어떻게 활용되기를 바라는가?

되찾은 미군기지를 부평에만 국한해 활용 방안을 모색하면 안 된다고 본다. 베드타운으로 전락한 부평의 고질적 문제뿐 아니라, 좀 더 넓은 관점으로 인천 전체를 놓고 활용 방안을 모색해야 한다. 특히 정치적 목적으로 이 땅을 이용해야 한다. 동시대를 살고 있는 우리뿐 아니라, 우리 후손들도 이곳을 이용하고 이 땅의 역사를 알 수 있는 공간으로 활용 방안을 찾아야 한다.

8. 인천 주미노조

227

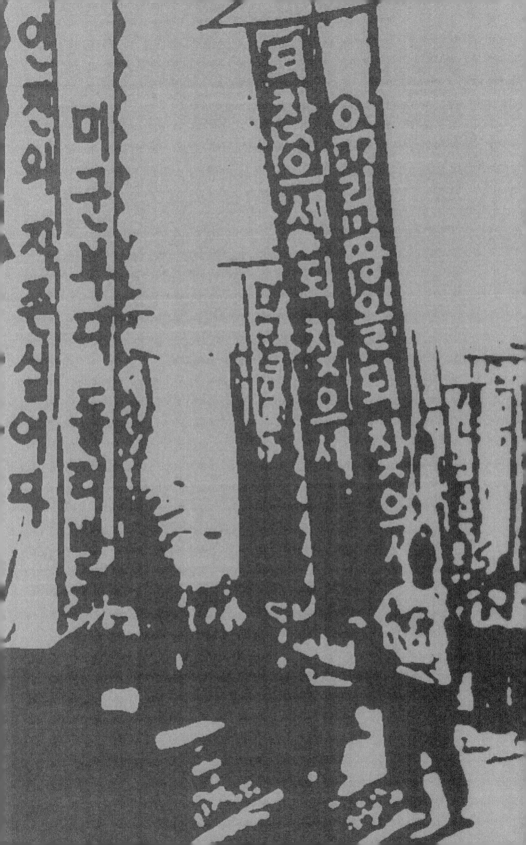

9

주한미군의 감축과
철수는 왜
이루어졌는가?

미 태평양사령부의 책임지역인 동아시아는 미국의 전략적 요충지다. 미국은 7개 나라와 상호방위조약을 체결했는데, 5개 나라가 이곳에 위치해 있고, 미군 10만여 명이 주둔해있다.[278] 주요 전력은 일본 오키나와 한국에 주둔한 미군이다. 주한미군이나 주일미군 모두 안보·상호방위조약에 따라 주둔하지만 미군의 책임범위는 명확히 차이가 난다. 주한미군이나 주일미군의 기본 목적은 한국과 일본의 방어라는 데서 일치한다. 그러나 주일미군은 미·일 안보조약에 따라 일본뿐 아니라 극동의 평화와 안전(4조)도 담당해야 한다. 극동의 범위는 '미·일 방위협력지침(신가이드라인)'을 통해 한반도와 대만해협 등 일본 주변 사태로 구체화 됐다.[279] 주일미군에 비해 주한미군은 한반도 영토 밖을 쉽게 벗어날 수 없지만, 일본 주둔 미군은 해·공이 주력이라 이동이 자유로워 미군이 개입하는 각종 분쟁 지역에 투입되곤 한다.

미군 감축과 한반도에 배치된 핵무기

휴전 무렵 한국군은 14개 사단 45만 명으로 155마일 휴전선 중 60% 정도의 경비를 담당했다. 나머지는 주한미군이 담당했다. 한국전쟁이 끝난 1953년 주한미군 규모는 8개 사단(육군 7개, 해병대 1개) 약 32만 5000명에 달했다. 한국전쟁 종식에 따라 1954년 3월 45사단을 비롯해 2개 사단이 한국에서 철수했다. 그래도 병력은 22만 3000명에 달했다.

미군은 매해 주한미군을 조금씩 감축했다. 1955년 8만 5500명, 1956년 7만 5000명, 1957년 7만 명으로 줄여나갔다.[280] 냉전이 첨예함에도 미군이 한반도에서 병력을 큰 폭으로 줄일 수 있었던 것은 한반도에 극비리로 핵무기를 배치했기 때문이다. 미군은 1957년에 처음으로 한반도에 핵무기를 배치했다. 유엔군은 1957년 6월 판문점에서 열린 군사정전위원회 75차 본회의에서 정전협정 13조 D항[281]의 폐기를 선언한 후 한반도에 핵무기를 배치했다. 미군은 핵무기를 적재할 수 있는 신형 제트기를 일본에 배치했으며, 미8군 산하 제7보병사단을 '원자전'에 대비한 펜토믹Pentomic 사단으로 개편했다. 이와 함께 재래식 탄두와 핵 탄두를 동시에 장착할 수 있는 280mm 핵 대포와 지대지 미사일 어니스트존 Honest John 등을 도입했다.[282]

한국이 베트남전 파병을 결정한 1964년에 주한미군은 6만 3000명으로 줄었다. '밀림의 수렁'이라는 베트남전에 빠진 미군은 이후 지속적으로 주한미군을 감축했다. 매해 1000명에서 4000명 정도씩 병력을 감축했다. 특히 1969년 닉슨 독트린[283] 발표 이후, 1971년 미7사단을 중심으로 주한미군 2만명이 철수했다. 미국은 닉슨 독트린에 의해 1969년부터 3년 동안 아시아에서 미군 44만 3300명을 감축했다. 이 기간에 필리핀 9100명, 일본 7000명, 태국 1만 5800명, 한국 2만 명, 베트남 39만 500명을 각각 감축했다.[284] 베트남전에서 패한 후, 미국 카터 행정부는 주한미군을 완전히 철수할 계획을 수립해 발표했다.[285] 이 발표는 박정희 정권의 핵개발 시도로 이어졌다.[286] 결국 미국은 한반도에서 미군 철수 계획을 백지화했다.[287]

1981년 주한미군의 병력은 3만 8000명까지 줄었다가 1988년 4만 6000명까지 다시 늘었다. 하지만 미국은 바로 다음해에 '넌·워너' 수정안을 채택해 '주한미군 역할 조정과 5개년 감축 계획'을 발표했다. 또한 미국은 1990년 '동아시아 전략구상EASI'에 따라 주한미군을 10년 동안 3단계로 나눠 철수시키겠다고 발표했다. 이에 따라 주한미군은 1900년

부터 1992년 사이에 육군 5000명, 공군 2000명 등 7000명이 철수한다.

3년 뒤인 1995년 미 행정부는 북한 핵위협을 이유로 주한미군 감축계획을 보류한다. 한·미는 주한미군을 2만 8500명 선으로 유지하기로 합의했다.[288] 하지만 2011년 9월 말 현재 3만 7354명으로, 8000여 명이 늘어났다. 이는 미 국방부가 작성한 공식문서에서 드러났다. 또 2009년을 기준으로 하면, 주한미군은 최근 3년간 1만 1049명 늘어난 것으로 나타났다. 이는 전국주한미군한국인노동조합의 자료를 통해서 확인할 수 있다.(주한미군 병력 및 주한미군한국인노동조합 조합원 추이) 아프간과 이라크의 잉여 전력이 중간 기착지로 한국을 택했기 때문으로 분석된다.

주한미군은 현재 기지 58개, 시설 91개에 분산 배치돼 있다. 2016년까지 2개 권역(평택·오산, 부산·대구) 시설 49개로 재배치될 예정이다. 국방부에 따르면, 재배치 이후 주한미군이 사용할 부지는 현재 2억 4200만㎡(약 7320만평)에서 '3분의 1' 규모인 7737만㎡(약 2341만 평)으로 축소될 예정이다. 결국 주한미군의 철수와 주둔은 미국의 전략적 이해와 요구에 따라 이뤄진다는 것이다.

주한미군의 통폐합

미국 군대가 한국에 주둔하기 위해서는 한국이 기지(훈련장, 생활시설, 탄약고 등)를 제공해야 한다. 이를 '미군공여지(美軍供與地)'라 한다. 미군공여지는 1953년 10월 1일 체결된 한미상호방위조약 4조와 한미주둔군지위협정 2·5·12·20·24조에 그 근거를 둔다. 한미상호방위조약 4조는 "상호합의에 의하여 미합중국의 육군, 해군과 공군을 대한민국 영토 내와 그 부근에 배치하는 권리를 대한민국은 허용Grant하며, 미합중국은 이를 수락한다Accept"고 규정하고 있다. 미군은 대한민국 정부의 승인을 받아 원하면 언제 어디서나 국토 내의 시설과 구역을 무상으로 사용(배타적 사용권)할 수 있다.

2000년 5월 기준, 대한민국 영토에 산재한 기지와 훈련장, 탄약고 등 주한미군에게 이양된 공여지는 93개 소(면적 2억 4575만 1000㎡)다. 김대중 정권은 도시 인구가 증가하고, 주한미군의 환경 문제가 중요한 사회 관심사로 대두되자 주한미군기지 통폐합을 추진했다. 효율적 기지 관리를 추구한 미군의 이해와 요구가 결합하면서 탄력을 받았다. 2000년대 들어 부시 행정부도 동아시아 전략구상EAST과 테러 대응·공군 중심의 미래형 전술 추구에 따라 분산돼 있던 미군기지를 통폐합하기로 결정했다.

북한 다련장 로켓 위협에 노출된 미군

북한의 방사포도 휴전선을 중심으로 흩어진 미군기지를 통폐합하는 데 한몫했다. 한국군은 방사포를 다련장 로켓(多連裝, Multiple Rocket Launcher)[290]으로 부른다. 1994년 미 태평양사령부는 "조선인민군 제

620포병군단 소속 240밀리 방사포와 독립 중포병여단 소속의 170밀리 자주포가 전방에 배치됐는데, 이 두 포병군단에서 보유한 포 1천문에서 전쟁 발발 24시간 내 포탄 약 3만발을 한국의 수도권을 향해 쏠 수 있다"는 점을 우려했다.[291] 당시 클린턴 행정부는 한반도에서 전면적이 발생하면 개전 90일 안에 미군 사상자 5만 2000여 명, 한국군 사상자 49만여 명이 발생한다고 보고했다. 1994년 6월 주한미군 게리 럭 사령관은 수백 만 명이 사망하고, 미국인 사망자도 8만~10만여 명에 이를 것으로 보았다. 미국이 치러야 하는 전쟁비용은 1000억 달러, 동아시아 경제에 끼칠 손실은 1조 달러에 이른다고 전망했다.[292]

미국은 북한의 방사포 문제를 해결하기 위해 '즉각 대응 로켓 발사 시스템(=고도의 전자 장비가 부착된 로켓포로 북한의 포가 엄폐를 빠져나와 포를 쏠 기미만 보이면 자동으로 발사함)'을 구축해 미2사단에 배치해 운영하고 있다. 북한 포병의 주력은 107mm 방사포, 3축 6륜 차량에 탑재한 122mm 소구경 30관 방사포,[293] 170mm 곡선형 자주포, 4축 8륜 차량에 탑재한 240mm 방사포[294] 등이다. 이 방사포들을 무더기로 쏘면 주한미군 사령부가 주둔한 서울 용산기지를 비롯해 수도권 주변에 있는 전략 미군기지는 30분 안에 초토화될 수 있다. 이밖에도 북한은 300mm 이상의 대구경 방사포 개발도 진행 중이다. 러시아 군사 사이트에서는 북한을 대구경 방사포 보유 집단으로 분류한다. 이 방사포의 실전 배치가 상당부분 이뤄진 상태로 보고 있다. 이동식 차량발사대TEL에 포문 12개가 설치돼 있는 300mm 방사포의 최대 사거리는 170km다. 기존 북한 방사포와 달리 러시아의 위치정보시스템인 '글로나스GLONASS'

기술을 적용해 정확도가 높은 것으로 알려져 있다. 신인균 자주국방네트워크 대표는 "방사포는 하나의 발사대에서 최소 12발을 한꺼번에 쏘기 때문에 수십 대가 한꺼번에 쏜다면 우리 방공망으로 막아낼 수준이 아니다"라고 언론과의 인터뷰에서 밝힌 바 있다.[295]

주한미군기지 41개서 23개로 통폐합

주한미군의 재배치는 '연합토지관리계획(Land Partnership Plan : 이하 LPP)'과 '용산기지 이전협정(Yongsan Relocation Plan, 이하 YRP로 약칭)' 등[296] 한 · 미 양국의 다양한 협정에 따라 가속화됐다. 한국 국방부는 2000년 3월, 주한미군과 최초 개념 계획을 협의한 이후 사업추진의 타당성을 면밀하게 검토했다. 외교부 등 관련부처와 해당 지방자치단체들과 협의해 공감대를 형성하면서 LPP상의 해당 기지에 대한 공동 실사 등 실무 준비를 추진했다. 미국은 최초 17개 기지 외에도, 서울 · 인천 · 부산 등 도시 지역에 위치해 도시 발전을 제한하고 교통 장애요인이 되고 있는 기지에 대한 반환 협의를 진행했다. 제33차 한 · 미 안보협의회의SCM에서 양국 국방장관은 LPP 추진과 관련해 의향서(Letter of Intent : LOI)를 체결했다. 이어, 2002년 3월 LPP를 위한 협정에 서명했다. 미국은 주한미군기지 28개와 시설, 훈련장 3곳 등 1억 3530만여㎡을 반환하는 대신, 한국은 신규 토지 508만여㎡를 미군에 공여하고 한국 정부가 이전을 요구한 기지 9개의 대체 시설을 건설 · 제공하기로 했다. 또한 한국군 훈련장을 미군과 공동으로 사용하기로 합의했다. 이에 따라 주한미군 공여지는 2011년까지 기존 2억 4420만여㎡의 43% 수준인 1억 560만여㎡으로 조정되며, 주요 기지는 41개에서 23개로 통 · 폐합한다는 것이었다.

　미군으로부터 반환되는 기지는 경기 북부지역의 경우 파주시 캠프하우즈Camp Howze를 포함한 6개 기지와 동두천 · 의정부시의 7개 기지다. 경인지역의 경우 부평 캠프마켓Camp Market을 포함해 6개 기지다. 강원지역의 경우 춘천 캠프페이지Camp Page와 원주의 캠프롱 Camp Long 등 3개 기지다. 이와 함께 부산 · 경북지역은 부산 캠프 하야리아Camp Hialeah를 포함한 4개 기지 · 시설이 반환된다. 여기에 경기 북부의 파주 · 동두천 · 포천시 등 3개 지역의 훈련장을 반환하기로 합의했다.

　또한 2003년 '한 · 미동맹 미래구상회의'에서 LPP와는 별도로 주한미군 후방 재배치 문제가 제기됐다. 기지의 비효율성을 없애고 대형 허브 기지의 필요성이 대두돼 경기북부 미2사단의 한강이남 배치 계획과 용산기지의 오산 · 평택으로의 조기 이전을 논의했다. 결국 한 · 미 당국은 2004년 YRP 협정과 LPP 개정 협정을 체결했다. 전국에 산재한 미군기지를 5개 지역(평택 · 김천 · 군산 · 포항 · · 대구) 기지로 통합하고, 서울 도심에 있는 미군기지를 2008년까지 평택으로 이전하기로 한 것이다.

　하지만 이러한 합의에도 불구, 안보 상황의 변화 등을 이유로 반환이 지연되고 있다. 이로 인해 지자체가 수립한 반환 기지 활용 방안도 무용지물이 되고 있다. 캠프 케이시Casey · 호비Hovey · 스탠리Stanley 등 일부 기지는 안보 상황을 고려해 양국 국가 지도부가 이전 시기를 추후에 결정하기로 했다. 이외에도 동두천 미2사단은 2010년 3월 발생한 천안함 사건과 11월 연평도 포격 사건 등으로 인해 이전이 지연되고 있다.

또한 한국 정부와 지자체가 반환 기지 활용 방안을 천편일률적으로 수립하는 바람에 기지를 반환 받고도 제대로 활용하지 못한 사례도 있다. '주한미군 공여구역 주변지역 등 지원특별법(2006년 제정, 이하 '공여구역특별법')'의 일부 허점 때문이라 할 수 있다.

공여구역특별법은 주한미군 공여구역으로 인해 낙후한 주변 지역의 균형적 발전을 위한 특별법이다. 이 특별법에 따르면, 반환 공여구역의 종합계획은 시·도지사가 작성하고 안정행정부 장관이 확정하게 돼 있다. 특별법이라 일반법에 우선하기 때문에 반환 공여구역 내는 공장 신설, 외국인 투자 지원 지정·개발, 학교 이전과 설립·운영이 가능하다.[297] 이외에도 인허가 의제처리, 조세·부담금 감면 등의 지원이 가능하다.

또한 정부는 공여구역 면적 비율, 지자체 재정 여건, 주민 1인당 하천·도로·공원 면적 비율에 따라 공여구역을 하천·도로로 활용 시 60%, 공원으로 활용할 경우 지자체 직접 시행시 60% 이상(그 외 50% 이내) 부지 매입비를 차등적으로 보조할 수 있게 했다.

문제는 재정자립도가 취약한 지역일수록 국고 지원을 많이 받기 위해 공원·도로 등으로 활용 방안을 국한할 수밖에 없다는 데 있다. 동두천시는 2010년 8월 캠프케이시Camp Casey 등 반환 예정지 5곳을 관광과 산업, 주택단지 등으로 개발하려 했지만, 결국 도로·공원 등으로 개발하기로 했다. 도시 전체 면적의 40% 가량이 미군 공여지에 해당하는 동두천시가 당초 계획한 대로 추진했다면, 국방부는 토지 매각 대금으로 7천억 원 정도를 동두천시로부터 받을 수 있었다. 그러나 공원 등으로 활용 계획이 수립됨에 따라 매각 대금은 1100억 원에 불과한 것으로 추정됐다. 이러한 상황은 용산미군기지 이전 비용을 부담해야하는 국방부도 어렵게 만들었다.

전임 시장의 무리한 토목·건축 중심의 개발 정책과 2014년 아시안 게임 유치 등으로 재정난을 겪는 인천시도 캠프마켓 공여지 활용을 놓고 고심하고 있다. 인천시는 캠프마켓 61만 5000㎡ 가운데 70%를 공원으로 조성하고, 나머지 터에는 도서관, 사회복지시설, 문화시설, 소방서, 경찰서를 짓는 토지이용계획을 확정하고, 2009년 2월 행정안전부(현 안전행정부) 승인을 거쳐 이를 고시했다. 또한, 이미 이전했거나 이전 예정인 미군기지들의 토양이 각종 유해물질로 오염된 것이 확인되면서, 오염 정화비용을 놓고 사회적 문제가 야기됐다. 오염자 부담원칙(Polluter's Pay Principle : PPP)에 의거해 원인 제공자인 미군이 부담하지 않고, 대한민국 국방부와 지방자치단체가 환경오염 비용을 부담해야 하는 상황이다. 환경 복원 비용을 떠안은 국방부, 즉 한국 정부는 부지 매각 단가를 높였고, 재정이 열악한 지자체는 국비가 지원되는 도로와 공원 등으로 한정해 토지 활용계획을 수립할 수밖에 없는 실정이다.

〈표〉 반환 미군기지 현황 및 활용계획

지역	기지 명(면적 만㎡)	활용계획	기지용도	이전 시기	추진상황
부산	하야리아(52)	공원	행정·부대	완료	2013년 공원 토지매입 완료 예정
대구	워커(6만)	공원·도로	행정·부대	2013년	도로, 공원 토지매입 진행
인천	마켓(44만)	공원·도로 공공청사	행정·부대	2013년	토지매입 MOU체결

지역	캠프명(면적)	활용계획	현 사용	반환	현황
경기 동두천	모빌(20만)	공원·도로,유통	부대	2016	2016년 반환 예정
	님블(6만)	공원·도로,연구단지	부대	완료	공원·도로 조성, 대학 이전 중
	케이시(1414만)	공원·도로	부대·훈련장	2016	2016년 이후 반환 예정
	호비(1405만)	공원·도로	부대·훈련장	2016	2016년 이후 반환 예정
	캐슬(20만)	공원·도로 산업클러스터	부대	2016	2016년 이후 반환 예정
	짐볼스(1194만)	복합 리조트,관광파크	작전훈련장	완료	사업 시행 승인 진행
의정부	라과디아(13만)	공원·도로 도서관	행정·부대	완료	도로 일부 준공,토지 매입 진행
	에세이온(30만)	공원,교육청,교육연구시설	행정·부대	완료	교육청 공사 중, 대학이전 진행
	시어스·카일(16만)	광역행정타운	행정·부대	완료	2013년 시어스 준공
	레드클라우드(83만)	도로,교육연구	행정부대	2016	2016년 반환 예정
	스탠리(245만)	교육연구, 공원	부대·훈련장	2016	2016년 반환 예정
	잭슨(164만)	공원·도로	창고	2016년	2016년 반환 예정
	홀링워터(23만)	공원·도로	역사 등	완료	시민공원,도로 토지매입 중
하남	콜번((30만)	교육연구	창고	완료	민자 유치 및 활용 방안 강구 중
화성	매향리(97만)	평화생태공원 레저시설	사격연습장	완료	공원 토지매입 진행
파주	자이언트(17만)	교육·연구	행정·부대	완료	교육연구시설 민자유치 중
	에드워즈(25만)	교육·연구	행정·부대	완료	교육연구시설 민자유치 중
	게리오언(28만)	도시개발	행정·부대	완료	도시개발 민자유치 중
	스탠턴(27만)	교육·연구	행정·부대	완료	교육연구복합단지 민자유치 중
	하우즈(63만)	공원	행정·부대	완료	공원 토지 매입 중
강원춘천	페이지(67만)	공원·도로	행정·부대	완료	도로,공원 토지매입 중, 임시개방
강원원주	롱(34만)	공원	수송·통신	2013년	공원,토지 매입 중

*이외에도 파주의 캠프 보니파스Camp Bonipas, 캠프 리버티벨Camp Liberty, 캠프 그리브스 Camp Greaves, 캠프 차리블럭Camp Charlie 자유의 다리 등은 2006년 반환됐으나, 발전 종합계 획이 확정되지 않거나 JSA 내에 위치해 사실상 개발이 불가능한 지역이다.

LPP에 의해 반환되는 미군기지의 특성을 잠시 살펴보자. 먼저 의정부, 동두천, 파주와 같은 군사도시는 소득수준이 낮은 낙후지역이라는 특성을 가지고 있다. 미군기지 이전 시 지역 경제에 미치는 파급 효과가 크고 유동인구 유출이 예상된다. 이 지역들의 또 다른 특징은 반환되는 공여지의 규모가 커, 재정자립도가 취약한 지자체에서 개발 사업 전체를 감당하기 힘든 상황이다. 동두천의 경우 지역경제규모GRDP[298]에 비해 사업비가 과다하다.

두 번째 그룹은 화성시 매향리와 같은 외곽의 미군 훈련지다. 반환 면적이 넓은 반면, 외곽의 사격장, 훈련장 용도로 활용되던 공여지다. 이 지역들은 주둔 인원이 적어 지역 경제에 미치는 영향도 작다. 이 지역들의 경우 공여지를 관광문화 자원으로 활용하는 게 가능해 보인다. 또 다른 특징을 가진 지역은 도시 중심지에 위치하고 반환 면적도 중규모 정도인 지역이다. 부산 하야리아, 부평 캠프마켓, 춘천 페이지, 하남 콜번 등이 속한다. 반환 공여지 면적은 크지 않지만 도심 한가운데 있어, 높은 지가 때문에 개발 사업비가 많이 든다. 도시 발달이 상당히 진전돼 공원 등 환경, 여가, 문화시설 조성 이상의 활용 방안을 찾기 힘들다.[299] 특수한 경우는 대구 워커다. 도시 중심지에 위치하고 있지만 반환 면적에 비해 많은 주둔 인원이 존재하고, 일부 지역만 반환된다.(〈표〉 참조)

		지역	반환기지	특징	시사점
중점 지원	기지 밀착형	동두천	중점지원의 필요한 지역단위 분류도시, 각 개발기지는 성장 잠재형, 혹은 도시 재생 형에 포함	기지반환 시 지역사회 경제 침체로 새로운 지역발전 비전 및 창의적 대안 필요	지역의 개발 역량에 비해 개발규모가 커서 중앙 집중적 지원필요
지원 및 성장 관리	성장 잠재형	파주	하우즈, 자이언트, 에드워드	지역의 중심부에서 약간 벗어난 외곽지역에 중대형 규모의 반환지 대학 · 테마파크 등 규모의 시설을 전략적으로 유치 및 대규모 투자가 필요	공공, 거주, 상업, 사회 서비스, 문화 관광, 체육 등 다양한 용도로 활용가능. 사업규모가 크고 국비, 지방비 및 민자 등이 혼합되는 경우가 빈번함. 따라서 개발추진을 위해 국비지원확대 및 민자 유치 활성화를 위한 규제 완화 등 검토필요
		의정부	스텐리		
		기타	케이시, 호비, 짐볼스 훈련장		
성장 관리	도시 재생 형	의정부	에세이온, 카일 · 시어즈, 레드클라우드	대도시는 아니나 일정 규모 이상의 기 발달된 도시의 핵심기능을 수행할 수 있는 위치에 반환지가 존재/반환지는 침체된 도시기능에 활력을 부여하고 도시 경쟁력을 제고시키는 전략적 활용가능.	
		춘천	페이지		
		기타	님불, 캐슬, 모빌(H-220) 스탠튼, 게리오웬		
용도 제한	대도 시형	부산진	하야리아	대도시 도심 한가운데 위치, 중 · 소규모 반환기지 도시민의 삶의 질을 높일 수 있는 활용 방안 요구됨	대형 도심공원에 대한 수요가 높음 공공, 인프라 및 공공적 성격의 활용 방안 필요
		부평	마켓		
		대구남	워커		
		기타	라과디아, 홀링워터		
	독립부 지 형	하남	콜번	반환기지가 기존 지역 기능과 분리 독립적./ 개발제한 등 환경보호 등 보존가치가 높은 외곽에 위치. 실제 활용도 제약 많음.	공원 등 특정용도 외 활용도의 제약이 존재/개발전략에 따라 성장 잠재 형으로 전환 가능
		화성	쿠니 사격장(매향리)		
		기타	그리브스 잭슨		

이소헌 부평구의회 의원

미군기지 반환 운동 초창기부터 참여한 것으로 알고 있다

20대였다. 농성과 함께 매주 토요일 '토요집회'를 부평미군기지 옛 정문 앞에서 했던 기억이 많다. 674일 농성도 완강했지만, 토요집회도 꽤 오랫 동안 진행했다. 어떤 때는 두세 명이 토요집회를 진행하기도 했다. 당시는 주5일제가 정착되기 전이라 집회 참여자가 상대적으로 많지 않았다. 횟수를 거듭하고, 미군기지 반환 열기가 높아지면서 참여하는 시민들이 늘어났다.

농성 등에 참여한 동기는?

인천시민회의가 농성을 주관해 진행했다. 농성 실무 단체는 민주주의민족통일 인천연합이었다. 당시 인천연합 인권국장으로 활동했다. 단체별로 상근 날짜를 정해 농성장을 지켰고, 단체들은 회원들을 최대한 참여할 수 있게 했다. 저녁이나 주말에는 직장인들이 참여했는데, 월차나 연차를 내고 평일에 농성장을 찾기도 했다. 한 달에 한두 번은 농성했다.

반환 결정이 발표됐을 때 소감이 남달랐을 것 같다

대한민국에서 성역 중 성역인 미군을 상대로 투쟁해 우리 땅을 되찾았다는 사실에 함께 농성했던 분들뿐 아니라 일반 시민들도 대단히 반겼다. 엄청난 일을 해냈다는 칭찬이 이어졌다. 반환 결정 이후 함께 농성했던 분들과 환영 현수막을 걸고 이야기꽃을 피웠던 그 순간을 지금도 잊지 못한다.

힘든 과정도 꽤 있었을 것 같은데

싸움이 길어지다 보니 함께 했던 분들이 우리들이 이길 수 있을까, 하는 생각을 많이 했다. 시기마다 시민들의 관심과 참여를 높이는 것이 큰 과제였다.

미군기지 반환 운동을 했던 사람들이 제도권 진입을 시도했다

부평 지역으로 보면, 미군기지 반환은 가장 큰 현안이었다. 그 문제를 가지고 지역의 단체, 시민들을 만나면서 수년을 치열하게 싸웠다. 하지만 제도권 밖에서 풀 수 있는 방법에 한계가 있다는 것을 느꼈고, 한상욱 씨가 2002년 부평구청장선거에 시민후보로 출마했다. 미군기지 반환 운동을 비롯해 다양한 활동을 하면서 축적된 역량을 가지고 출마했는데, 기존 정치권에 실망한 분들의 요구도 상당했다. 처음 출마라 당선은 어려웠지만, 상당한 득표력을 보여줬다. 그것이 인천에서 진보정치의 싹을 틔우고, 시민의 뜻도 확인하는 계기가 됐다.

미군기지 땅이 향후 부평에서 어떤 역할을 할 것으로 기대하는가?

부평에 미군기지가 있었던 것은 일제 강점과 분단 때문이다. 아픈 역사이다. 그래서 역사 교육의 장으로 활용하는 게 의미가 있다. 부평공원처럼 기존에 있던 모든 것을 무조건 없애고 새롭게 조성하는 것은 개발주의적 발상이다. 조병창과 미군기지의 역사성을 살리고, 그 의미를 충분히 후대에 물려줄 수 있는 공간으로 활용 방안을 찾아야 한다. 역사성을 살린 역사박물관 등도 좋은 아이템이라고 생각한다.

조진형 부평장학재단 이사장

어린 시절 부평으로 이사해 살고 있는데, 부평미군기지에 대한 추억은?

1956년 부평으로 이사해 지금까지 살고 있다. 1960년대까지 인천 북구 인구가 8만 명 정도였다. 당시 쌀장사를 했는데, 미군기지 월급날은 부평시장도 대목 날이었다. 미군기지 노무자들이 외상으로 쌀을 가져다 먹고 월급날 갚았던 기억이 난다. 1970년대까지, 부평미군기지에 다니는 사람들이 제일 안정된 직장을 가진 사람들이었다. 유지도 많았다.

국회의원 시절 한국군 부대가 정비돼 부평공원으로 조성됐는데?

현 부평공원 자리는 한국전쟁 후 88정비부대가 사용해왔다. 부평이 분지인데, 이로 인해 부평역 일대에 먼지가 많았다. 부평은 애스컴과 한국 군부대로 인해 기지촌 이미지가 강했다. 여기다가 일제 때부터 쓰던 송신소까지 있어 부평의 이미지는 너무 부정적이었다. 14대 국회에서 송신소 이전을 추진했고, 15대 국회에서 88정비부대 이전을 추진했다. 당시 두 시설을 이전시키면서 국회의원의 힘이 얼마나 막강한지를 알았다. 부평미군기지 이전 요구가 높아진 것은 88정비부대가 공원이 되고부터다. 미군기지도 나가고 공원이 들어서면 좋겠다는 공감대가 시민들 사이에 생겼다.

미군기지 이전운동에 참여한 배경은?

한국전쟁 후 한동안은 재래식 무기로 전쟁을 대비했다. 그러다 다시 전쟁이 일어날 가능성이 없다는 것을 느끼면서 주한미군을 감축했다. 그후 첨단무기가 개발됐다. (부평미군기지가) 쓸데없이 넓게 차지할 필요가 없다는 데 한국 정부나 미군의 공감대가 형성됐다. 또한 시민들의 요구도 상당했다.

부공추에 참여한 계기는?

처음부터 부공추에 참여한 것은 아니다. 지역 발전을 고민해야
하는 정치인으로서 지역 발전을 저해하는 미군기지를 이전해
야 한다고 생각해 참여했다. 제 입장에서는 시민단체가 (이전 ·
반환 운동) 해서는 효과가 있다고 보지 않았다. 남보다 시민운동
을 좋아하지는 않지만, 지역 사회 발전 측면에서 참여했다. 부평
미군기지는 빵공장을 작게 운영하는 것 외에는 없었다. 군사적
기능이 유명무실해졌다. 미군기지를 이전해주겠다고 약속했고,
그 차원에서 정책 반영에 노력했다. 인간띠잇기 행사도 부공추
고문으로 참여한 것이다.

부평미군기지의 향후 활용 방안은?

일부 부지는 공공용지로 쓰고, 나머지 12만 평 정도는 공원 · 체육부지로 하는
것이 좋다고 본다. 부평엔 더 이상 인구가 늘어서는 안 된다. 과밀화된 부평의 발
전에도 넉넉한 녹지 공간을 확보하는 것이 필요하다.

10

미군기지
반환 vs 이전

냉전 이후에도 주한미군처럼 동맹국에서 온갖 특혜를 받으며 주둔하는 경우는 없다. 동맹이라는 것은 쌍방이 자국의 안전보장 능력을 높이기 위해 맺는다. 군사력에 중점을 두고 정치·경제는 보조적인 역할을 한다. 자국에 동맹국의 군대를 주둔시키는 것은 주권이 어느 정도 제한된다는 뜻이다. 이는 국가안보라는 더 큰 목적을 이루기 위한 불가피한 조치다. 하지만 미군의 한국 주둔은 평등한 우정에 바탕을 둔 것으로 보기는 어렵다. 서기 660년 신라는 당나라를 끌어들여 백제와 고구려를 쳐서 '반쪽짜리' 통일 국가인 '통일신라'를 만들었다. 신라는 당나라를 16년 만에 몰아내고 자주 국가의 초석을 다졌다. 주한미군이 이 땅에 발을 딛은 지 68년이 지난 상황에서도 우리는 주한미군에 안보를 의탁하고 있는 실정이다. 당·원·명·청나라에 이어, 일제와 미국 등 외세를 추종해온 기득권 세력을 우리 후손들은 어떻게 평가할까?

1980년 이후 등장한 '주한미군 철수'

'주한미군 철수' 구호는 1980년 이후 대학가를 중심으로 흘러나왔다. 1980년대까지 미군기지와 관련한 시민·사회단체가 없었다는 것은 주한미군이 성역이었음을 반증했다. 그러나 1987년 형식적 민주주의 쟁취 이후 진보적 시민·사회 단체들은 '주한미군 철수' 구호를 전면에 들고 왔다. 일상적 정치활동으로 전개했다. 하지만 '주한미군 철수' 구호는 한국전쟁을 겪은 노년층과 전쟁의 폐허에서 살아온 기성세대에게 납득되기는 어려웠다. 상당수 시민들은 "철수하면 북한더러 쳐들어오라는 것이냐"고 반문했다. 155마일 휴전선에 세계 최대의 화력이 집중된 한반도에서는 쉽게 통용될 수 없는 구호였다. 독도를 우리 땅으로 인식하지만, 미군기지에 대해서는 우리 땅이란 인식이 부족한 것은 왜 일까. 1980년 이후 미국과 미군에 대한 인식이 '찬미(讚美)'라는 천편일률적 인식에서 벗어나면서 주한미군에 의해 도시 성장에 저해를 겪어온 시민들로부터 '미군기지 이전' 요구가 나오기 시작했다. 그 시발은 용산미군기지를 대전으로 옮기겠다는 얘기가 나온 1989년이다. 대전지역 시민사회는 '용산미군기지 대전 이전 반대' 운동을 벌여 막아냈다. 1990년 용산미군기지가 평택으로 이전한다는 소식을 접한 평택 시민들도 '미군기지 평택 이전을 결사반대하는 시민모임'을 만들었다. 위의 두 사례는 미군기지 이전이 또 다른 피해자를 낳을 수 있다는 것을 보여준다.

캠프마켓이나 용산미군기지와 함께 살아온 시민들은 "도시 발전에 저해가 되는 미군기지를 이전해야 한다"고 주장한 반면, 미군기지를 수용해야 할 대전과 평택 시민들은 "왜 하필 우리냐"며 이전을 반대했다. 지역끼리 부딪친 셈이다. 물론 '이전' 요구는 반미의 무풍지대인 대한민국에서 주한미군에 대한 새로운 접근을 가능하게 했다. 뿐만 아니라, 미군기지 문제를 대중적 문제로 인식하게 하는 효과를 만들어냈다. 특히 미군기지를 다른 곳으로 옮기고, 그 자리를 활용하는 대안을 제시함으로써 시민들의 지지를 이끌어냈다. 그러나 '이전' 주장은 미군의 영구 주둔을 스스로 인정하는 모순도 가지고 있다. 이와 관련해 김용한 '용산미군기지 평택 이전을 결사반대하는 시민모임' 공동대표는 "한미 주둔군지위협정SOFA에도 미군기지 반환 조항이 있고, 일본 오키나와나 필리핀 같은 나라는 미군기지 임대기간이 있다"며 '반환'을 주장했다. 이런 주장은 전국에 흩어진 미군기지 이전 또는 미군 철수를 주장해온 단체들이 미군기지 반환 운동을 벌이는 시발이 됐다.

〈인천시민회의〉

　　결국 여러 단체들이 전국적 연대의 틀을 고민하면서 반환 운동을 중심
으로 한 사고의 전환을 이뤄낸다. '불평등한 소파 개정 국민행동' '매향리
미공군 국제폭격장 폐쇄 범국민대책위원회'를 비롯한 단체들이 중심이
되어 1996년 '우리 땅 미군기지 되찾기 공동대책위원회'를 구성했다. 이
공동대책위에는 의정부, 파주, 서울, 인천, 하남, 매향리, 평택, 춘천, 원주,
군산, 대구, 부산지역 시민사회단체와 '주한미군 범죄 근절 운동본부' '녹
색연합' '평화시민연대' 등의 단체들이 참여했다.

　　1990년대 주한미군기지 반환 운동이 들불처럼 번질 수 있었던 배경에
는 1991년부터 시행한 지방자치제도가 한몫했다. 관선 단체장의 경우
자신의 임기에 큰일을 벌이는 것을 좋아하지 않았다. 하지만 민선 단체
장은 지역 발전을 견인할 수 있는 다양한 정책을 유권자에게 약속할 수
밖에 없다. 민선 초대 부평구청장을 지낸 최용규 전 국회의원은 1995년
당선 후 최기선 인천시장을 캠프마켓이 한눈에 들어오는 산곡동 소재 고

2000여 명의 시민들이 모여 부평미군기지 반환을 촉구하는 인간띠 잇기를 2001년 인천시민회의는 성사시켰다. 〈평화와참여로가는인천연대〉

층 아파트 옥상으로 초대했다. 이 자리에서 최 구청장은 "캠프마켓이 군사 기능을 상실했다"며 미군기지 이전에 시의 협조를 구했다. 지방자치실시 이후 전국적으로 미군기지 문제가 지역 현안으로 급부상했다. 주한미군으로 인한 불편함, 어려움, 억울함을 호소할 곳이 없었던 시민들도지방자치 이후 적극적으로 나섰다.

박한섭 산곡 현대1지구 아파트 전 입주자대표회의 회장

산곡3동 현대1지구 아파트에는 언제부터 살았나?

1988년에 현대1지구 118동으로 이사와 어느덧 25년째 살고 있다. 이사 오기 직전에는 화랑농장에도 잠시 살았다. 부평에서 큰아들(36)세을 낳았다. 아이들 낳고 지금까지 살고 있다.

부평이 제2의 고향인데, 부평미군기지에 대해 어떤 생각을 가지고 있었나?

제가 공수부대를 나왔다. 부평에도 공수부대가 있었는데, 도심 한가운데 군부대가 있으면 안 된다는 생각을 가지고 있었다. 미군기지 역시 도심보다는 도심 외곽으로 이전해야 한다고 생각했다.

부평에 오래 살면서 부평미군기지 이전·반환 운동을 지켜봤을 것 같은데?

농성장 앞을 지나다니면서 자연스럽게 부평미군기지에 대해 다시 한 번 생각했다. 우리 땅을 되찾는 운동이 필요하겠다는 생각을 했다. 미군기지가 나가야 부평이 발전되고, 주변 부동산 가격도 어느 정도 형성되겠다는 생각을 꽤 했다.

미군기지와 인접한 현대1지구의 입주자대표회의 일도 했는데?

미군기지 반환 운동이 정점에 달했던 2002년부터 2년간 현대1지구 입주자대표회의 회장을 맡았다. 당시 주민들은 미군기지가 빨리 나가야 아파트 가격도 오르고 정주 여건도 좋아 질 것이란 기대감이 높았다. 미군기지 이전·반환 운동을 하는 시민단체들이 홍보 등을 부탁하면 적극적으로 지원했고, 주민들도 관심을 기울였다. 어느 문제보다도 관심이 많았던 현안이었다. 특히 현대1지구 아파트는 예전에는 인천에서 제법 좋은 아파트로 분류됐다가 신도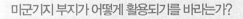
시가 개발되면서 구도심으로 밀렸다. 미군기지가 나가 정주 여
건이 좋아지면 그 명성을 되찾을 수 있다는 기대심리가 컸다.
2002년 미군 장갑차에 의해 희생된 여중생 문제로 불거진 소파
SOFA나, 모든 것에는 다 시대적 조류가 있다고 본다.

미군기지 이전·반환 운동에 대해 부담도 있었을 것 같다

부모 세대는 그럴 수 있지만, 그런 부담이 없었다. 미군기지 반
환 문제를 인근에서 오래 살아온 사람의 입장에서 접근했다. 미
군기지가 나가야 지역이 발전하고 우리 동네가 살기 좋아지겠
다는 기대감이 컸다. 친미냐, 반미냐는 다른 문제다. 부평 발전
을 위해서는 미군기지나, 그 전에 떠난 공수부대나, 모두 도심에서 떠나야 한다
고 생각했다.

미군기지 부지가 어떻게 활용되기를 바라는가?

시대에 맞게 종합병원과 문화시설을 우선 고려해야 한다고 본다. 또, 어떤 경우
라도 미군기지 내에 있는 기존 수목은 보존하면서 도시계획이 세워져야 한다고
본다. 주변의 부평공원, 마장공원, 선포산 등과 연계한 쉼터로 조성되기를 바란
다. 굴포천 상류 복원과도 연계할 필요가 있다.

이재병 인천시의회 의원

부평미군기지 이전운동에 동참한 계기는?

2002년에 인천시민연대 사무처장을 맡으면서 미군기지 이전운동에 본격적으로 결합했다. 이후에는 문병호 국회의원 비서관하면서 정책적으로도 관여했다. 17대 국회에서 국방부를 상대했지만, 불평등한 소파로 인해 자주 좌절했던 경험이 있다. 그러면서 인천시민사회의 역량뿐 아니라, 정치권과 시민들의 힘이 모이지 않고서는 문제가 제대로 해결될 수 없다는 것을 절감했다.

고향이 부평이다. 미군기지와 관련한 추억이 많을 것 같다

제 할아버지와 외할아버지 모두 미군기지에서 노무자로 근무하셨다. 애스컴시티 시절 두 분이 친구 사이였는데, 관계가 돈독해 사돈을 맺기로 약조했다. 미군기지가 아니었으면 제가 태어나지 않았을 것이다.(웃음) 두 분은 한국전쟁 이후 1960년대 후반까지 애스컴에서 근무하다가 다시 농사를 지으셨다. 어린 시절을 부평에서 성장하다보니 청소년기부터 부평은 군사도시라는 것을 절감했다. 미군기지 벽에 붙어 있는 '접근하면 발포한다'는 문구를 보고 자랐다.

미군기지 이전운동을 하면서 어려웠던 점은?

문병호 의원실에서 비서관으로 근무하면서 미군기지 문제로 국방부 관계자를 자주 만나 협상했다. 반환 시점이 자꾸 지연되면서 시민들에게 항의도 꽤 받았다. 지금은 시의원으로 '부평미군부대 반환공여구역 주변지역 등 시민참여협의회(이하 '시민협의회')'에 참여하고 있다. 운영 조례를 개정해 활동력을 높여나갈 계획이다. 시민참여협의회 인원을 늘리고 운영을 정례화할 예정이다. 부산 하야리아 기지 사례를 참고할 것이다. 부산의 교훈은, 역사성을 무시하고 일방적으로 공원으로만 만들어서는 안 된다는 것이다. 또, 오염 문제에 너무 원칙적으로 접근하지 않을 것이다. 오염 문제에 집착해 시민 품으로 돌아오는 시점을 늦춰서는 안 된다고 생각한다.

시민협의회 활동이 미진하다는 평가도 나왔다

시민협의회는 자문기관에 머무는 한계가 있다. 이 문제를 해결하기 위해 조례를 개정해 위원회로 승격하고, 도시 전문가 등이 참여해 위원 규모를 25명에서 35명으로 확대할 계획이다. 그동안 인천시는 미군의 입장을 존중하면서 일을 해 언론 노출을 상당히 꺼렸다. 하지만 모든 회의를 공개하고, 토론회 등을 통해 시민의 의견을 모아나갈 계획이다. 마지막으로 부평미군기지라는 명칭 때문에 미군기지 문제를 부평구의 일로만 취급하는 경향이 있다. 인천 전체의 과제로 설정해 문제를 풀어나갈 계획이다.

미군기지 활용 방안에 대한 생각은?

기존 건물을 활용해 미술관이나 박물관 등을 유치하고 싶다. 부산 하야리아 기지나 부평공원처럼 기존 시설과 수목을 다 밀어버리는 것이 아니라, 재활용할 것은 재활용해야 한다. 또 하나는 원도심 활성화 차원에서도 접근해야 한다. 인천 전체로 볼 때도 부평미군기지를 제대로 활용하면 원도심 활성화에 중심역할을 할 수 있을 것으로 본다. 여기다 부평역과 백운역세권과 연결하는 것도 놓쳐서는 안 된다.

11

미군기지 되찾기
운동의 시발,
인천시민회의

1970년대 중후반부터 대학교에서 민주화운동을 했던 젊은이들은 노동운동에 투신했다. 이들은 인천, 부천, 안산 등에 둥지를 틀고 '제2의 인생'을 시작했다. 그 중에서도 인천은 주요 거점이었다. 이들 중 대부분은 5·3 인천민주화운동[301]과 1987년 직선제 쟁취투쟁 이후 중앙 정치와 단체 등에 흡수됐다. 하지만 일부는 인천에 남아 노동운동을 거쳐 시민사회운동에 참여했다. 1990년대 인천지역 시민사회운동의 변화를 이끈 출발점으로 평가받는 계양산 지키기 운동과 1995년 굴업도 핵 폐기장 저지 운동[302]이 대표적 사례라 할 수 있다. 또한 이들은 2000년 총선에 맞춰 '2000 총선, 부패정치 청산 인천행동연대'를 발족, 낙천·낙선 대상자를 100% 낙선·낙천시켰다. 계양산 지키기와 굴업도 핵 폐기장 저지 운동으로 시민운동에 대한 새로운 방향성을 경험한 시민사회는 1990년 중반으로 들어서면서 부평미군기지에 관심을 보이기 시작했다. 당시 민주주의민족통일인천연합(이하 '인천연합')[303]이 이 문제를 집중적으로 제기했다. 그리고 1996년 4월 28일 부평미군기지 주변 주민들이 샘터교회에서 최초로 모였다. 한 달 후 5월 17일, 부평역 광장에서 열린 '5·18광주민주항쟁 16주기 기념식'에서 '우리 땅 부평미군기지를 되찾자'는 구호가 처음으로 등장했다. 이미혜 전 인천연합 상임의장은 "민이 주인 되기 위해 피를 흘렸던 1980년 광주를 기억하며 우리의 주인된 권리를 찾기 위한 첫 발을 뗐다. 50년 동안이나 부평의 노른자 땅을 미군이 차지하고 있었다는 것조차 알지 못했던 시민들이 함께 분노했다"고 당시를 회상했다.

이날 집회는 인천연합 주최로 열렸으며, '우리 땅 부평미군기지 되찾기 10만 인 서명운동'이 시작됐다. 이후 천주교 인천교구 정의평화위원회(위원장 호인수 신부)는 부평미군기지 되찾기를 위한 공개 설명회를 개최하며 부평미군기지 반환의 필요성을 알려나갔다. 또한 인천연합 소속 활동가들은 구별 서명운동본부를 결성하고 5만 명 이상의 서명을 받기도 했다. 그해 7월 9일 인천연합과 시민문화센터(평화와참여로가는인천연대 전신), 민중교회연합 등 단체 14개가 중심이 돼 '부평미군기지 인간띠 잇기 사업본부'를 구성했다. 이어 8 · 15 광복일에 맞춰 8월 11일 부평미군 기지를 에워싸는 인간띠잇기 행사를 개최하기로 했다. 하지만 경찰은 이 행사를 불허했다. 백운공원에서 행사를 개최한 이들은 부평미군기지 옛 정문으로 진출하려다 경찰과 충돌했다. 이에 항의하던 대학생과 시민 64 명이 연행됐다. 8명이 불구속 입건됐고, 49명이 구류 등의 처벌을 받았다.

반환과 이전으로 나뉘어진 단체들

1996년 인간띠잇기 행사를 기점으로 인천지역 시민사회는 둘로 나뉘었다. 부평미군기지 '반환(返還)'과 '이전(移轉)'을 놓고 서로 의견이 달랐던 것이다. 부평시민모임과 부평사랑회 등 지역 연고를 가진 단체들과 민주당 성향의 인사들이 중심이 돼 이전을 들고 나왔다. 그렇게 해서 '부평미군부대 공원화추진 시민협의회(이하 '부공추')'가 탄생했다.

반면, 주한미군이 사용한 땅은 우리 땅이니 만큼 반환해야 한다고 생각한 단체들은 '우리 땅 부평미군기지 되찾기 및 시민공원 조성을 위한 인천시민회의(이하 '인천시민회의')'로 모였다. 인천시민회의가 먼저 1996년 9월 20일 부평4동 신용협동조합에서 발족했다. 인천시민회의에는 인천연합, 건강사회를위한치과의사회, 노동자통일대백두, 우리밀 살리기운동본부, 부평약사회, 인천교구사제수요모임, 진보정치연합, 민중교회연합, 평화와참여로가는시민문화센터, 민주노총인천지역본부 등이 참여했다. 박일동 목사, 강광 인천대 교수, 선일 스님이 공동대표로 선임됐다. 집행위원장은 김성진 현 정의당 인천시당위원장이 맡았다. 인천시민회의 발족을 위한 준비모임에서 부평지역을 중심으로 한 단체들은 인천시민회의의 활동 방향에 이견을 보이며 참여를 보류했다. 이 단체들은 이듬해인 1997년 3월 10일 부공추 창립대회를 개최했다. 부공추에는 부평시민모임, 인천지역감리교목회자협의회, 부평사랑회, 부평청년회의소, 산곡·부평주민대책위, 부평시장농산물상인연합회 등 6개 단체가 참여했다. 부공추 초기 집행위원장은 최원식 현 민주당 국회의원 맡았다.

인천시민회의와 부공추는 모두 부평미군기지를 부평에서 내보내야 한다는 데 의견을 같이 했다. 하지만 구호는 서로 달랐다. 국어사전을 보면, 이전(移轉)은 '장소나 주소 따위를 다른 데로 옮김 또는 권리 따위를 남에게 넘겨주거나 넘겨받음'을 뜻하고, 반환(返還)은 '빌리거나 차지했던 것을 되돌려준다'는 의미다. 반환을 주장한 인천시민회의는 주한미군이 한반도 긴장을 오히려 조성하는 만큼, 단계적 철수의 대상으로 봤다. 미군기지를 단순히 다른 지역으로 옮기는 '이전'은 다른 지역에 피해를 준다는 시각을 가졌다. 부공추는 군사기지로서 기능을 상실한 부평미군기지를 도심 지역이 아닌 다른 지역으로 이전할 것을 주장했다. 지역 주민들의 폭넓은 참여를 염두 한 것이기도 했다. 곽경전 부공추 집행위원장은 "초창기에는 (부평)미군기지 관련해서 모두 함께했다. 문제는 미군 철수를 정치적 구호로 내 거느냐가 핵심이었다. 인천연합 쪽이 미군 철수라는 정치적 구호를 들고 나왔다. 첫 사업이 백운공원에서 열린 8.15

관련 행사였다. 인간띠잇기 행사를 하려다 경찰에 막혔고, 결국은 충돌했다. 부평지역 사회는 (인천연합 쪽의 활동 방향이) 한계가 있다는 문제의식을 가졌고, 부공추를 따로 창립해 이전 운동을 벌여나갔다"고 당시 상황을 설명했다. 하지만 인천시민회의 회원들의 생각은 달랐다. 인천시민회의 소속 단체인 시민문화예술센터의 최경숙 사무국장과 한상욱 인천시민회의 전 공동대표가 2002년 부평미군기지 반환 결정 소식을 접하고 자신의 블로그에 쓴 글에서 인천시민회의의 생각을 간접적으로 볼 수 있다.

"우리 동네의 노른자위 땅을 차지했던 미군기지가 드디어 반환되던 날, 7년의 투쟁, 674일의 천막농성이 결실 맺던 날, 그 소식을 전해들은 우리의 마음을 아무도 알지 못할 것이다. 차가 쌩쌩 달리던 차도 옆 술 취한 이들이 흥청대던 한밤중에 뚫어진 천막 사이로 흐르던 빗물을 막아가며 단 1분이라도 농성장이 빌세라 화장실도 참아가며 지키고 지켰던 우리의 마음을 잘 알지 못할 것이다. 미군기지가 반환되면 아파트 가격이 오를 것이라며 좋아하던 이들은, 내 공약이 이뤄졌으니 재선에 성공할 거라 생각한 이들은, 반환 소식의 기쁨을 표현하지 못하고 소주잔만 들이키던 우리의 마음을 제대로 알지 못할 것이다. 남들이 다 '이전하라' 외칠 때 꼭 '반환하라'고 외친, 미군이 우리 동네뿐 아니라 한반도에서 나가기를 간절히 이 악물고 바란 우리의 마음을. 674일이 지난 후에도 여전히 농성장을 찾았던 우리의 마음을 결코 알지 못할 것이다"

미군기지 반환 운동은 지역 행사의 꽃

아침 차 안에서 받은 후배의 전화가 아직도 생생합니다.

"시청에서 10시에 부평미군기지 반환 기자회견이 있었대요. 오후 1시에는 국방부에서 발표가 있다고 하네요"

솔직히 믿기지 않았고, 실감이 나지 않았습니다. 지금으로부터 7년 전, 1996년 8월 더운 여름날 꽹과리를 치며 부평 백운공원에서 종교인 협의회 분들과 함께 '부평미군기지 인간띠잇기 대회'를 위해 700여 명의 노동자, 학생, 단체 회원들이 현수막을 들고 거리로 나섰던 그때가 생각 났습니다. 곧 바로 경찰에 의해 막히고 한바탕 전투가 벌어지고 다시 어렵게 인도를 따라 이리 저리 현대백화점(현 2001 아울렛) 앞에 도착했을 때 경찰이 미군기지 앞을 봉쇄하고 한발자국도 못 가게 막았습니다. 도로와 인도 변에서 전경과 격렬한 충돌이 있었고, 많은 사람들이 연행되었던 기억이 납니다. 그러나 다시 모여서 어느 후배가 백화점 앞마당의 의자에 올라가 멋진 연설을 했고, 주변 시민들이 박수로 대답했던 그때였습니다. 같은 사무실에 근무하던 수사님이 잡혀가고, 후배들이 불구속 되어 나중에 벌금을 마련하던 때가 새롭습니다.

인천시민회의는 그렇게 시작했습니다. 그렇게 시작한 미군기지 반환 운동은 매해 지역 행사의 꽃이었습니다. 미군기지 16만평을 도는 '거북 이마라톤', 시민, 노동자 2000명이 모여 손에 손을 잡고 16만평 담장을 따라 늘어서고, 지역 노동자들이 가져온 페인트로 만장을 만들고, 아파트 주민들이 만들어온 형형색색의 현수막 수 백 개로 드디어 인간띠잇기가 이루어진 날. 그날의 감격을 잊을 수 없습니다. 미군기지 출입문 4개와 아파트 옥상에서 24시간 시민감시단 활동, 월차를 내고 미군기지 농성장을 지켰던 노동자들, 토요실천, 아침 선전전, 새벽 걷기, 1인 시위, 늦은 시각 주섬주섬 먹을 것을 싸서 농성장에 슬그머니 놓고 갔던 시민들, 다 열거하기 힘들 정도로 미군기지 앞은 언제나 우리들의 터전이었습니다. 결국 미군조차 더 이상 출입이 어렵게 되자 미군기지 정문을 폐쇄하고 다른 쪽에 정문을 만들 정도로 우리는 열심히 했습니다. 674일 전이 생각납니다. 그해 5월 '한반도에 미군이 없는 날'로 정하고 천막을 세우려 했지만, 경찰의 폭행으로 후배는 머리가 깨지고, 우리는 단식을 하면서 비닐 한 장으로 몇날 며칠을 밤새우며 농성했습니다. 겉으로는 '부평미군기지는 시민의 것'이라며 '반드시 되찾겠다'고 공약까지 내걸고 당선된 자치단체장은 우리에게 곤봉과 철거반을 보냈습니다. 부평구청 로비에서 스티로폼 깔고 아들이 왔다갔다는 하는 가운데, 단식농성을 한 그 후배가 기억납니다.

농성장이 만들어진 사연이 깊습니다. 처음에는 비닐로 몸을 감싸고, 비가 오면 우산 하나 받쳐 들었고, 가을엔 침낭 속으로 들어갔고, 겨울엔 비닐하우스를 만들어 바람이 불면 휘청거리며 날아갈 것 같은 집이 생겼습니다. 이곳에서 이렇게 계절이 두 번 바뀌었습니다. 공장에서 돌아와 천막에서 밤을 지세우고 새벽이면 피곤한 몸으로 출근하는 노동자들, 학교에서 아이들을 가르치는 선생님이 천막을 지키고 아침이면 학교로 갔습니다. 밤이면 소음과 자동차가 다니는 도로의 위험함에서, 여름이면 모기와 뙤약볕에서, 겨울이면 때로 불 없는 차가운 바닥에서 몸을 떨어야 했던, 어떤 때는 전기 없이 촛불을 켜놓고 싸워왔던 밤들이었습니다.

그래서 무관심한 사람들에게는 다시 양심을 불러일으키고, 반환 운동하는 사람들에게는 화려한 수식으로 가득한 말이 아니라 묵묵한 실천으로 원칙을 배우게 했던 그 7년의 세월과 647일의 천막농성은 그러한 귀중한 자리였기에 오늘은 참 만감이 교차하는 날입니다. 꿈에도 잊을 수 없는 부평미군기지 반환, 우리 기억 속에서 잊히지 않는 7년의 세월입니다. 뒤돌아보면 쉽지 않은 길이었습니다. 처음에는 많은 단체가 기세등등하게 시작했지만, 1년, 2년 시간이 갈수록 지쳐서 하나둘씩 떨어져 나갔습니다. 무슨 미군기지 반환이냐, 현실성이 없다는 이야기를 들으며 가슴앓이를 했던 적도 많았습니다. 미군기지는 이전으로 충분하다며 시민들이 참여하려면 주한미군 문제는 건드려서도 안 되고, 반미운동은 안 되고, 과격해서는 안 된다며 다른 단체가 생겨나는 것도 보았습니다. 민족의 운명과 직결된 미군기지 반환 운동이, 자주권을 되찾는 운동이 정치꾼들에 의해 변질되고, 명망을 얻기 위한 대상이 되는 것을 보면서 참 답답해하던 때도 많았습니다.

지금 돌아보면, 그때 우리가 힘들게 지키고자 했던 그 원칙이 얼마나 중요한 문제였는가를 다시 확인할 수 있습니다. 분명한 것은 오늘은 절대 끝이 아니라는 것입니다. 부평미군기지 반환의 과정은 아직 많은 과제를 남겨놓고 있습니다. 어쩌면 미군기지 반환 운동은 이제부터 새로운 시작을 예고하는 것이기도 합니다.

― 한상욱 인천시민회의 전 공동대표 블로그

반환 운동 주도한 인천시민회의

인천시민회의와 부공추는 초창기에는 연대활동도 했지만, 해를 거듭할수록 서로 다른 행보를 했다. 둘은 1997년 5월 14일 공동으로 '부평미군부대 시민공원 조성을 위한 5·14 인천시민걷기대회'를 개최했다. 이날 걷기대회는 한국 상황과 비슷한 일본 오키나와에서 주일 미군기지 반환 운동을 전개해온 일본인들도 함께 참여했다. 특히 이날은 오키나와 미군기지 사용계약 만료일로, 두 나라의 활동가들은 미군기지를 둘러싸는 인간띠잇기 행사를 공동으로 진행하기로 했다. 행사에는 1000여 명이 참여했다.

인천시민회의는 1998년부터 2002년까지 캠프마켓 옛 정문 앞에서 토요집회를 개최했다. 총150여 회가 넘었다. 또한 매주 수요일 정치마당을 부평을 비롯한 인천 전역에서 개최했다. 이들은 부평미군기지 반환의 필요성을 시민들에게 알려나갔고 주한미군 범죄 실상 등에 대해서도 알렸다. 특히 인천시민회의는 2000년에 들어서 보다 완강하게 미군기지 문제를 부각시켰다. 김성진 인천시민회의 집행위원장은 2000년 5월 부평미군기지 반환과 SOFA 전면 개정을 촉구하는 기자회견을 진행한 뒤 농성에 돌입했다. 공권력이 바로 투입됐고, 이에 김성진 집행위원장은 비닐 한 장으로 캠프마켓 구 정문 앞에서 단식농성을 시작했다. 이 단식 농성이 674일간의 천막농성으로 이어진 것이다. 인천시민회의는 이밖에 소식지 〈미군 없는 한반도〉를 발행하기도 했으며, 공청회와 주민설명회, 서명운동 등을 전개했다.

인천시민회의 활동 중 무엇보다 주목할 만한 것은 2000년 5월 25일부터 시작한 부평미군기지 앞 천막농성이다. 이 농성은 부평미군기지 반환이 결정되는 2002년 3월까지 지속됐다. 이 농성장은 부평미군기지 반환운동의 상징이 됐으며, 부평구민뿐 아니라 인천시민 대다수가 이 농성장을 알게 됐다. 1996년 9월 20일 인천지역 34개 시민사회단체가 참여해 발족한 인천시민회의는 2001년 4월 '부평미군기지 반환을 위한 인천시민' 3대 행동을 발표했다. 1만인 선언운동, 24시간 시민감시단 운영, 인천시민 강강술래(인간띠잇기) 개최가 그것이다. 인천시민회의는 그해 5월 미군기지 농성 1주년 기념에 맞춰 인천시민 강강술래를 개최했다.

특히 '24시간 시민감시단'은 한 달 동안 하루 24시간 캠프마켓 4개 출입구와 주변 아파트 옥상에서 미군기지를 감시했다. 미군기지의 인력과 차량 통행 상황, 기지 사용 실태 등을 낱낱이 감시한 뒤 그 결과를 토대로 유휴시설의 반환을 요구하겠다는 의도였다. 연인원 700여 명이 시민감시단으로 참여했다. 당시 시민감시단에는 배진교 남동구청장, 김상용·이소헌 부평구의회 의원, 안창현 남동구청장 비서실장, 정수영 인천시의회 의원, 김성진 정의당 인천시당위원장, 김웅호 정의당 인천시당 사무처장, 신길웅 정의당 남동을위원장, 이병길 정의당 기획실장이 참여했다. 이밖에도 이광호 인천연대 사무처장, 김종현 인천자전거도시만들기운동본부 교육국장, 장금석 인천시 시민소통관, 신규철 인천사회복지보건연대 사무처장, 방제식 계양산반딧불이축제조직위원회 공동대표, 홍춘호 시민회의 사무처장 등이 참여했다.

안창현 씨는 "시민감시단에 참여한 활동가들은 30~40대 젊은 층이 많았다. 처음에는 생소했지만, 시민감시단에 시민들이 관심을 보이면서 기운을 얻었다. 익명을 요구한 제보도 꽤 많았다. 번호판이 없는 차량도 적발해 없앴다"며 "농성장과 함께 시민감시단은 당시 미군기지 반환 운동의 꽃이었다"고 회상했다. 시민감시단은 6월 27일 해단 기자회견을 열고, 활동성과를 언론을 통해 공개했다. 시민감시단은 "캠프마켓은 군사기지로서 가치는 전혀 없고, 빵공장 등 유통 보급창고시설과 폐기물 하치장, 위락 영업소에 불과하다"고 밝혔다. 또한 "한국인을 대상으로 영업하는 카지노 시설, 외제 가구 판매상 차량의 출입 등을 목격할 수 있었고, 폐자재에 해당하는 중고 자재를 정기적으로 경매해 한국인에게 판매하기도 한다. 폐차 작업으로 인한 분진과 소음 등 환경피해도 심각한 수준"이라고 밝혔다. 이어서 "미군기지는 군사시설 용도보다는 단순 창고와 위락시설, 한국인을 상대로 하는 불법 영업의 용도로 쓰이고 있음을 감시활동을 통해 확인했다"며 "군사적 기능은 거의 상실했다"고 주장했다.[304]

인천시민회의는 2001년 8월 2000여 명이 참여한 가운데 부평미군기지 전체를 에워싸는 인간띠잇기 행사를 했다. 이 행사에는 시민사회단체 회원뿐 아니라, 대우자동차(현 한국지엠)노동조합을 비롯한 노동조합 활동가, 캠프마켓 인근 주민들이 참석했다. 미군기지 반환을 촉구하는 현수막 수백 장을 손에 들고 캠프마켓을 에워싸는 진풍경을 연출했다. 미군기지 주변에 위치한 대규모 아파트 단지 주민들도 자연스럽게 인간띠잇기 행사에 참여했다. 참여를 못하는 시민들은 아파트 베란다 등지에서 박수를 보내기도 했다. 11월, 인천시민회의는 '연합토지관리계획 무엇이 문제인가'라는 주제로 토론회도 열었다. 당시 주한미군 당국과 한국 국방부 용산사업단은 LPP에 따라 2011년까지 주한미군기지를 통폐합해 2억 4420만㎡ 중 1억 3200만㎡를 반환하고, 추가로 한국 정부가 247만 5000㎡을 매입해 주한미군에 공여하기로 합의했다. 하지만 이 LPP에 캠프마켓 반환은 배제됐다. 이런 청천벽력 같은 소식이 인천지역 사회에 알려지자 시민사회는 강하게 항의했다. 당시 부평 출신의 박상규·최용규 국회의원은 장고개길 도로 개설 부지가 포함된 일부 부지 반환은 가능하지만 캠프마켓의 완전한 반환은 어렵다고 내다볼 정도로 정세는 불리했다.[305]

인천시민회의는 2002년 1월 부평미군기지 반환 농성 600일을 맞아 2002년을 '부평미군기지 반환의 해'로 선포하고 투쟁 수위를 높였다. 2월에는 '부평미군기지 농성장에 불빛을 모으자'는 캠페인을 벌이면서 모금운동과 함께 기지 반환을 촉구하는 서명운동을 벌였다. 한상욱 인천시민회의 공동대표는 3월 16일 미 대사관을 찾아가 1인 시위를 벌였다. 바로 이어 3월 19일부터 30일까지 부평구 21개 동에서 동시에 1인 시위와 서명운동을 벌였다. 인천시민회의 회원들은 오전에는 각 동에서 미군 주둔의 부당성을 알리는 1인 시위와 퍼포먼스 등을 진행하고, 오후에는 부평역 등에서 1인 시위와 함께 서명운동을 벌였다. 그리고 미군기지 농성장에서는 '부평미군기지 반환 촉구 단식 농성'도 진행했다. 인천시민회의의 투쟁에 시민들의 지지가 늘어나는 가운데, 한국 국방부와 미군은 LPP 후속 협상을 진행했다. 결국 한미 당국은 3월 29일 캠프마켓을 LPP 반환 대상에 포함했다고 공식 발표했다. 당시 박상규 국회의원이 여당 사무총장으로서 영향력을 행사했다는 후문도 전해졌다.[306] 특히 박 의원은 15대 국회 후반기 상임위원회를 산업자원위원회에서 국방위원회로 옮기고 1998년 국정감사부터 국방부가 캠프마켓 이전에 적극 나설 것을 촉구했다.

인천시민회의는 캠프마켓 반환 결정이 나자 바로 인수특별위원회(이하 '인수특위') 구성을 인천시에 제안했다. 하지만 당시 최기선 인천시장과 바로 이어 당선된 안상수 시장은 이러한 제안을 거들떠보지도 않았다. 인천시민회의가 제안한 인수특위는 그 후 10년이 흘러 '부평미군부대 반환공여구역 주변지역 등 시민참여협의회 운영 조례'에 의해 시민참여협의회 형태로 운영되고 있다. 당시 인천시가 인천시민회의의 제안을 수용

〈인천시민회의〉

해 캠프마켓의 환경 문제를 비롯해 활용 방안 등을 모색했다면, 국내외 어디에 내놓아도 손색이 없는 방안이 나왔을 것이다.

미군기지 반환 운동의 상징 '철야농성장'

부평미군기지 반환 운동의 상징은 674일간 캠프마켓 옛 정문 앞에서 진행한 철야 농성이다. 이 농성은 당시 전국에서 들불처럼 일어났던 미군기지 반환 운동에서 유일한 사례라 할 수 있다. 그 원동력은 시민들의 지지와 참여였다. 인천시민회의는 농성 초기부터 농성일지를 작성했다. 하지만 현재는 안타깝게도 농성 8일째부터 232일까지만의 자료가 남아 있다. 남은 농성일지만으로도 당시 농성이 얼마나 처절했고, 시민들의 관심과 지지가 어떠했는지를 느낄 수 있다.

"지나가던 미국인(추측)이 택시에서 '퍽큐(fuck you)'하고 지나감. 오후 3시 40분경 엑셀차량(쥐색 인천 3가 62●●) 차량에서 작업복 차림의 40대 중반 남성이 내리더니 시비 걸려함. 경찰에 신고하니 순찰차(인천 33너 72●●) 출동, 의경 15명이 남성을 제지함. 남성이 차량 트렁크에서 '이기순 살해사건' 피켓을 내놓으며 '놓고 간다'라고 이야기함, 경찰에 조사할 것을 요구했으나, 경찰은 풀어줌. 정보과 형사도 보고만 있음"
　　　　　— 농성 24일차(2000년 6월 17일) 오후, 농성자 김덕수

농성장 설치를 놓고 경찰과 한차례 충돌한 뒤, 단식농성을 시발로 철야농성이 시작된 지 얼마 안 된 시기라 이들이 상당히 민감했던 것으로 보인다.

"오전 10시 23분께 지나가던 주부가 말없이 모금함에 무엇인가 넣고

갔고, 30대 남성이 "통근 버스를 타고 지나가다 매일 보았다. 얼마 하다 말겠지 했는데, 오래하는 것 보니 이번엔 뭔가 되겠다"는 말과 함께 과일과 음료수를 주고 갔다. 오후에도 고등학생과 교사 한 명이 음료수를 사다주고, 아이를 데리고 지나가던 주부가 격려와 함께 1만 원을 모금함에 넣었다"

— 농성 38일차(7월 1일), 농성자 김진덕 · 김학경 · 변길섭

이처럼 미군기지 농성장을 찾는 시민들의 발길은 끊이지 않았다. 심지어 폐지를 모아 생계를 잇는 노인들도 격려를 보낸 기록이 남아 있다. 당시 시민들이 철야농성을 어떻게 지지했는지, 사례 몇 가지를 더 보자.

"전대희 신부와 신학생 2명이 방문해 성금 5만 원을 내주셨고, 오후 4시 40분경에는 중학생 3명이 "아저씨 힘내요"라고 격려했다. 오후 6시 30분경에는 농성장 인근에 사는 시민 한 분이 차(인천 33다 73※)를 타고 오셔서 생수 6통, 음료 3통과 얼음을 왕창 주고 갔다"

— 농성 43일차(7월 6일), 농성자 김덕수 · 리완 · 안창현 · 장수경

특히 농성장 맞은편에 사는 주민 김정길, 유말순, 이연옥씨가 자신들의 집 전화번호를 농성 일지에 적어놓고 "필요한 것 있으면 언제든 전화하라"는 기록을 남긴 것도 눈길을 끈다. 이연옥 씨는 지금도 부평미군기지 옛 정문 앞 신촌 지역에서 살고 있다. 2000년대 후반 신촌문화마을추진위원회 총무를 맡아 재개발을 반대했으며, 부평미술인회 총무도 지냈다.

"한 시민이 삼계탕을 많이 끓여오심. 감동! 시민의 마음 받아 열심히 먹고 투쟁(웃음). 삼계탕 주신 분이 그릇을 찾으러 왔기에 월간 〈아름다운청년〉 78호[307]를 선물로 드리고 연락처를 드렸다. 노래도 배우고 미군범죄에 대해 자료를 읽고 이야기를 나누었다. 피켓은 없었지만, 1시간 가량 시민들에게 미군범죄에 대해 알렸다"

— 농성 67일차(7월 30일)

이 날은 중복 즈음으로 추정된다. 삼계탕을 가져다줄 정도로 시민들은 반환 운동을 지지했다.

"지나가는 아저씨가 추운데 고생한다며 2000원을 모금함에 넣어주셨다. 잠시 졸았는데, 일어나니 포장된 오징어 덮밥과 우유가 비닐봉지에 담겨 있었다. 배고픈 농성자를 위한 것이라고 생각하고 맛있게 먹었다. (…) 저녁 10시 20분경 금강산 출장뷔페 차량 아저씨가 고생한다고 콜라 PT 3개를 주고 가심. 신문 보다 하도 열 받아서 들렀다며 열심히 하라고 격려하고 가심. 밤 10시 30분경 경찰 차량 와서 정복 경찰관이 왜 사람들이 자꾸 오냐고 물어보고 감"

— 농성 148일차(10월 19일)

"박스(폐지) 수집하는 할아버지 한 분이 빵과 우유를 사다주셨다. 수레에는 폐지 등이 한 짐이다. 수레 한 짐 실어야 겨우 3000원 받는다고 한다. 가슴이 짠했다"

—170일차(11월 10일)

농성일지에는 농성장이 매우 힘들게 유지됐다는 것이 짐작 가능한 대목도 꽤 있다.

"눈 내린다. 기분이 이상타. 크리스마스이브인데, 미군 놈들은 지금 뭘 할까. 가스(난방기)가 떨어질 때가 됐다. 어떻게 될지 매우 불안하다. (…) 드디어 새벽에 가스가 떨어져 춥다"
— 농성 214일차(12월 24일) 저녁, 농성자 김정은 · 허형진/숙직 방제식

"윽 너무 뜨겁다. (…) 농성자가 꼭 2명 있어야 할 것 같습니다. 화장실 가고 싶은데, 식은땀 흘리며 참았습니다. 물도 없고, 인천연대 여성모임 에서 지지 방문, 커피와 김밥, 얼음물 챙겨주셔서 감사합니다"
— 농성 62일차(7월 25일), 농성자 양성일

이용규 전 노동자통일대 백두 대표는 2007년 1월 10일 자신의 블로그에 "농성일지를 보면 674일 동안 천막농성을 지켜낼 수 있었던 힘이 어디에 있었는지 찾을 수 있다. 천막농성 240일째. 영하 20도를 넘나드는 한겨울의 맹추위. 오후에 지나가던 할머니가 추운데 고생한다며 빵 한 봉지를 사다주셨다. 아주머니 한 분이 수고하라며 모금함에 만 원짜리 지폐 한 장을 넣어주고 갔다. 하루하루 농성을 지키는 일은 쉽지 않은 일 이었지만, 주변 시민들의 격려와 위안이 천막농성장을 지키는 우리들을 지키고 있었던 것"이라는 글을 올렸다.

이소헌 부평구의회 의원은 당시를 이렇게 회상했다.

"여름에는 더위와 겨울은 추위와 싸우면서 버티었다. 여성 참가자들은 화장실 문제로 더 고통스러웠다. 화장실을 이용하려면 농성장을 비우고 부평공원 화장실까지 가야 했다. 농성장을 오랫동안 방치할 수 없어, 여성 농성자는 더워도 시원한 물을 마음 놓고 마실 수가 없었다"

잔잔한 글도 있다.

"농성을 처음 시작할 무렵 찍어본 라일락사진입니다. 시간은 벌써 겨울로 흘러왔군요. 미군기지 반드시 되찾아요. (…) 6시가 되니 벌써 어둑어둑하다. 책을 보느라 날이 어둑어둑해지는 것을 모르고 있었는데, 시나브로 찾아든 어둠에 고개를 들다 새삼 놀랐다. 근데 갑자기 불빛이 번쩍한다. 경찰인가 하고 나가보니, 인천전문대 교지편집위원회 소속 학생들이 왔다. 교지 표지 사진으로 (농성장을) 내보내려고 촬영한단다. 점심때 남일전자노조 현판식에서 얻어온 떡을 먹고 가라고 하니 민망해 하다가 먹고 갔다"

— 농성 164일차(11월 4일), 농성자 정영숙

긴 농성을 하다 보니 에피소드도 많이 있었던 것 같다. 그 중 몇 가지를 소개한다. 2002년 부평권리선언운동본부 대변인을 맡았던 안창현 씨와의 인터뷰 중 일부분이다.

"솔직히 이 일은 아는 사람이 얼마 되지 않는다. 2002년 4월에서 5월 사이로 기억하는데, 부평미군기지를 10여 명이 월담한 적이 있다. 미군기지 반환 발표 후 농성장이 있던 미군기지 구 정문 옆에 솟대를 세우고 현수막을 걸었다. 농성장은 아직 운영 중일 때였는데, 농성하는 사람에게 미군기지 현수막과 솟대 등이 사라졌다고 전화가 왔다. 부평권리선언운동본부에 있던 회원 10여 명이 화가 나서 달려갔다. 미군기지 안에 있던 사람이 솟대와 현수막을 제거했을 것으로 생각하고, 모두 기지 안으로 월담했다. 화가 나서 월담했지만, 막상 군사 기지에 들어가니 뭘 어떻게 해야 할지 몰라 서로 쳐다만 봤다.(웃음) 경비하는 한국 아저씨도 우리가 10여 명이나 되니 멀뚱멀뚱 쳐다만 보고 어떻게 하지 못했다. 기억으로 서로 몇 분을 쳐다만 봤던 것 같다. 그런데 기지 안쪽 담벼락을 보니 그동안 사라진 현수막 10여 개와 솟대 등이 쌓여 있었다. 우리는 현수막과 솟대를 가지고 나왔다. 당시는 혈기 왕성한 때라 무서울 게 없었지만, 일이 크게 번졌을 수도 있었다"

"농성장은 처음엔 비닐 한 장으로 시작했다. 김성진·한상욱 선배가 단식농성을 시작했는데, 비가 오니 비닐 한 장 쳤고, 겨울이 오니 비닐이 두 장, 세 장으로 늘어났다. 지금은 방송국에서 잘 나가는 PD인 친구가 숙직을 서다가 잠이 들었는데, 농성장이 엉성했던지 동네 할머니가 '총각 여기서 이러면 안 돼. 집에 가서 자라'고 깨우기도 했고, 노숙자와 같이 잠을 자고 있기도 했다"

친일파와 환경문제 집중

"1996년 출범한 인천시민회의가 지금까지 걸어온 길을 보면, 1단계는 말 그대로 주한미군에 빼앗긴 우리 땅을 되찾기 위한 투쟁의 시기였다. 2단계는 친일파 송병준 후손에 의한 땅 찾기에 맞선 투쟁의 시기였다. 1, 2단계 모두 외세와 관련한 문제였다. 3단계는 오염된 우리 땅을 어떻게 정화하고, 대다수 시민들이 동의하는 올바른 활용 방안 도출을 모색하는 시기다. 지금이 3단계이고, 현재진행형이다"

이광호 인천시민회의 집행위원장의 설명이다. 미군기지 반환 결정 후 인천시민회의는 친일파 후손에 의한 조상 땅 찾기에 대응해야 했다. 어렵게 되찾은 땅을 친일파 후손에게 빼앗길 상황이 된 것이다. 대표적 친일파인 송병준의 증손자가 캠프마켓 주변 땅이 자신의 조상 땅이라고 국가를 상대로 소유권을 주장하고 나섰다. 1995년과 97년에 이은 세 번째 소송이었다. 송병준의 증손자 송씨 등 7명은 2002년 9월 캠프마켓 부지인 산곡동 토지 13만 3000평의 소유권을 돌려달라며 국가를 상대로 '원인무효로 인한 소유권 등기말소' 청구소송을 제기했다. 이 소식이 뒤늦게 알려지자, 인천시민회의는 강하게 반발했다. 2004년 1월 10일 '친일파 송병준 후손들의 미군기지 소유권 주장 인천시민 규탄대회'를 부평역 앞에서 개최했다. 이날 집회에 참석한 수백 명은 친일파 규탄 퍼포먼스를 진행하고, 태극기를 머리에 두르고 부평대로를 행진했다. 이들은 또 부평역을 비롯한 부평 전역에서 탄원서명과 캠페인을 벌였다. 인천시민회의 대표들은 1월 19일 미군기지 앞에서 기자회견을 열고 송병준 후손에 의한 땅 찾기 소송을 반대하는 서명운동을 시작한 지 2주 만에 1만 명을 돌파했다며 1월 27일 탄원 서명부를 서울중앙지방법원에 제출할 것이라고 밝혔다.

인천시민회의는 2005년 7월 25일 인천지역 각계각층 인사 1000여 명의 서명을 받아 송병준 후손의 패소를 요구하는 진정서를 법원에 또 제출했다.[308] 하지만 1심 재판부는 특별한 사유 없이 재판을 무기한 연기했다. 이에 인천시민회의는 9월 23일 '친일잔재 청산과 미군기지 무상반환, 인천시민 10만 서명운동'을 시작했다. 10월 18일에는 친일파 송병준의 묘지(용인시 양지면 추계2리)를 찾아가 항의 집회와 함께 묘지에 금줄을 치는 퍼포먼스를 진행했다.[309] 송병준 후손의 조상 땅 찾기 소송은 결국 1심에서 패소했다. 그해 12월 열린우리당 최용규 국회의원과 민주노동당 노회찬 국회의원이 대표 발의한 '친일반민족행위자 재산의 국가귀속에 관한 특별법'이 발효됐다. 2010년 8월에는 문병호, 홍영표 국회의원 등 7명이 법원에서 송씨의 소송을 규탄하는 청원서를 제출했다. 송씨의 소송은 모두 기각됐다. 또한 헌법재판소는 2011년 3월 친일재산국가귀속특별법이 합헌이라고 결정했다.

오염정화와 올바른 토지 활용 방안 도출이 과제

인천시민회의의 활동은 계속되고 있다. 인천시민회의는 2006년 3월 28일, 미군기지 반환 결정 4주년 기자회견을 열고 '반환 전 미군기지 내 환경조사'를 촉구하며 시민사회와 시민들의 관심을 계속적으로 이끌어냈다. 9월 12일에는 민주노동당 등과 함께 24시간 환경오염감시 돌입 기자회견도 진행했다. 또한 2007년 반환 결정 5주년을 맞아 조기 반환

〈평화와참여로가는인천연대〉

과 오염자부담원칙에 따른 환경오염 복원을 촉구했다. 2007년 8월, 인천시가 갑자기 캠프마켓 부지에 종합병원을 비롯한 실내수영장 등을 신설하겠다고 밝혔다. 인천시민회의는 강하게 반발하면서 저지 운동에 나섰다. 당시 인천시가 마련한 '공여구역 주변지역 등 발전종합계획(안)'을 보면, 부평미군기지 터를 가칭 신촌공원 29만 1000㎡(47.3%), 병원 13만 6000㎡(22.1%), 도로 9만㎡(14.6%), 녹지 4만 5000㎡(7.3%), 경찰서 2만 1000㎡(3.4%)으로 조성할 계획이었다. 시는 8월 10일 시민공청회를 연 뒤 행정자치부(현 안전행정부)에 이 계획안을 제출할 계획이었다.

이에 대해 인천시민회의는 "미군기지 반환 발표 이후 계속적으로 활용 방안을 찾기 위한 위원회 구성, 환경오염 조사 등을 수차례 요구했다. 하지만 인천시는 침묵으로 일관했다. 행자부에 계획안을 제출하기 위해 일방통행식의 활용 방안을 발표한 것은 받아들일 수 없다"고 항의했다. 8월 10일 부평구청에서 열린 공청회는 시민들의 반대로 무산됐다. 종교계의 힘도 크게 작용했다. 인천성모병원을 운영하는 가톨릭에서 미군기지 터에 대형 병원이 들어서는 걸 반길 리 없었다. 당시 인천성모병원은 부평구로부터 건축허가를 받고 지하 3층, 지상 14층 규모(병상을 405개에서 700개로)의 건물을 신축 중이었다. 또한 옛 경찰종합학교 부지에 1만 6528㎡ 규모의 병원 확장을 계획하고 있었다. 부평미군기지 터의 70%를 공원으로 조성하고, 나머지 30%에 공공시설을 설치한다는 활용계획이 큰 틀에서 결정된 후, 미군기지 환경오염 문제가 부상했다.

2011년 5월 19일, 퇴역 주한미군 스티븐하우스가 경북 왜관 미군기지(캠프캐럴)에 고엽제 250여 드럼을 매립했다고 증언한 후 인천시민회의는 인천지역 제 정당, 시민사회단체, 종교계, 주민대책위 등과 함께 '부평미군기지 맹독성 폐기물 진상조사 인천시민대책위원회'를 구성했다. 2011년 6월 8일 부평미군기지 정문(gate #2)에서 발족 기자회견을 열고, 캠프마켓의 환경오염 조사와 치유, 향후 올바른 활용 방안 도출에 집중하고 있다.

김성진 정의당 인천시당위원장

1996년부터 부평미군기지 반환 운동을 7년간 이끌었다

노상에서 비닐 한 장을 덮고 단식농성을 시작한 것이 철야농성으로 이어졌다. 그 철야농성을 674일 동안 진행했다. 시민감시단, 인간띠잇기, 토요집회, 철야농성까지, 이 모든 것은 인천시민들이 함께했기에 가능했다. 그래서 부평미군기지 되찾기 운동을 위대한 인천시민의 승리라고 하는 것 같다.

미군기지 문제는 우리 사회에서 성역 중 하나라, 어려움이 많았을 것 같다

돌이켜보면 지금이야 아름다운 추억이지만, 처음부터 끝까지 참으로 눈물겨웠던 활동이고 투쟁이었다. 당시 일부 시민이 색안경을 끼고 외면할 때나, 헤아릴 수 없는 집회와 행사에도 반응이 없는 미군과 대한민국 정부의 모습에서 함께한 회원들이 힘들어했다. 기약 없는 반환 운동이라는 생각과 계란으로 바위를 치는 느낌도 들었다. 그렇기 때문에 당시 시민들의 관심과 참여가 우리뿐 아니라 시민들에게도 큰 힘이 됐다.

인천 시민운동사에 큰 획으로 평가하고 싶은데

인천은 한국전쟁 피난민도 많고, 충청도나 전라도에서 배타고 올라와 정착한 사람도 많은 도시다. 여기에 1960년 이후 일자리를 찾아 올라와 결혼하고 터 잡고 사는 분들이 많다. 앞으로도 그럴 것이다. 그래서 인천엔 주인이 없다는 주장이 꽤 나온다. 하지만 인천의 시민운동사를 보면, 인천은 절대로 주인 없는 도시가 아니다. 인천의 대표적 사학비리 학원인 선인학원을 시민들의 참여로 시립화했다. 잘못된 정부 정책으로 추진된 굴업도 핵 폐기장도 시민들이 참여해 막아냈다. 이외에도 대기업의 개발 횡포로부터 계양산 등을 지켜냈다. 부평미군기지 반환 결정도 시민운동의 결실이었다.

674일간 철야농성의 첫 시작을 연 셈인데

집회에서 구호 몇 번 외친다고 문제가 해결될 것 같지 않았다. 인천시민회의 간부들이 특단의 조치가 있어야 한다는 데 의견을 모았다. 그 방법으로 단식을 선택했는데, 선뜻 나서는 사람이 없었다. 공교롭게도 그날 회의석상에서 제가 가장 선배라서 모두 저를 쳐다봤다. (웃음). 선택의 여지가 없었다. 비닐 한 장 깔고 단식농성을 시작했는데, 가랑비가 내려 우산을 들었고, 잠을 자기 위해 비닐 한 장을 더 쳤다. 땅따먹기처럼 비닐 한 장으로 야금야금 농성장을 넓혀 나갔다. 비닐 한 장이 두 장이 됐고, 우산이 기둥이 됐고 나중엔 농성장의 네 기둥이 됐다.

부평미군기지 활용 방안에 대해선 어떻게 생각하는가?

인천시민회의는 부평미군기지 반환 결정 이후 인수위원회 구성과 환경조사 실시를 인천시에 줄기차게 요구해왔다. 벌써 10년이 넘었다. 만약 당시 지방자치단체가 인수위원회 구성 등을 수용해 활동했다면 환경문제를 비롯해 활용 방안 도출 등에서 괄목할 만한 성과가 나왔을 것이다. 부평미군기지 활용 방안은 어느 정도 가닥이 잡혔다고 본다. 하지만 활용 방안을 수립하는 데 여전히 시민과 전문가 등의 참여 폭이 좁아 아쉽다.

이광호 평화와참여로가는 인천연대 사무처장

미군기지 반환 결정 이후 인천시민회의 활동은 어떠했나?

인천시민회의 활동을 3단계로 나눌 수 있다. 1단계는 반환 결정까지의 투쟁이었고, 2단계는 친일파 송병준 후손의 땅 소송 관련 투쟁이었다. 3단계는 환경오염 정화와 향후 토지 활용계획 수립을 위한 활동이라고 볼 수 있다. 저는 3단계에 본격적으로 결합했다. 활용 방안과 관련해 인천시가 처음엔 종합병원 유치를 계획해 논란이 일기도 했다. 논란 끝에 주민여론 조사 결과를 반영해 공원 70%, 공공시설 30%로 활용하기로 했다. 이를 바탕으로 도시계획을 결정해 고시했다.

인천시민회의 3단계 활동을 좀 더 구체적으로 이야기해 달라

공원을 조성하는 데 드는 막대한 비용을 만들기 위해 행정기관이 움직였다. 대학, 대학병원, 심지어는 기지 일부를 아파트 부지로 쓰자는 이야기까지 나왔다. 시민들이 찾은 땅을 지켜내자는 운동이 시작됐고, 공원으로 써야 한다는 주민들의 의견을 모아냈다. 또, 안전하고 깨끗한 공원을 만들자는 시민들의 요구도 컸다. 그런데 환경기초조사 결과가 심각했다. 앞으로 환경오염 정화문제와 시민들의 공감대가 형성되는 토지 활용 방안을 도출하는 데 집중할 계획이다.

부평미군기지의 환경오염 실태와 대책에 대해서 고민은?

이미 언론 등을 통해 알려졌듯이 기지 토양과 지하수 오염이 심각하다. 폐차장 등 미군수품 재활용센터DRMO 시설이 있었던 부지의 토양 오염과 고엽제 매립 의혹 문제를 말끔히 해결해야 한다. 부산 하야리야 기지는 DRMO 시설에 대한 환경조사를 하지 않았다. DRMO 시설 환경조사는 전국에서 부평이 처음으로 이뤄질 것이다. 퇴역 미군의 증언에 따르면, 고엽제 물질을 부
평으로 옮겨와 묻었다고 한다. DRMO 시설 부지일 가능성이
높다. 면밀히 살펴볼 필요가 있다. 기지 전체를 조사해야 하고,
이렇게 조사하고 정화하는 데 2년은 걸릴 것으로 보인다.

미군기지 관련 향후 활동 방향과 계획은?

쟁점을 정리하면, 첫 번째는 환경오염 문제다. 두 번째는 공원 등
을 만들어 운영하는 주체의 문제다. 부산은 시설관리공단에서
관리 · 운영한다. 인천도 행정이 할 것이냐, 시민이 할 것이냐, 운
영 주체를 정해야 한다. 외국 사례를 보면 시민들이 법인을 만들
어 운영하기도 한다. 시가 전체적으로 관리하고 시설이나 프로
그램을 관련 전문기관이나 법인에 위탁할 수도 있다. 논의가 필요하다.
또한 시 자체적으로 운영하는 데는 부담이 크니 국가공원으로 지정을 받아 국가
가 관리 · 운영하는 방안도 검토할 수 있다. 지방자치단체가 개발할 경우 재정 확
보가 어려워 난개발이 될 수도 있다. 국가공원화로 이를 방지할 수도 있을 것이
다. 최근 국가공원화를 위한 네트워크가 전국적으로 형성됐다. 마지막으로 부평
미군기지는 시민의 힘으로 되찾은 우리 땅이라는 점을 강조하고 싶다. 이 땅의
역사를 감안한 활용 방안을 도출할 것이다.

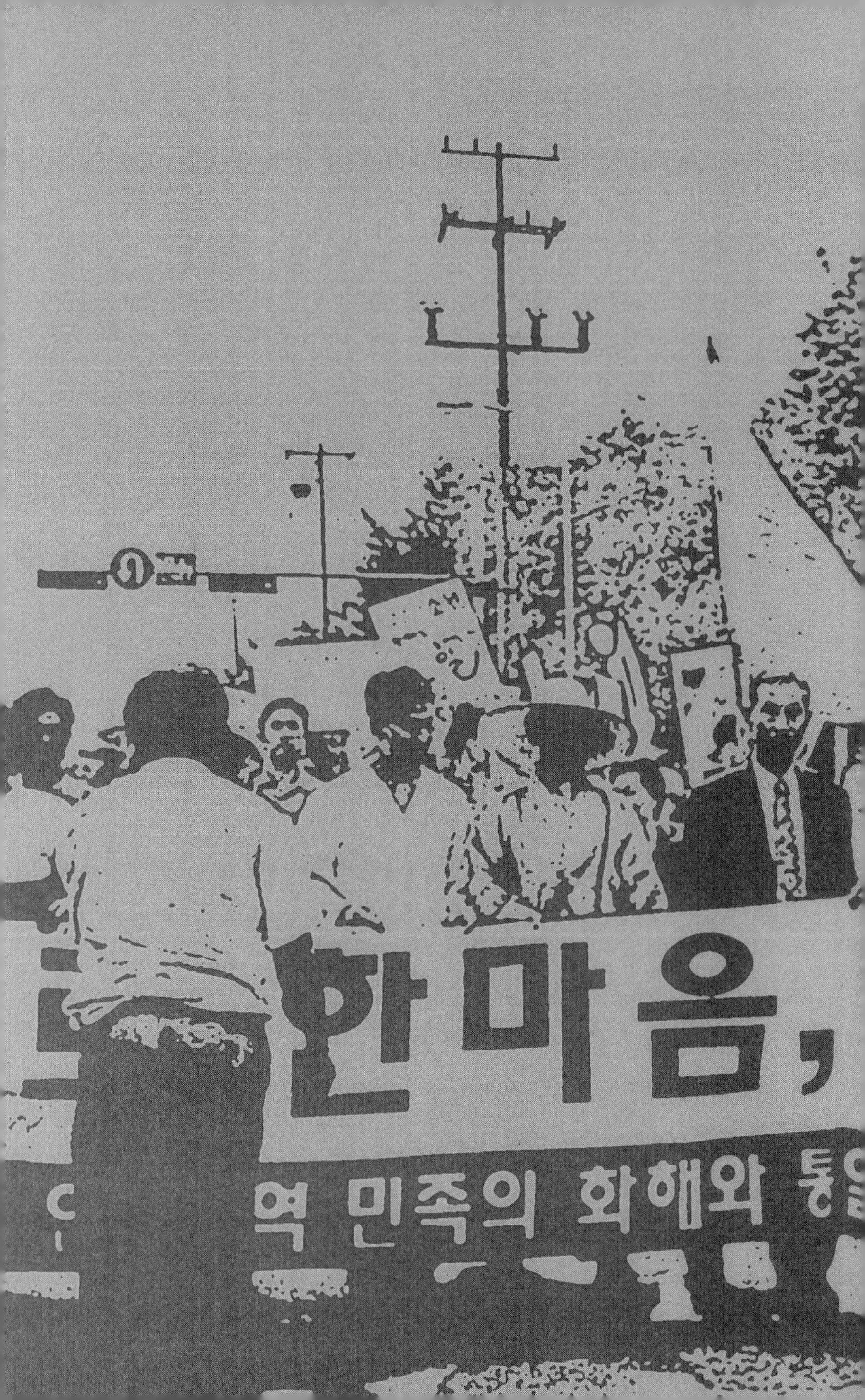

한마음,
역 민족의 화해와

12

미군기지 문제
정치 쟁점화시킨
부공추

부공추의 활동은 한마디로 부평미군기지 문제를 효과적으로 정치쟁점화 했다고 평가할 수 있다. 인천시민회의가 선진적 활동가 중심으로 밑바닥에서 시민들을 만났다면, 부공추는 제도권 내 활동과 함께 시민들을 만나면서 미군기지 문제를 공론화했다. 부공추는 1996년 4월 28일 산곡동, 부평동 주민들이 부평미군기지 대책을 논의하기 위해 샘터교회에서 모인 것을 기지 이전 운동의 시발로 보고 있다. 그해 11월 5일 인천 부평청년회의소에서 가칭 '부평미군부대 공원화추진 시민협의회' 창립을 위한 발기인대회가 열렸다. 그리고 이듬해 3월 10일 창립대회를 열고 본격적인 활동에 들어갔다.

부공추는 국회와 정부에 대한 청원 서명운동을 개시하고, 인천시민회의와 공동으로 1997년 5월 14일 인천시민 걷기대회를 개최했다. 또한 그해 12월 실시된 대통령 선거에서 후보자들에게 부평미군기지 이전에 관한 공약 여부를 질의해 답변을 얻어내기도 했다. 1998년 4월에는 인천시민 걷기대회를 시민 200여 명이 참여한 가운데 개최했다. 그해 6월에는 지방선거에 출마한 부평지역 후보자들을 상대로 정책 설문 조사를 실시했다.

"부공추 활동도 3단계로 볼 수 있다. 1단계는 캠프마켓 이전운동 시기였다. 2단계는 공여구역 특별법 제정과 함께 인천시의 토지매각 반대운동 시기였다. 마지막 3단계는 시민들이 공감할 수 있는 활용 방안 모색 시기다"

―신봉훈(홍영표 국회의원 보좌관)

1999년 김대중 대통령과
클린턴 미국 대통령에게 보낸 이메일

우리는 부평에 거주하고 있는 개인과 사회단체들로 구성된 '부평미군
부대공원화추진시민협의회'의 회원들입니다. '부평미군부대공원화추진
시민협의회'는 부평지역에 16만 1000여 평을 점유하고 있는 미군부대
'캠프마켓'의 이전을 추진하고 그 지역을 부평시민의 휴식공간인 녹지공
원으로 활용되기를 목적으로 결성되어 활동하고 있는 시민단체입니다.
주지하시다시피 부평의 한복판에는 '캠프마켓'이 16만 1천여 평의 부지
를 점유하고 있으나 '캠프마켓'에 상주하고 있는 실제 군병력은 소수에
불과한 것으로 확인되고 있습니다. 이에 우리는 다음과 같은 문제점을
지적하지 않을 수 없습니다.

첫째, '캠프마켓'은 이미 군사적인 효용성을 상실했습니다. 주변 아파
트단지에서 군부대 전경이 훤히 들여다보이는 지금의 '캠프마켓'은 군사
적인 용도로서 사용하기 어려울 뿐더러 현재 일부 토지만 군수용으로 사
용하고 있는 실정입니다.

둘째, 사용용도에 비해 너무나 많은 공간을 점유하고 있습니다. 부평
의 인근 100만에 이르는 시민들은 도시생활에 있어 휴식을 취할 수 있는
변변한 공원도 없는 반면 '캠프마켓'은 대부분의 공간을 미활용하고 있어
우리 시민들은 분노하고 있습니다.

셋째, '캠프마켓'은 부평시내 한복판에 위치하고 있어 도시발전에 중대
한 장애가 되고 있습니다. 부평은 급격한 도시화가 진행된 지역이어서
도로망 등 도시 기본시설의 확보가 시급함에도 불구하고 '캠프마켓'으로

인해 도로망 확보뿐 아니라 부평지역 도시계획 전체를 가로막고 있는 실정입니다.

우리는 위와 같은 문제점을 해결하려고 검토한 바 이 문제의 이면에는 한미주둔군지위협정 자체에 근본적인 불평등성이 있음을 알 수 있었습니다. 한미주둔군지위협정 제2조 1항 (가)에는 개개의 시설과 구역에 대한 제협정은 합동위원회를 통하여 양국정부가 체결하도록 되어 있고 2항에서는 시설과 구역의 반환여부에 대하여도 합의할 수 있도록 하고 있습니다. 1991년 개정 시에 양국은 1.시설구역분과위원회는 더 이상 필요로 하지 않는 시설과 구역의 반환을 목적으로 매년 1회 이상 주둔군지위협정 2조 하에 공여된 모든 시설과 구역을 검토한다고 하여 대한민국 정부가 어느 때든지 합동위원회 또는 시설구역분과위원회를 통하여 주한미군에게 특정한 시설과 구역의 반환을 미국 측의 선의에 의존하고 있게 하고 있어 문제로 제기되고 있는 것입니다.

우리와 비슷한 독일 같은 경우 "군대 및 군속, 그들이 사용중인 시설의 수와 규모가 그들에게 소요되는 최소한도로 제한되고 있음을 확인하기 위하여 시설의 수요정도를 계속 검토한다. 그 이외에도 그들은 독일 당국의 요청에 따라 특수한 경우에 개별적으로 그들의 소요량을 검토해야 한다. 사용기간에 관한 특수한 협정에 구애됨이 없이 필요성을 상실하였거나 또는 군대 및 군속의 수요를 충족할 다른 시설이 대치된 때에는 그 시설은 독일 당국에 대해 사전통고를 행한 후에 지체 없이 사용을 해제하여야 한다"라고 규정하고 있습니다.

또한 "위 규정은 군대나 또는 군속이 시설 전체를 사용할 필요성을 상실한 결과 그 중 일부를 해제할 수 있게 된 때에도 이를 원용한다. 전항의 규정에 구애됨이 없이 독일 당국이 공동방위 임무를 고려하여 이러한 시설을 사용함에 있어서 독일의 이익이 우선한다고 인정하는 때에는 특수시설의 사용을 해제하여야 한다" 라고 규정되어 있습니다. 이렇듯 독일의 보충협정과 필요성 소멸시 무조건 반환의 원칙을 규정한 미일의 협정에 비추어 볼 때, 우리의 경우는 주권을 제한하고 우리 국민의 재산권을 부당히 침해하는 것입니다.

이에 우리는 다음과 같이 요구하고자 합니다.

- 정부와 미국당국은 한미주둔군지위협정을 조속히 개정하고 특히 시설과 구역부분에 있어 군사적 필요성이 없는 경우 우리정부가 요구하면 미군은 조속히 반환할 수 있도록 개정해야 한다.

- 정부와 미국당국은 상호 협의하여 '캠프마켓'의 조속한 이전을 추진해야 한다.

- 정부와 지방자치단체는 '캠프마켓'이 이전되면 시민 녹지공원을 조성해야 한다.

- 지방자치단체와 지방의회에서는 '캠프마켓' 이전을 위한 구체적인 계획을 수립하고 이를 전담할 부서와 인력을 배치해 체계적인 사업추진을 전개하라.

- '캠프마켓'을 이전하기까지 잠정적인 조치로 군사상 필요한 범위내의 토지만을 미군이 사용하고 나머지 토지는 부평시민을 위한 공원으로 개방할 것을 요구한다.

우리는 21세기를 즈음하여 한미관계가 대등하고 서로를 존중하는 관계로 발전해 나가기를 바라며, '캠프마켓'을 이전하기까지는 군사상 필요한 범위 내의 토지만을 미군이 사용하고 나머지 토지는 부평시민을 위한 공원으로 개방하여 군과 민이 서로 불편을 주고 불신을 주는 존재가 아니라 함께 공존하는 관계로 나아가는 것이 진정한 안보의 토대가 되리라 확신합니다.

아울러 위의 요구사항에 대해 귀하의 견해를 1999. 12. 10. 까지 구체적인 입장과 향후 계획에 대해 우리에게 보내주시기 바랍니다.

1999년 11월 15일
부평미군부대공원화추진시민협의회

(공동대표) 김도영 김성복 신종철 오순부 이필주 최용규
부평JC/ 산곡동,부평동주민대책위원회/ 인천지역감리교목회자협의회/ 부평시민모임 / 부평사랑회 / 시민포럼비젼21

미군기지 이전 주민투표로 결정하자

부공추는 그해 미군기지 관련 소식지 1만부를 3차례 제작해 캠프마켓 주변지역 아파트에 배포해 시민 공감대를 형성해나갔다. 1999년과 2000년에 인천시민 걷기대회를 개최했다. 2000년 걷기대회는 인천시민연대와 부평문화원, 경인일보, iTV가 후원하기도 했다. 당시 부공추 공동대표는 김도영(부평청년회의소회장/회계사), 김성복(산곡,부평동주민대책위원장/목사), 신종철(인천지역감리교목회자협의회/목사), 오순부(부평시민모임대표/노동운동가), 이필주(부평사랑회장/시민운동가), 최용규(전 부평구청장/변호사)가 맡았다. 고문으로는 김기석(전 부평시민모임 상임대표), 김병상(부평1동 주임신부), 박상규(민주당 국회의원, 부평갑), 이재명(민주당 국회의원, 부평을), 진영광(자민련 인천시지부장)이 있었다.

부공추는 특히 2000년 15대 총선에 출마한 인천지역 후보자 전원에게 부평미군기지 이전에 대한 정책 공약화 여부 설문조사를 실시해, 인천지역 이슈로 끌어올렸다. 후보들은 이전에 모두 동의했다. 곽경전 부공추 집행위원장은 "1998년 지방선거 때는 안보를 이유로 이전을 반대했던 후보자가 2000년 총선에서는 적극 찬성자로 바뀌었다"며 "그 후보자의 정치적 신념이 바뀌었다기보다는 미군기지 이전 여론이 대세가 됐기 때문이었다"고 당시를 평가했다. 부공추는 2000년 9월 캠프마켓을 둘러싸는 인간띠잇기 행사를 성공리에 개최했다. 대회 참가자들이 길이 1m의 줄과 풍선을 이어 잡는 방법을 택했는데, 인간띠잇기가 이뤄진 구간은 '옛 현대백화점~굴포천 복개구간~동아아파트~우성아파트'

1.8km였다. 인간띠잇기 추진본부에 지역 정치권 인사들이 공동대표나 상임대표 등으로 참여한 점에서 인천시민회의와 차별성을 보였다. 원주에 있는 시민단체들이 이 행사를 벤치마킹해 2001년 5월 원주에서도 인간띠잇기 대회가 열렸다. 원주 인간띠잇기 행사 안내지 표지에는 부공추에서 실시한 행사 사진이 활용되기도 했다. 표에 민감한 정치인이 부공추 대표단에 참여한 것을 두고 부공추가 정치적으로 이용됐다는 평가가 나올 수 있지만, 시민운동의 지평을 넓혔다는 측면에서 긍정적이다. 특히 지자체의 적극적인 후원과 캠프마켓 주변 아파트 단지의 지원을 이끌어낸 점도 긍정적 요소라 할 수 있다.

부공추는 미군기지 문제를 주민 스스로 결정할 수 있는 전술을 채택해 전국적인 주목을 받았다. 전국 최초로 주민투표 조례 제정을 위한 청원 서명운동을 추진한 것이다. 성역인 미군기지 문제에 대해 주민 의사를 묻는 조례 제정을 청원하는 운동으로 시민운동이 한 단계 도약하는 계기를 만들었다. 부공추와 인천참여자치연대, 인천시민연대, 지금은 사라진 민족사랑청년노동자회 등이 주축이 돼 '부평미군부대 이전에 관한 구민투표 조례 제정 추진본부'를 결성했다. 이 사업의 아이디어는 고양시 백석동 주민투표 운동에서 얻었다. 부공추는 아파트 부녀회장단 간담회 등을 열고 서명운동을 시작했다. 부평구민 1만 5194명의 서명을 받아 부평구에 구민투표 조례 제정을 청구했다. 부평구의회는 그해 12월 18일 이 조례안을 가결했다. 첫 사례라는 점에서 모두 힘든 과정을 겪어야 했다. 부공추 활동가들은 물론이고 부평구 공무원들조차 어떻게 해야 할지 잘 몰라 서로 법률을 공부하며 준비했다. 청구인 서명을 받고자 할 때 서명을 받을 수 있는 사람 즉 '수임자'를 선정해 구청에 등록해야 했고, 구청

2001년 12월 12일 부공추는 부평미군기지 이전에 관한 주민 투표 조례 개정 청구인 명부를 부평구청에 제출했다. 〈부평구청〉

은 신고한 사람의 신원을 조회한 후 등록증을 교부하는 방식이었다. 하지만 당시 최기선 인천시장의 지시로 부평구가 부평구의회의 조례안 가결에 재의를 요구했다. 그럼에도 불구, 이 조례 제정 운동은 지역민이 지역 현안을 해결하기 위해 스스로 움직인 직접참여민주주의의 모범 사례로 평가되고 있다. 이 사례를 의정부와 평택 지역 시민단체들이 본받아 미군기지 관련 주민투표 조례 제정 운동을 벌이기도 했다.

법적 구속력이 없어도 주민투표가 미군 당국에 영향을 준 사례가 있다. 중남미 푸에르토리코의 비에케스라는 섬[310]은 우리나라 매향리처럼 국제적으로 유명한 미 해군 폭격장이 있었다. 미 해군 폭격 연습으로 인한 피해가 속출하자, 섬 주민들은 투쟁하기 시작했다. 하지만 미군은 무반응으로 일관했다. 이에 2001년 7월 27일 섬 주민 5900명을 상대로 미 해군 폭격장 폐쇄 여부를 묻는 주민투표를 실시했고, 투표자 중

부공추는 2002년 3월 9일 부평미군기지 이전을 위한 걷기대회를 개최했다. 이 날 행사에는 미군기지 주변 아파트 주민들도 상당수 참여했다. 〈부평구청〉

68%가 폭격장 폐쇄에 찬성했다. 이로부터 3일 후인 7월 30일, 미 국방 당국은 2003년까지 비에케스의 미 해군 폭격장을 폐쇄한다고 전격 발표했다. 미국은 주민투표와 관련 없이 국제 전략에 따른 일정이라고 발표했다.

부공추는 2002년 3월 5차 인천시민걷기대회를 개최했다. 그리고 부평미군기지 반환 결정이 발표된 후 4월 26일 '반환 확정 기념 부평구민 축하한마당 잔치'를 부평공원에서 개최했다. 2003년에는 부지 활용 방안에 대한 시민토론회를 개최했다. 또한 인천시민회의처럼 친일파 송병준 후손의 소유권 소송도 규탄했다. 지역 인사들의 탄원서를 재판부에 제출하기도 했다. 부공추는 2004년 단체 목적과 사업방향을 다시 설정했다. 규약 개정 등을 통해 기구를 정비하고, 기존 이전 운동에서 부지 활용과 재원 확보 등의 정책대안 발굴, 시민참여운동으로 전환했다. 지금

부공추는 2002년 3월 9일 부평미군기지 이전을 위한 걷기대회를 개최했다. 〈부평구청〉

은 '부평미군기지 맹독성 폐기물 진상조사 인천시민대책위원회'에 함께

참여하고 있다.

문병호 민주당 국회의원

부공추 집행위원장으로 한때 활동했는데

1998년부터 집행위원장을 맡았던 것 같다. 주민찬반투표 조례 제정을 위한 활동도 했고, 인간띠잇기 행사를 개최한 것이 기억에 남는다.

어려움도 많았을 것 같은데

우리는 (부평미군기지를) 이념적으로 접근하지 않았다. 생활불편사항 해소와 지역 발전에서 접근해 부담이 된 것은 없었다. 주민들도 기지 이전을 대체로 동의하는 분위기라 좋은 분위기에서 활동했다. 어려움이 있었다면, 단체의 재정 문제나 조직 활동 미비 등이었다.

기억 남는 활동은 어떤 것이 있나?

변호사로 부평에서 노동 등 시국 관련 변호를 많이 했는데, 활동을 하며 주민과 연대할 수 있는 계기가 됐다. 또한 시민단체나 주민단체와도 서로 알고 연대할 수 있는 기회였다. 부공추 활동을 하면서 지역 주민들과 많이 소통해 개인적으로는 국회의원이 되는 단초가 됐다. 17대 총선 때 당내 경선이나 본선에서, 부공추 활동한 것이 상당한 덕을 보았다.

당시 박원순 현 서울시장이 참여연대를 이끌 시기인데, 작은 권리 찾기 운동이 본격화되던 시기였다. 주민투표 조례 제정 운동은 미군기지 이전이라는 총론적 구호 말고, 제도화된 법률을 최대한 활용해보자는 취지로 내가 강력히 주장했다. 집회나 시위만 했다면 시민들의 참여 폭이 좁을 수 있었는데, 법의 틀에서 하다 보니 보수 성향의 사람까지 참여할 수 있었다.

미군기지 반환 시점이 늦어지고 있다

당초 2008년에 반환 예정이었는데, 2011년, 2016년까지 늦어지고 있다. 평택미군기지 조성이 늦어지면서 그런 것이다. 이제 눈앞에 왔다. 이전 후 공원으로 조성하면 부평 지역 사회에 유익한 방향으로 기여할 것이라고 본다.

환경문제를 비롯한 과제가 산적해 있다

기지 규모가 워낙 커서 환경오염을 치유하는 데 오랜 시간이 소요될 것 같다. 또한 공원으로 조성하는 시간 등을 감안하면 2019년에서 2020년에는 시민들의 품으로 올 것 같다. 향후 부평의 최대 사업이 되지 않을까 한다. 미군기지의 역사성을 살려야 한다. 과거처럼 밀어버리고 공원으로 조성하면 안 된다. 이왕 있는 시설과 자연을 활용해 공원으로 조성하는 것이 중요하다. 현 인천가족공원에서 은 등을 채굴했던 영풍광업(남동구 벽산아파트 지하 공간)과 미군기지 지하 터널이 연결돼 있다는 소문도 있다. 그게 존재한다면 관광자원으로 활용하는 것도 좋다고 생각한다. 문제는 예산이다. 미군기지는 부평을 한 단계 업그레이드하는 중요한 요소다. 잘 될 수 있게 뒷받침하는 것이 국회의원 역할이다.

국가공원화를 공약화했는데?

인천시 재정으로 미군기지 부지를 매입하고 공원을 조성하는 게 쉽지 않다. 그 문제를 해결할 방법 중 하나다. 최소한 국비 지원이라도 대폭 확보하는 방안으로 관철할 계획이다.

곽경전 부공추 집행위원장

곽경전 씨는 2004년 이후부터 부공추 집행위원장을 맡고 있다. 그 전에는 민주당 최원식 국회의원과 문병호 국회의원이 차례로 집행위원장을 역임했다.

부평미군기지 문제와 관련해 이전과 반환 운동으로 나뉘어 진행됐다. 먼저 부공추 결성 과정을 설명해달라

부평미군기지와 관련해 처음에는 모두 함께했다. '미군 철수' 구호를 제시하느냐 마느냐를 놓고 논쟁하면서 서로 갈라졌다. 미군철수 구호를 들고 나가겠다고 한 것은 인천연합 쪽이었다. 인천연합이 주축이 돼 구성한 인천시민회의는 1996년 8.15행사 때 부평미군기지 인간띠잇기 행사를 하겠다고 했지만, 경찰의 원천봉쇄로 무산됐다. 부평 지역사회는 '미군 철수'나 '반환' 구호에는 한계가 있지 않겠냐는 공감대가 형성됐다. 1997년 3월 부평시민모임, 부평사랑회, 부평JC 등이 중심이 돼 부공추를 만들었다.

부공추의 활동성과를 평가하면

당시까지만 해도 국가 안보에 대한 시민들의 걱정이 상당히 많았다. 그래서 '기지 이전'에 중점을 두었다. 1997년 대선, 1998년 지방선거와 2000년 국회의원 선거 때 모든 후보자에게 "부평미군기지 이전을 공약화 하겠냐"고 물었고, 대답을 공개했다. 이런 과정을 거치다보니 1998년 지방선거 때 구청장 후보로 나왔던 어떤 인사는 2000년 총선에서는 의견을 바꾸어 '기지 이전'을 공약으로 들고 나왔다.

부공추는 미군기지 이전의 필요성을 알리기 위해 초창기엔 소식지를 만들어 기지 주변 아파트에 배포하기도 했다. 이런 과정을 거치면서 미군기지 이전이 필요하다는 공감대가 형성됐다. 전국에서 유일하게 당시 신한국당 당원들이 미군기지 이전 집회에 피켓을 들고 참여했다. 2000년 인간띠잇기에 행사에는 정치권에서 박상규 국회의원과 조진형 신한국당 인천시당위원장이 참여했다. 종교계에선 김병삼 부평1동 신부, 나겸일 주안장로교회 목사가 참여했다.

미군기지 이전과 관련해 주민투표를 추진했는데

국내에서는 처음 하는 시도여서 전국적 이슈가 됐다. 당시 아파트단지 동별로 청원 운동원을 모집했고, 관리사무소에서도 주민 참여를 이끌어내기 위해 설명회를 열었다. 그래서 주민 1만 5000명의 서명을 받아 주민투표 조례 제정을 추진했다. 당시 공중파 3사가 나와 취재할 정도로 큰 이슈였다. 하지만 정부에서 인천시와 부평구에 압력을 넣어 반려했다.

힘들었지만 보람도 많았을 것 같다.

힘든 점은 역시 돈 문제였다. 자금이 부족해 제대로 하고 싶어도 펼치지 못한 것이 많았다. 극우적 생각을 가진 분을 제외하고 보수적 성향의 시민들도 적극적으로 찬성할 수 있게 이끌어냈다. 내가 이렇게 하니, 내 의견에 동조하는구나라고 생각했다. 부공추 활동을 계기로 사람을 보는 시각도 변했다. 유연한 사고를 가지게 됐다. 이런 유연성은 부평풍물대축제 기획단장 맡아 축제를 추진하는 데 도움이 됐다.

13

캠프마켓 환경오염의
실태와 과제

영화 〈귀여운 여인〉에 출연해 우리에게도 친숙한 줄리아 로버츠가 출연한 〈에린 브로코비치Erin Brockovich〉(2000년 개봉)는 1990년대 실제 있었던 PG&E(퍼시픽 가스&전기 회사)라는 거대 기업을 상대로 소송해 승소한 인물 이야기다.

이 영화에서 줄리아 로버츠가 연기한 '에린'은 두 번의 이혼 경력을 가진 세 아이의 엄마다. 양육을 위해 노력하지만 제대로 된 직장을 구하지 못해 애를 먹는다. 우연히 교통사고를 당해 변호사를 찾아간 에린은 체면 불구하고 취직까지 부탁해 변호사 사무실서 서류를 정리하는 일자리를 구한다. 여러 난관에도 불구, 에린은 아이들을 책임져야 한다는 일념으로 생활한다. 그러던 중 그녀는 장부를 정리하다가 심상치 않은 의학 기록을 발견한다. 자신이 살고 있는 지역에 있는 거대 기업 PG&E의 공장에서 유출되는 크롬chromium 성분이 주민을 병들게 한다는 의혹을 가진다. 영화에 등장하는 '힝클리' 주민들은 잦은 유산과 코피, 피부병, 계속되는 가축의 죽음, 소화기 이상과 암으로 고통을 받았다. 바로 PG&E 회사가 식수를 크롬으로 오염시켰기 때문이다. 에린은 변호사를 설득해 사건 조사에 들어가지만, 외부에서 흘러들어온 이혼녀에게 주민들은 경계의 눈초리를 보낸다. 양육비와 날마다 날아드는 세금 청구서는 삶을 위협하지만, 에린은 굴하지 않고 호별 방문을 통해 주민들에게 호소한다. 에린의 노력과 친화력에 동화된 주민들은 거대 기업을 상대로 미국 역사상 유례없는 소송을 벌여 배상을 받는다.

미군기지 환경오염 심각

대한민국의 안보를 책임진다는 주한미군에 의한 환경오염은 심각한 수준이다. 수십 년간 기지로 사용해 온 토양은 오염될 대로 오염됐다. 용산미군기지를 비롯해 부산 하야리아, 부평 캠프마켓 등 미군이 사용해온 기지의 토양은 각종 기름과 유해 물질 등으로 오염된 것이 확인됐다. 심지어 미군들은 악의적으로 지하수에 페놀 등 유해물질을 흘려보내 한국 국민의 분노를 샀다. 영화 〈괴물〉(2006, 봉준호 감독)은 미군의 페놀 한강 방류를 모티브로 했다. 미군은 또한 한국에서 고엽제라는 위험물질에 대해 전혀 알지 못했을 때, 한국인을 대상으로 사실상 인체실험을 자행했다.

메디슨 기름 유출, 한강 독극물 방류, 원주 캠프 롱 기름 유출(2001, 2008), 군산 기름 유출 (2003, 2005), 군산 오폐수 방류, 평택 건축물폐기물 불법 매립, 용산기지 기름 유출, 의정부 캠프 홀링워터 기름 유출, 백운산 메디슨 통신기기 기름 유출, 녹사평역 기름 유출, 군산 미군기지 유류저장탱크 기름 유출, 포천 사격장 기름 유출….

1990년 이후 언론에 주요하게 보도된 주한미군의 환경오염 사건들이다. 인천에서도 사건이 발생했다. 연수구 문학산 서쪽 옥골 일대는 한때 주한미군기지가 위치해 있었다. 미군기지가 이전한 지 30년이 지난 2000년 10월 23일 이 일대 지하수와 토양 전체가 심각하게 오염된 채 방치된 사실을 인천녹색연합이 확인했다. 1950년대 미군이 세웠던 저유시설 22기가 위치해 있던 곳이라, 인천녹색연합을 비롯한 시민사회는 미군에 의한 오염 의혹을 제기했다. 저유시설로 1971년 포항으로 이전돼 책임 규명이 명확히 이뤄지지 않고 있다. 환경부는 2014년도 문학산 일원에 토양오염조사 예산으로 1억 4000만 원을 편성하고, 2015년부터 정밀조사를 실시할 계획이다.

인천시 부평구는 '주한미군 공여구역 주변지역 등 지원특별법'과 환경부 시행 지침에 따라 캠프마켓 주변지역에 대한 환경기초 조사를 2008년 1월 처음 실시했다. 이 1차 1단계 조사 결과, 캠프마켓 주변 상당 부분의 토양을 비롯한 지하수와 지표수가 오염된 것으로 드러났다.[311] 조사지점 83개 중 13개 토양에서 석유계총탄화수소TPH가 '토양오염 우려기준'을 초과했다. 구리(Cu · 1개 지점), 납(Pb · 5개 지점), 비소(As · 1개 지점), 아연(Zn · 6개 지점), 불소(F · 2개 지점)도 우려기준을 초과해 검출됐다. 지하수의 경우 부영공원, 경남4차와 2차 사이, 주안장로교회 주차장 부근 등 3개의 관측 공에서 측정했는데, 트리클로로에틸렌(TCE · 2개 지점), 대장균(3개 지점), 일반세균(4개 지점)이 '지하수의 수질보전 등에 관한 규칙'의 기준을 초과했다. 3개 관측 공에서 수위를 측정한 결과, 부대(캠프마켓) 안에서부터 산곡천 방향으로 흐르는 것으로 조사됐다.

트리클로로에틸렌은 드라이 크리닝 세정제 성분으로 미군기지 내 세탁공장이 오염원임을 암시했다. 이밖에 지표수 조사에서는 '환경정책기본법'에 의거해 사람의 건강보호기준을 초과한 음이온계면활성제ABS와 안티몬이 각각 2개, 1개 지점에서 검출됐다. 당시 협력단은 환경기초 조사 결과 토양과 지하수, 지표수의 오염이 확인된 만큼, 정밀조사가 반드시 요구된다고 밝혔다.

캠프마켓 주변 토양 · 지하수 오염 심각

1차 2단계 환경기초조사는 환경부가 주관하고, 환경관리공단이 조사

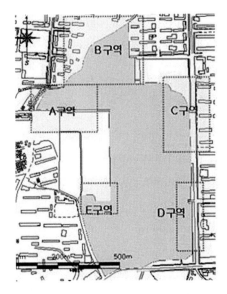

〈지도〉 캠프마켓 주변 오염 구역

를 맡았다. 환경부는 '주한미군 공여구역 주변지역 등 지원 특별법'에 따라 2009년 초 부평구의 의뢰로 1차 조사결과 오염이 심각하다고 예상되는 16곳에 대한 정밀조사를 2단계로 실시했다. 5개 구역으로 나눠 총 87개 지점에 대한 조사를 진행했다. 2009년 12월 16일 '캠프마켓 (1차)2단계 환경기초조사 결과 설명회'에서 환경관리공단은 캠프마켓 주변 지역에서 석유계탄화수소THP, 벤젠, 구리, 납, 아연 등의 오염이 발견됐다고 밝혔다. 토양 오염조사 결과, 5개 구역 모두에서 오염 우려 기준을 초과한 것으로 나타났다. 유류(TPH · 벤젠 · 방향족탄화수소)와 중금속(Cu · Pb · Zn · Ni) 항목이 지목별 토양오염 우려 기준을 넘었다.(〈지도〉 참조)

앞의 〈지도〉에서 A구역은 TPH, 벤젠, PCE가 기준치를 초과해 검출됐고, B구역에서는 TCB가 초과해 검출됐다. 유류의 오염 면적과 부피

는 각각 1,860㎡와 2,670㎡이고, 중금속의 오염 면적과 부피는 각각 469㎡와 322㎥인 것으로 조사됐다. 유류와 중금속의 중복 오염을 고려한 전체 토양 오염 면적과 부피는 각각 2,270㎡와 2,980㎥에 달했다. 또한 환경관리공단은 87개 조사 지점 중 굴포천 지류와 근접한 BP-26지점(산곡2동 프리쌍트 아파트 인근)에서 미군기지 내부에서 발생된 오염이 외부로 유출됐을 것으로 판단된다고 밝혔다.[312] 하지만 환경부는 그 외 토양과 지하수 오염 등은 한국군 부대인 옛 68경차부대 운영에 따른 오염인 것으로 판단된다면서, 환경오염 원인을 미군기지와는 선을 그었다. 환경관리공단은 이외에도 주변 지역의 중금속으로 인한 토양 오염과 지하수 오염 등은 불특정 오염원에 의한 것으로 판단된다고 밝혔다. 그러나 이날 2단계 환경조사 결과에 대해 그동안 부평미군기지 반환 운동을 진행해왔던 시민단체 관계자들은 '수박 겉핥기'로 조사가 진행됐다면서, 미군기지 안팎을 모두 조사하는 심화조사를 진행해야 한다고 지적했다.

퇴역 미군, 고엽제 매립 의혹 제기

2011년 한해는 주한미군이 한국 땅에 수천 톤의 고엽제 물질을 매립했다는 증언과 언론 보도로 세상이 시끄러웠다. 고엽제에는 인류 역사상 가장 독성이 강한 물질인 다이옥신이 함유돼 있다. 이것은 고엽제를 만드는 화학적 과정에서 불순물로 생성되는 것으로, 고엽제 속에 첨가한 독극물이 아니라 고엽제를 섞는 과정에서 저절로 만들어지는 물질이다. 다이옥신은 치사량이 0.15g인 청산가리의 1만 배, 비소의 3000배에 달하는 독성을 가진 맹독 물질이다.

맹독성 고엽제인 '에이전트오렌지Agent Orange[313]'를 한국에 묻었다는 미 퇴역 군인의 증언이 2011년 5월에 나왔다. 당시 미 애리조나 주 지역TV방송인 CBS5는 탐사보도를 통해 1970년대 대구 인근 캠프 캐럴에 주둔한 주한미군이 에이전트오렌지 수천 킬로그램을 그대로 땅에 매립했다고 보도해 파장이 일었다. 한국 주둔 당시 중장비를 담당했던 스티브 하우스는 인터뷰에서 "어느 날 긴 도랑을 파라는 명령을 받았다"며 "나중에 알고 보니 컴 파운드 오렌지(에이전트 오렌지)를 묻었다"고 말했다. 또 다른 퇴역 군인 로버트 트레비스도 "55갤런 드럼통 250개를 손으로 굴려 창고에서 빼낸 뒤 파묻었다. 그 뒤부터 온 몸에 발진이 생기기 시작했다"고 증언했다. 미 육군 대위 출신의 필 스튜어트는 7월 28일 인천을 찾아 "한국에서 8년간 고엽제를 제초제로 뿌렸고, 애스컴 중 한 곳에서 고엽제를 사용했다는 (퇴역 군인) 진술이 있다"고 기자회견을 해 충격을 주었다. 스튜어트는 '부평미군기지 맹독성 폐기물 진상조사 인천시민대책위원회'와 홍영표 국회의원 등과 함께 인천시청을 방문, 기자회견을 통해 이 같이 밝혔다. 그는 1968~1969년 주한미군 공병대 중대장으로 복무했고, 미군기지 캠프 캐럴 내 고엽제 매립 의혹을 처음 제기한 퇴역 주한미군 스티브 하우스와 함께 24일 방한, 캠프 캐럴 등지를 방문해 고엽제 매립 장소를 지적했다. 몇 년 전부터 심장질환과 당뇨병, 말초동맥질환, 피부암 등을 앓고 있는데, 가족력이 없었던 질병이라 고엽제에 의한 질환으로 의심했다. 그는 한국에서의 고엽제 노출로 인해 장애인 판정을 받았다. 그는 미국 정부가 2003년에서야 이 같은 질병 가능성을 인정했다고 전했다.

스튜어트와 하우스는 국회에서 열린 '전 주한미군 고엽제 피해자 증언대회' 등에도 참석해 주한미군의 한국 내 고엽제 매립·방류·살포 사실을 증언했다. 그리고 28일 인천시청에서 "DMZ(비무장지대)와 데리크 라우 캠프, 한국 내 부대 등에서 제초제 등의 고엽제를 살포했다"고 밝혔다. 당시 스튜어트는 "미국의 퇴역 군인들도 고엽제 물질이 어디서 공급돼, 어떻게 사용하고, 남은 물질을 어떻게 처리했는지 밝혀지기를 희망한다"고 한 뒤 "고엽제가 이렇게 해로운지 알았다면 당시 부하들이나 한국 군인에게 명령을 내리지 않았을 것이며, (당시) 명령에 따랐던 군인들도 모두 피해자"라고 안타까운 심경을 밝혔다. 그는 당시 고엽제를 살포한 자신의 부하 3명도 고엽제로 인한 병을 앓고 있다고 덧붙였다. 특히 그는 "캠프마켓에서도 고엽제 물질을 처리했냐"는 물음에 "확실하지 않지만, 애스컴 중 한 곳에서 고엽제를 사용했다는 (퇴역 군인) 3명의 진술이 있었다. 차량 운행 중 실수로 유출돼 땅을 고압 호수로 청소했고, 그것이 배수구로 흘러 들어갔다는 진술이 있고, 그 진술서 내용을 공유하겠다. (한국) 진상조사팀에 정보를 공개하겠다"고 답했다. 또한 "퇴역 주한미군 300여 명과 연락을 취하고 있는데, 한국 각지에서 고엽제를 사용한 경험이 있다는 진술이 있는 만큼 캠프마켓에서도 그런 일이 있었을 것으로 본다"라고 강조했다.

캠프마켓 주변서 맹독성 발암물질 검출

외신을 통해 고엽제 물질이 국내에 불법 매립됐다는 보도가 나가고 얼마 안 돼 당시 민주노동당 소속 홍희덕 국회의원이 캠프마켓 주변지역에서도 맹독성 발암물질이 검출됐다고 밝혀 충격을 줬다. 홍 의원은 환경부 산하 환경공단에서 2009년 수행한 캠프마켓 '1차 2단계 환경기초조사' 결과를 검토한 결과, 캠프캐럴에서 검출된 것으로 확인된 맹독성 발암물질 트리클로로에틸렌과 테트라클로로에틸렌이 검출됐다고 밝힌 것이다. 트리클로로에틸렌과 테트라클로로에틸렌은 공업용 용매로 섬유나 금속 세척, 반도체 이물질 제거에 쓰인다. 백혈병, 림프종, 뇌질환, 간암을 일으키는 1급 발암물질이다. 문제의 발암물질인 트리클로로에틸렌은 부평미군기지의 북쪽 측면 2개 지점에서, 테트라클로로에틸렌은 동쪽 측면 1개 지점에서 검출됐다. 당시 오염기준으로 생활용수기준(트리클로로에틸렌 0.003mg/L, 테트라클로로에틸렌 0.02mg/L)을 적용했으나 구체적 수치는 이 요약 보고서에서 명시돼 있지 않았다. 환경공단은 트리클로로에틸렌과 테트라클로로에틸렌에 대해 "명확한 원인자를 규명하기 어렵다"고 적시했다. 홍 의원은 "환경공단 보고서는 토양과 수질 오염 등에 초점이 맞춰져, 벤젠, 카드뮴 등을 조사하다 보니, 이 같은 사실이 간과 된 것으로 보인다"고 밝혔다. 당시 환경공단은 토양과 지하수 오염 은 미군기지와는 상관이 없다고 선을 그었다. 홍 의원은 당시 기자

Nomenclature	Quality	Costs
FY87		
Mercury waste (22 Maint Co)	10 lb	$64
Battery acid (257 Sig Co)	21 can	$31
Expired medical (6th MEDSOM)	43 triwall bx	$10,686
Solvent sludge (dry clean)	17 drum	$811
Friable asbestos (DEH area III)	2580 lb	$1772
Hypo solution (6th MEDSOM)	35 drum	$1645
Transformer oil	448 drum	$58,142
Total		$83,151
FY88		
Battery acid (257th Sig Co)	97 can	$141
Expired medical (6th MEDSOM)	55 triwall bx	$13,276
Hypo solution (6th MEDSOM)	17 drum	$781
Solvent sludge (dry clean)	31 drum	$356
Total		$14,454

1991년 미 공병단 내 건설연구소와 외부 용역을 통해 발간한 문서에는 1987년부터 부평 캠프 마켓 내 DRMO의 폐기물 처리현황 등도 일부 공개돼 있다.

와 전화인터뷰를 통해 "반환 미군기지뿐만 아니라 과거에 미군기지가 운영됐던 지역과 현재도 운영하고 있는 전체 미군기지 주변지역의 지하수 전수조사를 실시해야 한다"며 "미군기지에서 유류물질이 유출된 것은 사고로 볼 수도 있지만, 발암성 화학물질을 무단으로 폐기하고 처리한 것은 명백한 범죄이니만큼 소파SOFA를 벗어나서 범죄수사로 규정하고 한국 측이 주도적인 조사권을 발동해야 한다"고 지적했다.

DRMO 부지서 폐기물 배출됐다

이런 가운데, 재미 언론인 안치용 씨가 5월 23일 자신의 블로그에 캠프마켓 DRMO(Defense Reutilization and Marketing Office: 주한미

군 물자 재활용 유통센터 또는 폐품 처리소) 시설에서 유해물질이 배출됐다고 밝혀, 또 다른 파장을 불러왔다. 안 씨는 1963년부터 1964년까지 미 공병단 44공병대대에 근무했던 스티븐 스탈라드가 지난해 2월 21일 '한국전참전용사회' 홈페이지에 올린 글을 통해 "1964년 3월부터 4월 사이에 경기 부천시 오정동의 캠프머서Camp Mercer에 있는 미군 화학물질 저장소USACDK를 경북 칠곡 캠프 캐럴 기지로 이전했다"고 밝혔다. 스탈라드는 미군은 당초 미군 화학물질 저장소가 있던 캠프머서에서 부대 안에 구덩이를 파고 고무 옷, 가스마스크 등과 함께 "상상할 수 있는 모든 종류의 화학물질(=every imaginable chemical) 수백 갤런(1갤런 =3.8리터)을 묻었다"고 증언했다.

또한 1991년 미 공병단 내 건설연구소와 외부 용역을 통해 발간한 문서에는 1987년부터 부평 캠프마켓 내 DRMO의 폐기물 처리현황 등도 일부 공개돼 있다. 문서의 'DRMO 폐기물 처리 데이터'를 보면, 솔벤트 슬러지(solvent sludge : 용제 침전물), 배터리 에이시드(battery acid : 전지산), 샌드블래스트 레지듀(sandblast residue : 분사기 찌꺼기) 등 각종 유해 폐기물이 DRMO에서 배출됐다. 이중 일부 폐기물 등이 캠프마켓 등에 묻혔을 가능성도 배제할 수 없는 상황이다. 해당 폐기물이 어떻게 처리됐는지 정확히 알려져 있지 않기 때문이다. 1989년 캠프마켓에서는 PCB(폴리염화비닐)를 한국 폐기물 업자를 통해 처리했으나, 관련 기록을 남겨 놓지 않아 미 회계 감사원GAO으로부터 지적을 받기도 했다.

환경 기초조사 결과

　〈시사인천〉을 비롯한 언론이 캠프마켓 주변지역에서도 맹독성 발암물질이 검출됐다고 보도하자, 인천시는 2011년 6월 1일 다이옥신 관련 특별조사를 인천보건환경연구원에 의뢰한다고 밝혔다. 그러나 인천시 조사의 실효성에 의문이 제기됐다. 기지 면적이 60만 6615㎡인데, 그 둘레 주변지역 9곳에서만 시료 15건을 조사하기 때문이었다.

　인천시는 7월 19일 다이옥신 관련 특별조사 결과를 발표했다.(특별조사를 2차 환경조사로 규정) 독성물질인 폴리염화비페닐PCB은 검출되지 않았다. 1989년 캠프마켓에서 폴리염화비페닐 448드럼을 한국 처리업자를 통해 처리했지만, 관련 기록을 남겨놓지 않아 오염 의혹이 제기된 바 있다. 하지만 가장 심각한 독성물질인 다이옥신은 토양조사 6개 지점에서 모두 검출됐다고 밝혔다. 수치는 0.006~1.779pg(피코그램)으로 전국 평균농도(2.280pg)보다는 낮은 수치였다. 지하수 3곳 중 1곳에서도 다이옥신이 검출됐다. 수치는 0.008pg으로 이 또한 국내 4대강 평균치(0.165pg)의 '20분의 1' 수준이다. 검출 지점은 카센터가 있는 곳이었다. 미량의 다이옥신이 검출됐지만, 표층부가 아닌 심층부에서 검출돼 표층부에 대한 조사가 필요하다는 지적이 나왔다. 다이옥신은 자연 상태에서 발생할 수 없는 유해물질로 물에 녹지 않아, 어떻게 심층부에서 검출됐는지 의문이 제기되고 있다. 환경연구원은 "다이옥신은 통상 지표면 50cm 이내에서 검출된다. 지표면으로부터 5~10cm에서 오염이 가장 심하다. 내려갈수록 다이옥신 농도는 낮아진다"며 "다이옥신을 포함한 고엽제 드럼통이 묻혀 있거나, 변압기에 의한 오염 등을 조사하기 위해 5m 이상을 파서 검사한 것"이라고 설명했다. 또한 "대량 오염 가능성은 낮으나, 내부가 오염되지 않았다는 것은 아니다. 기지 내부에 대한 조사가 필요하다는 결론을 얻었다"고 덧붙였다.

미 퇴역 군인의 증언으로 시작된 고엽제 물질 매립 의혹과 오염 문제가 불거지자 캠프마켓 주변지역 주민들은 불안에 떨었다. 부평구가 2011년 6월 8일 '부평미군기지 주변 환경조사 주민설명회'를 개최했는데, 이 자리에 참석한 주민들은 철저한 환경조사를 요구했다.[314] "이제 환경조사도 시작했으니, 이 문제를 대충 정리하지 말고 확실하게 매듭졌으면 한다. 요즘 현대와 동아아파트 전세가 안 나간다고 한다. 나도 월세를 놓았는데, 나가지 않고 있다" "이 문제가 언론에 계속 나오자 집값 떨어져서 걱정하는 사람들도 있다. 예전에 미군기지 주변 지하수를 마시다가 오염됐다고 해서 지하수를 매몰했다. 이에 대해서도 조사해 달라" "부평공원 자리도 원래 미군기지였다. 폐기물을 처리하는 일을 했었는데, 당시 암모니아와 기름이 쏟아졌다. 한국인 퇴역 종사자를 찾아 환경오염에 대해 알아봐야 한다" "캠프마켓에 근무했던 한국인 종사자들을 찾아 환경오염 여부를 알아봐 달라" 등의 요구가 빗발쳤다.

이 자리에서 홍미영 부평구청장은 "불안해하지 말았으면 한다. 구도인천시 등과 차분하게 대응하고 있다"며 "하반기에 다시 환경조사를 실시할 예정"이라고 말했다. 고엽제 매립 의혹이 해소되지 않은 가운데 미군이 사용했던 부평지역 내 땅에서 유해물질이 검출돼 또 충격을 줬다. 부평구 청천동 군인아파트인 흑룡·미추홀 재건축 공사 현장(청천동 211번지 일원 3만 6000㎡) 토양에서 유해한 화학물질이 기준치를 초과해 검출된 것으로 확인돼 공사가 전면 중단됐다.[315] 해당 부지는 1970년 중반까지 미군 소속 수송부대가 사용했다가 한국군 군인아파트가 들어섰다. 부평구는 국방부에 정밀조사를 명령했다. 조사 결과, 유해 화학물질인 페놀과 석유계총탄화수소TPH가 기준치를 5~20배까지 초과해 검출됐다. 페놀은 기준치의 5배인 21.319㎎/㎏, TPH는 기준치의 20배인 1만 265㎎/㎏가 검출됐다. 구는 공사 중단과 토양 정밀조사를 국방부에 명령했다. 국방부는 정밀조사 후 토양 복원을 거쳐 공사를 재개했다.

시민단체, 부영공원 폐쇄 촉구

부평구는 캠프마켓 주변지역에 대한 3차 환경기초조사를 2012년 2월에 착수했다. 1차 환경기초조사와 다르게 시민단체 관계자, 공무원, 전문가 등으로 구성된 '캠프마켓 주변지역 환경오염조사를 위한 부평구 민·관 공동조사단(이하 '민관조사단')'이 관여했다. 캠프마켓 외곽경계로부터 반경 100m 이내와 부영공원 내 245개 지점에서 토양 시료 721건을 채취해 정밀 분석했다.

이 과정에서 민관조사단은 "부영공원 환경오염이 너무 심해 폐쇄한 후 조사하는 게 필요하다"는 의사를 밝혀 논란이 되기도 했다. 민관조사단에 참여한 이동수 서울대학교 교수는 당시 "2008, 2009년 환경조사에서 부영공원의 환경오염은 기준치를 넘어 인체에 해를 줄 수 있는 결과가 나왔다. 폐쇄 후 조사하자는 의견이 나왔다. 주민들의 건강 보호를 위한 취지였다"고 설명했다. 이어 "결과를 보고 폐쇄하자는 구청의 의견은 앞뒤가 바뀐 주장"이라고 지적했다.

인천녹색연합과 평화와참여로가는인천연대도 3월 12일 성명을 내고, 부영공원 폐쇄와 오염 정화대책 수립을 촉구했다. 3차 1단계 환경기초조사 조사기관으로 한국농어촌공사가 선정됐다. 조사 결과, 토양이 석유계총탄화수소TPH, 벤젠Benzen, 중금속 등으로 심하게 오염된 것으로 또 확인됐다. 특히 캠프마켓 내 디아르엠오DRMO 시설 주변 지역이 다이옥신으로 심각하게 오염된 것으로 확인됐다. 〈부평 캠프마켓 주변지역 환경기초조사 디아르엠오 및 스크린테스트Screen test 조사 결과〉 보고서를 보면, 시료 98개 가운데 55개(56%)에서 다이옥신이 검출됐다. 특히 국내 평균 오염치인 2.280pg-TEQ/g보다 높게 나타난 지점이 무려 37곳에 달했다. 캠프마켓 3번 게이트(부영공원 입구) 인근 지점에선 다이옥신이 최고 229.9pgTCDD-Egs/g로 나타났다. 국내 기준치의 100배가 검출된 것이다. 10배 이상인 지점도 18곳이었으며, 100pgTCDD-Egs/g 이상인 지점도 5곳이나 됐다. 물론 이 스크린 테스

적용지역	우려기준 초과항목(mg/kg)	기준초과 점/지점	최고농도(mg/kg)	오염깊이(m)
1지역 기준(공원)	TPH(500)	17점/13지점	14,595	0~4
	Benzene(1)	2점/2지점	4.71	1~3
	Xylene(15)	4점/3지점	53.05	1~2,3~5
	Pb(200)	5점/5지점	1,226.77	0~2
	Cu(150)	1점/1지점	620.07	0~1
	Zn(300)	2점/2지점	737.57	0~1

적용지역	우려기준 초과항목(mg/kg)	기준초과 점/지점	최고농도(mg/kg)	오염깊이(m)
2지역 기준 적용(임야·잡종지)	TPH(800)	27점/20지점	15,955	0~5
	Benzene(1)	8점/7지점	5.51	0~5
	Xylene(15)	4점/3지점	53.05	1~2,3~5
	Pb(400)	2점/2지점	1,226.77	0~1
	Cu(500)	2점/2지점	707.977	0~1
	Zn(600)	1점/1지점	737.57	0~1

트 결과는 생물학적 테스트 결과로서 기존에 실시된 공정시험법과는 차이가 있다.

하지만 전체 시료 채취 지점의 절반 이상에서 기준치를 초과하는 다이옥신이 검출돼 상당한 우려를 낳았다. 또한 DRMO 주변지역 토양은 TPH, 납Pb, 아연Zn, 구리Cu 등이 기준치를 초과해 오염된 것으로 나타났다. TPH 기준치(500mg/kg) 초과 지역은 5개 지점이었으며, 최고 2999.0(mg/kg)로 나타났다. 납의 경우도 17개 지점에서 기준치를 초과한 것으로 나타났다. 아연과 구리도 기준치를 넘은 지점이 각각 8곳과 10곳이었다.(〈표〉 참조) 3차 1단계 환경조사 후 민관조사단은 오염이 재차 확인된 부영공원 폐쇄를 부평구에 권고했다. 하지만 땅 값 하락 등을 우려한 일부 주민들은 폐쇄를 반대했다. 민간조사단은 1단계 조사 결과로만도 부영공원 폐쇄와 부영공원 인근 초등학교 운동장 등에 대한 환경기초조사가 필요하다고 밝혔다. 2012년 8월 8일 열린 주민설명회에서 이동수 단장은 "1차 결과, (환경오염) 대책기준을 수 십 배 넘긴 곳이 발견돼 이같이 권고를 할 수밖에 없었다. 대책기준은 '위험이 있으니 당장 대책을 세우고 정화해야 하는 상황'을 의미하고, 다이옥신 오염도 우려되는 만큼 부영공원 이용 중단이 필요하다"고 밝혔다. 하지만 설명회에 참석한 상당수 주민들은 "수 십 년 살아왔지만, 아무 일 없었다" "폐쇄 이전에 종합적인 대책을 내놔라" "매번 운동하지만 피해 없었다"고 강하게 반발했다.

부평구 산곡3동 여건봉 통장은 "아이들이 모두 인근 초등학교를 졸업했고, 나도 40년 살았다. 학교에 대한 환경조사를 하려면 인근 아파트를 먼저 해야 한다. 그 자리는 예전에 석유 저장고였다"고 불

미 육군 대위 출신의 필 스튜어드 씨는 2011년 7월 한국을 찾아 미군에 의한 고엽제 살포를 증언했다. 〈시사인천 자료사진〉

만을 표출했다. 주민들의 의견을 청취한 홍미영 구청장은 "부평이 오염된 동네처럼 보이는 것이 걱정"이라고 한 뒤 "건강을 위해 녹지나 공원, 둘레 길을 만들어달라고 하고, 아이 건강을 위해 유기농 음식을 먹이고 학교에서 친환경 쌀을 먹인다. 큰 오염 부분을 놓치고 작은 부분만 하는 것이 아닌지, 깊게 고민할 필요가 있다"고 신중한 태도를 요청했다.

국방부 돈 아끼려는 꼼수?

부평구는 3차 1단계 기초조사 결과를 토대로 국방부가 소유하고 있는 부영공원에 대한 토양 정밀조사 명령을 2012년 10월 9일 내렸다. 이에 국방부는 (재)한국환경조사평가원에 의뢰해 2012년 12월 정밀조사에 착수했다. 국방부의 정밀조사 역시 1~3차 환경기초조사 결과와 다르지 않은 것으로 나타났다. 3차 1단계 조사 때보다도 THP, 벤젠, 구리는 최고 농도가 더 높게 나타났다. 유류와 중금속 우려 기준 초과 토지가 2만 4298㎡에 달했다. 또한 지하수 7개 지점(신규관정6, 기존관정1)에 대한 검사 결과 총대장균, 염소이온, 페놀이 초과했다. 이에 부평구는 부영공원 토양에 대한 정화 작업을 2013년 6월 27일 국방부에 명령했다.[316] 하지만 국방부가 부영공원의 토양 오염 정화를 관련법에 따라 공원(1지역)이 아닌 임야 잡종지(2지역) 기준으로 실시하겠다고 해 논란이 일었다. 국방부는 부평공원 부지가 지목상 2지역에 해당하기 때문이라고 주장했지만 결국은 예산 문제 때문이었다. 부영공원의 토양오염 정화 기준을 2지역에서 1지역으로 올리는 데 80여억 원이 소요된다. 지역 시민단체와 정치권은 국방부의 이런 태도에 이의를 제기했다. '부평미군기지 맹독성 폐기물 처리 진상조사 인천시민대책위원회'는 서울시 용산구 국방부 앞에서 기자회견을 열고 "부영공원은 실질적으로 수많은 시민이 공원으로 이용하고 있기 때문에 시민의 건강과 안전을 위해 공원(1지역)으로 정화 기준을 높여야 한다"고 요구하고 항의문을 국방부에 전달했다. 19대 국회 환경노동위원회 소속 홍영표(인천 부평 을) 의원도 10월 23일 "비록 부영공원이 지목상 임야와 잡종지(2지역)이지만, 현재 수많은 시민들이 이용하고 있고, 인천시가 2009년에 도시 관리계획에서 근린공원으로 고시한, 분명한 공원"이라며 "국방부는 도심 한복판에 위치한 부영공원의 오염된 토양에 대해 기준을 높여 더 정밀하고 깨끗이 정화해야 한다"고 요구했다.

이러한 논란을 검토한 환경부는 11월에 국방부와 인천시, 부평구, 한국환경공단 등 관련기관 회의에서 "부평공원 정화기준을 공원으로 하는 게 타당하다"는 의견을 냈다. 이에 따라 국방부는 부평구 등과 협력해 추가예산 확보를 위해 노력하기로 했다.

김상용 부평구의회 의원

부평 출신이라 부평미군기지는 남다른 곳으로 기억할 것 같다

어릴 때 아버지는 애스컴에서 근무하셨다. 본가는 부평동 262번지로 지금의 부평2동인 삼릉이다. 애스컴 길 건너편에 살았다. 아버지는 이십대에 일자리를 찾기 위해 인천으로 오셨다. 애스컴은 아버지의 일터였다. 어렸을 때는 우리와 피부색이 다른 또래 아이들도 자주 봤다. 미군들에게 초콜릿 얻어먹고 '혼혈아' 친구들과 함께 어울렸다.

미군기지 반환 운동을 열심히 한 것으로 안다

제가 1998년부터 대표로 활동했던 가톨릭청년연대는 부평미군기지 반환 운동에 참여했다. 태어나고 성장한 부평의 최대 현안이라 더 적극적으로 참여했던 것 같다. 그 넓은 노른자위 땅을 50년 이상 무상으로 쓰고, 도시 발전을 저해하는 미군기지 문제를 우리 세대에 해결해야 한다고 생각했다.

어떤 활동을 했나?

천막농성에도 결합하고, 수많은 집회, 홍보활동, 서명운동에 동참했다. 특히 시민감시단 활동에 적극적으로 참여했다. 천주교인천교구 본당에서 미군기지 반환의 필요성을 알리고 본당별로 서명을 받기도 했다.

농성하면서 기억에 남는 일은?

출퇴근하는 시민 분들이 자가용이나 버스에서 손을 흔들어주는 등, 격려를 많이 해주었다. 인간띠잇기 행사도 기억에 꽤 남는다. 당시는 시민사회 활동가뿐 아니라, 일반 시민들, 노동조합 조합원들, 모든 시민이 다 참여했다. 미군기지 되찾기 운동을 정치적이거나 '반미'라고 생각할 수도 있지만, 오랫동안 농성장을 거점으로 활동하다 보니 시민들도 지역의 큰 현안으로 생각하고 지지했던 것 같다.

부공추와 인천시민회의가 다른 방법을 선택했는데

지금도 반환 운동이 옳다고 생각한다. 미군기지를 다른 곳으로 이전시키는 것은 다른 곳에 피해를 줄 수 있지 않은가? 우리 눈에 보이지 않으면 된다는 개념으로 일반 시민들에게 다가가기는 '이전'이 쉬웠지만, 결론적으로 '되찾기'가 맞다. 안타까운 것은 평택으로 이전하는 것이다.

부평미군기지가 향후 어떻게 활용되기를 바라는가?

부산 하야리아 기지를 두 번 방문했는데, 부산의 사례를 교훈 삼아야 한다. 내용 없이 공원을 조성해서는 안 된다. 부평공원이나 부영공원, 캠프마켓 부지는 오랫동안 일제의 조병창으로 활용됐던 곳이다. 기지 내부에는 오래된 방공호, 땅굴, 일제 때 건물 등이 많다. 이를 잘 활용해야 한다. 또한 샘물도 상당하다. 이 물은 굴포천 상류 복원 시 유지용수로 활용할 수 있다. 이에 대한 조사도 거쳐야 한다.

또, 아픈 역사도 기억할 수 있는 방법을 찾아야 할 것이다. 특히 부평의 문화를 살릴 수 있는 방법도 찾아야 한다. 미군기지 활용 방안이 정치적으로만 이용되어서는 안 된다. 2016년에 반환되는데 합리적 활용 방안을 찾는 데 민관이 노력해야 한다.

신은호 부평구의회 의원

미군기지 주변에서 오래 살고 있는 것으로 안다

올해까지 34년을 부평미군기지와 인접한 부평1동에서 살았다. 전쟁을 겪은 세대라 국가안보도 중요하게 생각하지만, 장기적으로 시민들에게 돌려줘야 할 공여구역(기지)을 무상으로 쓰는 것에 문제의식을 가지고 있었다. 현대전은 정보전이다. 무기체계도 현대화됐다. 그런데 도심 내 군사 기능을 상실한 기지가 도시 발전을 저해한다면 도심 외곽으로 이전하는 것이 합당하다고 생각했다.

미군기지 이전운동에 참여했는데, 언제부터 활동했나?

최용규 전 국회의원이 민선 초대 부평구청장에 취임하면서 미군기지 문제가 본격적으로 대두됐다. 공감대가 높아졌고 정치권도 동참했다. 부공추 초기부터 위원으로 참여했다. 당시 조만진, 진영광, 조진형, 최용규 등 정치권 인사들도 함께 참여했다. 부공추 위원으로 참여하면서도 인천시민회의가 주최한 집회나 행사에도 참여했다.

당시 시민들의 반응은 어떠했는가?

미군기지 인근에 있는 아파트 부녀회, 입주자대표회의 등에서 적극적으로 참여했다. 주민들이 인간띠잇기 행사에도 나오고, 서명운동에도 적극적으로 참여했다. 관심과 참여가 높았다.

시민들의 높은 관심과 참여는 어디서 기인했다고 보는가?

50년 동안 미군기지로 인해 도시 성장이 저해됐다. 더욱이 주변에 대규모 아파트 단지들이 들어서면서 시민들이 삶의 질을 높일 수 있는 시민공원에 대한 욕구가 높았다고 본다. 생활환경이 쾌적해지고 문화생활을 즐길 수 있는 공간을 원했다고 본다. 그래서 동아, 대림, 우성아파트 주민들이 적극적으로 참여했던 것 같다. 당시 부원초등학교에 다니는 큰아이를 행사에 자주 데리고 다녔다.

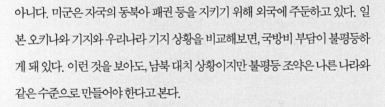

미군기지 이전운동이 반미운동으로도 비쳐질 수도 있는데

미군기지 이전운동은 반미와는 다르다. 미군도 거의 없는, 특별한 기지도 아니면서 부평 발전을 저해하는 시설이라면 이전하는 것이 합당하다. '미군은 무조건 나가라'가 아니라, 도심에서 쾌적한 주거환경을 침해하는 미군기지를 돌려달라는 것은 반미가 아니다. 미군은 자국의 동북아 패권 등을 지키기 위해 외국에 주둔하고 있다. 일본 오키나와 기지와 우리나라 기지 상황을 비교해보면, 국방비 부담이 불평등하게 돼 있다. 이런 것을 보아도, 남북 대치 상황이지만 불평등 조약은 나른 나라와 같은 수준으로 만들어야 한다고 본다.

더 하고 싶은 말은?

국방부와 인천시가 부지 매입 협약을 체결해 기지 반환이 현실화됐다고 본다. 부공추에 참여해 활동한 시간을 소중하게 느낀다. 쾌적한 시민공원으로 조성될 수 있게 이제는 시민사회와 시민들이 머리를 맞대야 한다. 바람이 있다면 굴포천 상류를 복원하는 문제와 시민공원 조성을 결합했으면 한다. 마지막까지 활동해 좋은 결과를 만들어내도록 노력하겠다.

부평 도심지 60만 6615㎡을 차지하고 있는 캠프마켓이 2~3년 후면 평택 미군기지로 옮긴다. 일제 조병창과 미군의 주둔지에서 인천시민의 땅으로 돌아오는 역사적 순간이 멀지 않았다.

미군이 사라진 이 땅에 공원(42만 8985㎡), 도로(6만 3150㎡), 공공청사(4만 2730㎡), 문화체육시설(7만 1750㎡) 등이 들어설 예정이다. 하지만 이는 도시계획상 큰 윤곽일 뿐, 연구하고 검토해 논의할 사항이 한두 가지가 아니다. 도로와 경찰서와 같은 공공청사야 논의할 게 별로 없겠지만, 공원과 문화체육시설을 놓고는 할 이야기가 많다.

나라 잃은 민족의 역사와 힘없는 나라의 질곡을 간직한 이 땅에 역사박물관을 건립하자는 이야기도 나왔고, 반세기 전 평화통일을 주창했다가 북한의 간첩으로 몰려 죽임을 당한 죽산 조봉암 선생의 평화사상을 계승하자는 취지로 죽산의 동상을 이곳에 건립하자는 의견도 나왔다. 공장과 회색 이미지의 도시에서 문화 도시로 탈바꿈하려는 부평의 특성을 감안해 일제가 전쟁을 위해 만든 땅굴 등을 발굴해 문화관광 콘텐츠로 활용하자는 의견도 나왔다. 공원 부지 일부에 도시농업형 공원을 만들자는 의견도 눈길을 끈다. 두꺼운 콘크리트로 덮인 굴포천 상류를 복원하는 일과 함께 부평풍물축제와 연계하면 부평의 새로운 생태와 문화의 결합이라는 새로운 콘텐츠로 부상할 수 있다는 취지다. 상상만으로도 기쁜 일인 동시에, 숱한 세월을 외국 군홧발에 눌려 있던 것을 생각하면 화도 치밀어오른다. 부평과 인천의 미래를 새롭게 그릴 수 있는 땅이기에 토지활용계획을 잘 짜는 게 정말 중요하다.

이와 함께 시민들이 이용할 땅의 환경오염을 말끔히 정화하는 것도 매우 중요한 일이다. 이미 캠프마켓 주변 지역의 토양과 지하수가 유해물질로 심각하게 오염된 것으로 확인됐다. 아직 조사할 수 없지만, 캠프마켓 내부 토양과 지하수의 오염은 더 심각할 것으로 예상된다.

이렇듯 몇 년 앞으로 다가온 반환에 대비해 우리가 해결해야 할 일은 많다. 앞선 7년간의 반환·이전운동과 최근 환경오염 문제에 대한 대응에서 보여준 시민사회의 저력을 계속 이어나가야 하는 이유다.

인천 북부권역 공공의료시설 설치 필요

'진주의료원 폐업 사태'로 공공의료시설의 존폐 문제가 사회적 이슈로 부각했다. 경상남도가 밝힌 진주의료원 폐업 방침의 이유는 적자 누적이다. 전국 지방의료원 34곳 중 27곳이 적자를 보고 있다. 하지만 문을 닫은 곳은 없다. 이유는 공공성 때문이다. 공공의료기관은 건강보험 급여 항목 위주의 적정 진료를 하기 때문에 진료비가 민간 병원에 비해 저렴하다. 또한 '보호자 없는 병실' 등 공공성을 염두에 둔 운영도 적자의 요인이다.

국민소득 2만 달러 시대와 고령화 사회에 진입한 상황에서 국민들의 건강 욕구는 매우 높다. 하지만 국내 종합병원 대다수는 개인이나 재벌 자본의 소유로 지배를 받고 있다는 특성을 가지고 있다. 이로 인해 공공의료 필요성은 높아진다. 인천도 민간 종합병원이 양적으로 적을 뿐 아니라 지배구조나 취약한 공공성 등을 볼 때 지역 거점 병원의 역할을 수행하기 어렵다고 할 수 있다. 특히 인천의 경우 타 시도에 비해 병상·의료 인력을 포함한 공급이 부족한 실정이다. 인천발전연구원(이하 '인발연')이 2012년 실시한 〈인천시 공공의료 발전 계획 및 인천의료원 공공의료 강화 방안〉이라는 연구 보고에 따르면, 2011년 기준으로 종합병원의 병상은 최대 2000여 병상이 부족하다. 한 때 3대 도시를 표방하다가 인구수에서 인천시에 추월당한 대구시(257만명. 2012년 12월 기준)에 비해 3115 병상이나 적다. 2대 도시인 부산시(357만명. 2012년 12월 기준)에 비해서는 5063병상이나 적은 것으로 나타났다.

또한 민간 주도의 무정부적인 시장의 혼란으로 인해 부적절한 진료 중가와 비용 상승, 질 저하와 환자의 불신 심화도 원인으로 분석됐다. 이에 인천시는 의료와 관광을 접목해 고객을 유치하기 위한 인천의료관광재단을 출범시켰으며, 중국과 러시아, 중동 등지의 의료관광을 추진 중이다. 이와 함께 권역별 공공의료를 강화하기 위한 노력도 필요하다. 공공의료시설인 인천의료원은 소재지인 동구와 배후지역인 남구와 중구를 책임지는 수준이다. 다른 자치구 주민들의 접근성이 낮고, 규모 면에서 광역적으로 책임질 수 없다. 다만, 인천시는 인천의료원과 보건소의 연계체계 구축 등으로 공공의료를 담보할 계획이다.

인천지역 의료기관의 병상 수는 꾸준하게 늘고 있지만, 전국 시도 평균에는 못 미치는 증가율을 보이고 있다. 병원급 병상 수만 보면, 인구 1000명 당 4.6병상에 불과하다. 또한 노인 인구수와 만성질환 유병률(특정 지역, 일정한 시점에서 전체 인구수와 발병자 수의 비율) 증가 등으로 인해 보건의료 수요가 지속적으로 커지고 있음에도 불구, 이에 대한 대비책이 부족한 상황이다. 인발연은 인천지역 공공의료의 양적, 질적 도약이 필요하다고 지적하고 있다. 300병상 이상 규모의 거점 병원 병상이 1000~2000병상 정도 추가 공급될 필요가 있고, 생활권으로 지정한 진료권 내에서 지역 거점 공공병원을 구축해야 한다고 분석했다. 서구(청라·검단), 계양·부평, 연수(송도), 남동(논현) 지역 등에 각각 거점 공공병원을 신설하고, 민간 부문의 전환 또는 신설 등을 통해 재활병원과 요양병원을 각각 설치, 진료권역 공공의료 트러스트를 구성해 단일한 관리운영체계 아래서 운영될 수 있게 해야 한다고 제안했다.

조승연 인천의료원 원장은 "인천에는 공공의료기관 4개가 필요하다는 연구 결과가 나왔고, 나 역시 그렇게 생각한다"고 한 뒤 "의료원과 적십자병원이 있고, 인천의 재정난 등을 감안한다면 우선 북부권역에 제2의 인천의료원을 신설할 필요가 있다. 그래야만 인천에서 최소한의 공공의료서비스를 지역 주민에게 공급할 수 있다"고 말했다. 조 원장은 제2의 인천의료원 신축 예정지로 2016년 반환될 예정인 부평미군기지 부지를 꼽았다. 조 원장은 "서구의 경우 루원시티 개발 시 개발이익 등을 환원해 공공병원을 신축하고, 송도의 경우 비영리국제병원이 들어오면 공공의료영역을 담당할 수 있다"고 덧붙였다. 다만, 재정난을 겪고 인천시의 상황을 감안한다면, 제2의 인천의료원 같은 공공병원을 신설하는 계획은 더 체계적인 검토와 여론 수렴 등을 거칠 필요가 있어 보인다.

<부록 2>

군사기지의 섬, 오키나와(沖繩)[317]는 투쟁 중

오키나와는 대표적 휴양지로 한국인의 사랑을 받고 있다. 특히 겨울철에는 많은 한국인이 골프가방을 메고 오키나와 행 비행기에 오른다. 하지만 오키나와는 아시아의 대표적 군사기지다. 세계지도를 펴고 봐도 이런 규모의 섬에 이렇게 많은 군사기지가 있는 곳은 없다. 또한 오키나와는 각종 전략군사시설 등이 즐비한 전쟁무기창고라 할 수 있다.

오키나와는 전통적으로 '예의를 지키는 나라(守禮之國)'로 알려져 있다. 이는 오랫동안 오키나와 섬을 지배해온 류큐 왕국이 군비를 갖추지 않고 해상무역으로 번성해왔기 때문이다. 오키나와는 일본 본토보다 주로 대만, 중국 본토, 한국 등과 무역을 통해 번성했다. 일본 본토와는 다른 성장 과정을 거친 것이다. 1609년 도쿠가와 막부의 허가를 얻은 사츠마 번이 침략했을 때도, 중국 진공무역체제의 일부이면서 일본 막부체제의 정치·경제적 지배를 받던 일자양속의 시대에도 오키나와의 군사화는 진행되지 않았다. 심지어 일본의 메이지시대 이후에도 오키나와는 전국에서 예외적으로 부대의 상주가 없고, 군사시설이 거의 없었다. 비무장지대의 섬이었던 오키나와의 전통적 모습이 사라진 것은 일제의 침략전쟁이 중국에서 아시아 각지로 확대되면서부터다. 일본이 오키나와에 본격적으로 군대를 주둔시키고 섬을 정비하기 시작한 것은 본토 사수를 위한 1944년 3월께부터다.

일본도 외면한 오키나와 … 냉전과 군사기지의 섬

일본에 있는 미군 전용 기지의 약 75%가 일본 국토의 0.6%에 불과한 오키나와에 집중돼 있다. 주일미군이 오키나와 본섬의 약 20%를 점령하고 있는 셈이다. 2008년 현재 일본에 산재한 미군기지의 면적은 약 3만 1219ha이다. 그중 본토에 7907ha(25%), 나머지 2만 3312ha(74.7%)는 오키나와에 있다. 오키나와의 대표적 미군기지는 카데나 비행기지와 후텐마 비행기지, 요미탄 보조비행장, 화이트 비치 훈련장, 나하 군항, 마키미나토 보급기지, 헤노코 탄약창기지, 북부 훈련장, 카데나 탄약창 등이다. 주일미군의 육·해·공군과 해병대 등이 이 기지들을 사용하고 있다. 오키나와는 1945년 일제가 항복하기 이전에 미군에 의해 점령돼 1972년 일본에 반환되기까지 사실상 미군의 지배를 받아온 일본 내의 미국 땅이다. 이때를 '최소 일본'의 시기로 부르기도 한다.[318] 1945년 3월 미군 함대 1500척이 오키나와에 집결해 6월 23일까지 전쟁을 치렀고, 이 기간에 일본 본토 출신 군인 6만 5000명, 민간인 9만 4000명, 조선에서 강제 연행돼온 조선인 1만여 명이 희생을 당했다. 이후 오키나와에선 1972년까지 미군정이 실시된다. '최소 일본'만이 유지된 채 미군에 의해 사실상 지배를 받아왔다.

태평양전쟁 당시 일본에서 유일한 지상전이 벌어진 곳이 오키나와이기도 하다. 이 과정에서 오키나와는 한국전쟁과 베트남 전쟁 때 미군의 출격지 역할을 했는데, 오키나와 평화운동가들이 이를 반대해 반전운동을 벌였다. 또한 미군에 의해 강제로 토지를 수용당한 지주들은 '지주회' 등을 조직해 투쟁에 나섰다. 이런 저항은 결국 1972년 미군정이 끝나고 일본으로 복귀될 때, 일본 정부가 임차료를 받는 계약을 체결하는 성과를 냈다. 미군은 1972년 오키나와를 일본에 반환할 때 일부 기지를 통

오키나와가 기지의 섬이라는 말이 허사가 아닐 정도로 매일같이 수백 차례 군용 항공기들이 이착륙하고 있는 가데나 주일미군 공군기지.

폐합했다. 이어 1995년 9월 미군에 의한 여학생 강간 사건이 발단이 돼 일어난 반미반전운동의 확산으로 미군은 '오키나와에서 이 시설 구역에 관한 특별행동위원회SACO'를 설치해 후텐마기지(481ha), 정글전투훈련센터(7513ha), 세나하 통신시설(61ha)의 토지 일부를 반환하기로 했다.

기노완시, 환경조사 실시 예정… 반환 시점은 불투명

오키나와 현 기노완시에 있는 후텐마 기지는 시 전체 면적의 25%를 차지하고 있다. 길이 2700m의 활주로가 있으며, 가데나기지와 함께 오키나와 미군기지의 주요 거점이다. 후텐마 기지는 1945년 오키나와 전쟁 중 미군이 일부 토지를 접수해 비행장을 건설한 곳이다. SACO 합의에 따라 2003년 반환 예정이었으나, 대체 시설인 헤노코 해상기지가 신설되지 않아 현재까지 미군이 사용하고 있다. 기노완 시는 2014년께 반환될 것으로 예상하고 반환에 따른 활용 방안을 수립하고 있다. 특히 2004년 8월 이 기지 소속 헬기CH53E가 오키나와 국제대학에 추락하는 사건이 발생했고, "이렇게 위험한 기지는 즉시 폐쇄하라"는 여론이 팽배해졌다. 기노완 시의 면적은 1969만㎡로 인구 10여 만 명이 거주한다. 후텐마와 즈케랑 미군기지의 면적은 637만 4000㎡로, 기노완 시 전체 면적의 33%를 차지한다.

후텐마는 활주로 길이가 안전기준 2880m에 못 미치는 위험한 기지이다. 그럼에도 불구, 교육시설을 비롯한 공공시설, 주택 800호, 병원, 보육시설 등이 도넛 모양으로 기지를 둘러싸고 있다. 이런 도심에 공군 기지가 위치해 있어 주민들의 불만은 상당하다. 특히 미군이 '터치 앤 고'라는 훈련을 집중적으로 벌이고 있어, 소음과 분진으로 인한 피해가 속출한다. 이로 인해 2002년 404명이 '폭음소송단'을 구성해 피해보상 소송을 제기했다. 후텐마 기지 반환 계획이 1996년에 알려졌다. 기노완 시는 1999년 활용 기본계획을 세웠고, 일본 정부와 시정촌, 지방의회, 토지주 등의 의견을 수렴했다. 하지만 후텐마 기지의 반환은 아직도 이뤄지지 않고 있다. 기노완 시는 1972년을 전후해 반환된 일부 기지 시설의 환경오염 조사를 실시하지 않았다. 미군기지 주변지역의 환경조사를 시작으로 단계적으로 실시하고 있다. 또한 후텐마 기지 안에 있는 문화재 등에 대한 조사도 함께 하고 있다. 당초 기노완 시는 반환된 후텐마 기지 부지를 리조트, 공원, 예술회관 등으로 활용하고 오래된 주택은 복원할 계획이었다. 또한 공원에 박물관 설치도 준비했다

주민·지방의회·지자체 공동으로 활용계획 수립, 미군과 일본 정부에 반환투쟁

요미탄 촌은 인구 3만 명의 전형적인 시골 동네다. 이곳에 한때 미군기지가 전체 면적의 93%를 차지하기도 했다. 현재 36%로 줄어들었다. 요미탄 미군기지는 카데나 미군 비행장을 보조하는 기지다. 1차로 반환되는 미군기지 면적은 대략 190.7ha이다. 요미탄 촌 미군기지는 제2차 세계대전 기간 중인 1943년 일본군에 의해 강제적으로 수용당한 부지들이 대분이다. 요미탄 촌은 오키나와 시와 중앙정부에 미군기지 반환을 계속적으로 요구했다. 이런 요구로 상당수의 미군기지를 반환받는 성과를 이뤄냈다. 요미탄 촌은 1987년 활용계획을 수립하고, 2005년 실시설계와 기본계획을 수립했다. 요미탄 촌은 반환된 미군기지를 종합운동장, 야구장, 농지와 주택 단지로 활용할 계획이다. 이 활용계획은 20년 전에 수립됐다. 요미탄 촌 주민들과 원래 토지주, 지방의회, 요미탄정이 공동으로 요미탄 미군기지의 활용계획을 수립해 일본 정부와 주일미군에 기지 반환을 요구하고 투쟁을 전개했다. 이 과정에서 요미탄정은 활용계획 수립을 위한 위원회를 설치해 단계적으로 주민 의견 등을 수렴하는 과정을 밟았다. 요미탄 촌의 미군기지 대부분은 카데나 공군기지의 보조비행장으로 활용돼 환경오염에 대한 걱정은 크게 없다고 밝히고 있다. 하지만 기지 주변 주택가에서 오염된 토지를 전부 회수해 정화한 사례에 비춰 기지와 주변에 대한 환경오염조사를 실시할 계획이다.

일본 정부는 반환 예정인 소베 통신소 주변 50여 곳에 대한 토양 오염도 조사했다. 오염이 심한 경우 요미탄 촌에서 반환을 거부하거나 토지 정화를 거쳐 반환받을 수 있다. 특히 일반인이 반환받은 경우, 오염 사실을 나중에 인지했을 때도 일본 정부가 환경 복원을 부담한다. 오염 확인 시 토지를 받지 않겠다고 하면, 일본 정부가 그에 대해 보상한다. 소베 통신시설 부지의 지주 450여 명에게 나오는 토지 보상비만 3억 5000억 엔에 달한다. 요미탄 촌 한 의원은 "요미탄정은 20년 전부터 '기지를 반환하면 우리는 이렇게 활용하겠다'고 계획을 수립해 정부와 미국에 내놓았고, 투쟁을 통해 기지 반환을 이룬 것이 큰 성과"라고 말했다. 이어 "다만, 일부 지주가 정부 보상이 나오기 때문에 반환에 반대 의견을 밝히기는 했으나, 다수 주민들이 기지 반환을 요구해 공원과 농경지 등으로 만드는 데 성공했다"고 덧붙였다.

고엽제 담은 드럼통 묻은 미군 '들통'

외국에 주둔하고 있는 미군의 행태는 말 그대로 점령군의 모습이다.

대표적 사례는 고엽제 살포다. 2011년 주요 이슈로 등장한 것 중 하나가 주한미군에 의한 고엽제 매립 의혹이었다. 경북 칠곡군 왜관 미군 기지에 고엽제를 묻었다는 전직 미군 병사들의 증언이 나왔기 때문이다. 아직도 진실은 밝혀지지 않고 있다. 미군의 이런 만행은 일본에서도 벌어졌다. 주일미군이 사용하다가 1987년에 일부를 반환해 구기장(球技場)으로 정비된 오키나와 카데나(嘉手納) 기지 부지에서 2013년 6월 20일 잔디밭 교체 공사를 하던 중, 고엽제 제조회사 이름이 새겨진 드럼통이 발견됐다. 오키나와 시 모로미자토(諸見里)에 있는 축구장 땅속에서 'DOW'[319]의 로그가 적힌 드럼통 19개가 발견됐다. 재일미군사령부 USFJ는 당일 지역 언론 〈오키나와 타임스〉사의 질문에 "고엽제가 들어있던 형태의 드럼통이 아닌 것으로 확인하고 있다"고 밝혔다. 하지만 구체적 근거는 제시하지 않았다.

축구장 공사 현장 땅속에서 고엽제 제조회사의 이름이 새겨진 드럼통이 발견되자 오키나와 현과 오키나와 시는 바로 토양과 지하수의 오염 유무를 연계해서 조사할 것이라고 밝혔다. 오키나와 방위국도 독자적으로 드럼통의 내용 조사에 착수했다. 오키나와 현과 시는 조사항목을 분담했다. 축구장 안의 토양과 드럼통의 내용물 분석 조사는 시가 담당했고, 카데나 기지 안의 지하수, 땅속 배수관의 배수, 현장 주변에 흐르는 다이도(大道川) 하천의 하구 해저 물질은 현이 조사하기로 했다. 축구장 주변의 지하수는 현과 시가 공동으로 조사했다.

조사가 며칠째 진행되는 가운데 다시 드럼통 7개가 발견됐다. 이 중 일부 드럼통에서 고엽제 제조 미 화학품 메이커 '다우 케미칼Dow Chemical' 글자가 확인됐다. 드럼통이 발견된 축구장은 고엽제 물질이 포함된 '복합 오염'으로 드러났다. 〈오키나와 타임스〉는 10월 9일 "카데나 기지 반환 부지인 축구장이 다양한 2·4·5-T(제초제) 제품, 농약인 PCP, 소각 관련 물질, PCB 등의 혼합물에 오염됐다"고 보도했다. 2·4·5-T는 미군이 고엽제로 베트남 등에서 뿌린 제초제다. 일본에서 다이옥신에 정통한 세츠난대학의 미야타 히데아키(宮田秀明) 명예교수는 "드럼통에는 고엽제만이 아니라, 다른 물질도 함께 담아서 폐기한 것 같다"고 말했다.

오키나와에서 나온 PCB 후쿠시마에서 폐기

한편, 일본 정부가 오키나와의 미군기지 부지에서 나온 대량의 유해물질 폴리염화비페닐 등을 원전 사고 피해지인 후쿠시마 현(福島県) 이와키 시(いわき市)의 민간 폐기물 처리 시설에서 처리한 것으로 드러나 시민들로부터 원성을 샀다.[320] 처리를 발주한 것은 오키나와 방위국과 항공자위대다. 이와키 시의 민간 시설로 처분된 유해물질은 1995년에 반환된 오키나와 현 온나 촌(恩納村)의 '미군 온나통신소' 오수처리장에서 나온 유해물질 PCB 진흙 104톤과 드럼통 694개, 1973년에 미군으로부터 인도받은 항공자위대 온나기지의 오수처리 시설에서 나온 진흙 218톤과 드럼통 1100개를 합쳐 322톤, 드럼통 1794개다. 처리비용 낙찰가는 3억 9500만 엔이었다. 유해물질로 알려진 미군 폐기물 PCB를 원전

사고로 고통 받고 있는 후쿠시마현에서 처리해 시민들의 강한 반발을 샀다.

'새들의 천국 이케고(池子) 숲'을 지키기 위한 즈시 시(逗子市) 시민 투쟁

새들의 천국 이케고 숲은 일본 가나가와 현(神奈川県) 즈시 시(逗子市)와 요코하마 시(横浜市) 가나자와 구에 걸쳐 있는 290만㎡에 이르는 숲이다. 숲 북쪽에는 해발 100m 정도의 구릉지로 숲이 펼쳐져 있다. 남쪽은 저지대라 참억새 등이 자생하는 초지가 펼쳐져 있다. 동(東)에서 서(西)로 이케고(池子)천도 흘러 새들의 천국이다. 이케고 숲의 87% 정도가 즈시 시에 속해 있다. 즈시 시 총면적 중 14%가 이케고 숲이다. 이케고 숲은 50여 년 동안 거의 손을 대지 않았다. 더욱이 이 숲은 세계적인 거대 도시 도쿄로부터 50km밖에 떨어져 있지 않아, 일본인들이 이곳을 자주 찾는다.

일본은 중일전쟁을 일으킨 뒤 얼마 안 있어 즈시 시의 상당 부분을 해군 용지로 접수했다. 당시 이케고 지구의 인구는 1000여 명도 되지 않았다. 일제는 이케고에 탄약고를 신설했다. 전쟁에서 승리해 이 탄약고를 접수한 미국도 아시아 최대 무기고로 활용했다. 미군이 접수한 이케고 탄약고에서는 1947년에 두 차례 대폭발 사고가 발생하기도 했다(미군의 보도 통제로 사고 원인은 밝혀지지 않았다). 1차 폭발 때는 탄약고 7개 동, 화약 600톤과 산림 1만㎡가 소실됐다. 이케고 탄약고는 한국전쟁 발발 후 풀full 회전됐다. 미군에게 고용된 일본인 종업원 2000명, 경비원 500명이 이 탄약고에서 근무했다. 이케고 탄약고는 베트남 전쟁 때도 특수를 맞았다. 미군은 베트남 전쟁이 끝난 후인 1973년 가나가와현 요코

스카항(橫須賀港)을 통해 이케고 탄약고에 대량의 탄약을 반입했다. 이때 미드웨이 항공모함이 동원됐다.

기지 반대운동에 나선 즈시 시(逗子市) 시민들

즈시 시 시민들은 이케고 탄약고 사고를 겪으면서 기지 반대운동에 적극적으로 나섰다. 1953년 아라이 토모사부로 당시 정장(町長, 면장)은 일본 정부와 미군에 빼앗긴 자신들의 땅을 돌려달라고 청원했다. 이들은 학교 시설을 위해 미군기지의 일부를 반환해달라고 요청했다. 즈시 시 지방의회도 1954년 주둔지 일부 반환 요청 결의서를 채택했다. 1967년에는 즈시 시 시민 2000여 명이 모여 반환 시민대회도 개최했다. 즈시 시 시민과 지자체는 탄약고 부지 반환을 지역의 최우선 과제로 여기고 활동했다. 시의회는 매해 반환 결의안을 채택해 일본 정부에 요청했다. 이런 노력의 일환으로 5만 9600㎡가 1972년 반환돼 제1운동장으로 탄생했다. 이케고 탄약고는 1975년 미국의 아시아 전략 재검토로 인해 그 기능이 대부분이 상실됐다. 이에 따라 즈시 시 히사기(久木)지구(2만 4000㎡)와 마이크로 통신시설(1만 3000㎡) 등이 반환됐다. 반환된 부지는 즈시시 초·중학교 운동장 등으로 활용됐다. 즈시 시와 시민들은 1970년대 후반부터 미군기지의 완전한 반환을 위해 '쇼와(昭和)기념공원'을 이케고 숲으로 유치하는 활동을 전개했다. 당시 일본은 쇼와(昭和) 천황 재위 50주년 기념사업으로 '녹색 회복과 인간성 향상'을 테마로 한 '쇼와기념공원'을 구상하고 있었다. 하지만 일본 정부는 1977년 전면 반환된 미군 타치가와(立川) 기지 부지에 '쇼와기념공원'을 조성하기로 했다. 즈시 시와 시민들은 이케고 숲에 국립공원을 유치하는 운동을 벌였다.

1980년, 즈시시 시민들은 미군이 이케고 숲 근처에 미군 전용 주택 단지를 조성한다는 계획을 알았다. 10월 21일 오전 8시 갑자기 이케고 기지 안 시굴 조사가 시작되자, 시민들은 기지 정문 앞에서 항의집회를 열었다. 연일 30~70여 명이 모였다. 외국 군대를 상대로 투쟁한 시민들은 1982년 11월 12일 이케고 미군 주택 건설에 반대해 자연과 아이를 지키는 모임(이하 '이케고 모임')을 결성했다. 하지만 미시마 토라요시(三島虎好) 시장은 1984년 6월, 조건 33개[321]를 붙여 미군 주택 건설 계획을 수용하겠다는 뜻을 일본 정부에 밝혔다. 즈시 시 시민들은 시민의 뜻을 저버린 시장에 대한 주민소환절차를 개시했다. 유권자의 '3분의 1'을 웃도는 서명을 받자, 시장은 사직과 함께 재선거 출마 의사를 밝혔다. 자신의 정책을 심판받겠다는 의사였다. 하지만 이케고 모임은 함께 활동해온 토미노 키이치로를 시장 후보로 내세웠다. 토미노가 근소한 차이로 승리했다. 이케고 모임은 활동에 탄력을 받아 1985년 미국을 방문해 미국 자연보호단체에 이케고 숲을 지키는 운동에 함께 해달라고 호소했다.

그러나 일본 정부와 미군은 주택 건설을 강행했다. 환경영향평가를 놓고 정부와 가나가와 현(神奈川県), 즈시 시의 갈등이 계속됐다. 1987년 즈시 시, 가나가와 현, 일본 방위청이 최초로 모여 문제를 논의했다. 가나가와 현 지사가 조정안을 제출했고, 즈시시 시장은 이를 반대하다가 일부 수정해 수용한다는 의사를 밝혔다. 이 문제로 토미노 시장은 사직했다. 그해 10월 실시된 시장 선거 투표율은 76.14%로 역대 선거 중 가장 높았다. 토미노 시장이 자민당과 민사당의 지지를 받은 전직 시장 미사마를 누르고 재선에 성공했다. 힘을 얻은 토미노 시장은 이케고 미군 주택 건설 계획의 철회를 표명하고, 주택 건설에 찬성 의사를 밝혀온 가나가와 현 지사를 방문해 조정안 반려를 요청했다. 토미노 시장은 2차 방미 길에 올랐다. 시장과 시민 75명이 미국 정부, 연방의회 의원, 자연보호단체 등을 방문해 이케고 문제를 설명하고 이해를 구했다.

토미노 시장은 1990년 즈시 시 종합계획 기본계획안을 발표했다. 이 안은 전쟁의 상징인 이케고 탄약고 부지를 '고향의 숲'으로 재생하는 것을 목표로, 이케고 숲 특성을 살려 '씨드뱅크Seed bank'와 '유전자 보존고' 등으로 활용하는 방안을 제시했다. 씨드뱅크는 탄약고의 터널식 시설이 온도와 습도 관리가 용이하기 때문에 종자의 저장실로 활용하려는 아이디어였다. 유전자 풀은 이케고 숲의 풍부한 자연 생태계를 보호하고 유지하는 안이다. 토미노 시장은 8년간 시정을 이끌다가 퇴임했다. 그는 이케고 미군 주택 건설 계획에 반대 의사를 밝히고, 차기 시장이 누가 되더라도 지속적으로 반대 운동을 전개해야 한다고 했다. 즈시 시 시민들은 1992년 시장 선거에서 '녹색과 아이를 지키는 시민모임'이 지지한 사와 미츠요(澤光代)를 선출한다. 사와 시장도 당선 후 방미해 미국 정부, 국회의원, 시민단체, 종교지도자 등을 만나 이케고 문제를 설명하고 이해를 구했다. 계속되는 노력에도 불구, 이케고 미군 주택 건설은 강행됐다. 우여곡절 끝에 1994년 사와 시장은 나가스 카즈지(長州一二) 가나가와 현 지사에게 정식으로 국가와의 중재를 의뢰해 1987년 토미노 전 시장이 가나가와 현으로 반려한 〈가나가와현 지사 조정안〉[322]을 기초로 해결 방안을 검토했다.

하지만 일본 정부는 〈가나가와 현 지사 조정안〉의 조건 범위를 해결할 것과 즈시 시 의회가 결의한 '미군 주택 건설 반대 결의안' 철회, 시장의 정치 책임을 명확히 할 것을 요구했다. 국가로부터 '화해 조건'을 전달

받은 사와 시장은 대단히 난처한 처지가 됐다. 사와 시장과 시의회는 대화를 위해 미군 주택 건설 반대 결의안 등을 철회하고 테이블에 앉았다. 3자 회담을 통해 ① 저층주택 146채 중 108채를 고층화하고, 동쪽의 녹지 복원 2만 7000㎡를 녹지화 ② 전면 반환은 현 상태에서 어렵지만, 장래 반환의 경우에는 적절한 이용 계획 도모 ③ 쓰레기와 하수는 시가 처리 ④ 매장문화재를 위한 자료관은 관리 동과 공용으로 설치 ⑤ 미일친선을 위해 시·국·미군의 3자 협의기관 설치에 합의했다. 합의를 통해 즈시 시는 주택 건설 면적을 줄이고, 미군 주택이 불필요하게 될 경우(반환) 이케고 숲을 원래의 숲으로 돌릴 수 있는 기초를 만들었다. 이런 합의 후 미군과 미군 가족은 1996년 4월부터 입주를 시작해, 3천여 명이 입주해 살고 있다. 그럼에도 일본 정부는 1997년 6월 비공식적으로 녹지 공원용지(42만㎡)의 반환과 이케고 미군 주택지구 내의 서쪽 운동시설 자유 사용을 조건으로 즈시 시에 요코하마 시 구역으로의 미군 가족 주택 추가 건설 승인, 요코하마시 구역으로 통하는 터널 정비, 초등학교 신설 등의 협력을 요청했다. 당시 나가시마 카즈요 시(長島一由) 시장은 주택 추가 건설은 수용할 수 없다며 정부의 비공식 제안을 거부했다. 현 시장인 히라이 류이치 시장은 2011년 '이케고 숲을 더 이상 파괴하고 싶지 않다, 요코하마시 구역의 미군 주택 추가 건설 3자 합의 위반 재판은 기각됐다'[323] 등의 다섯 가지 사유를 가지고 국가와 협의했다. 2012년 4월 미 해군은 일본 정부에 이케고 주택 지구와 해군 보조 시설(이케고 숲의 현재 정식 명칭) 중 40만㎡를 반환하고, 일본 정부는 즈시 시에 공원 부지로 무상 대여하는 것을 결정했다. 이에 따라 즈시 시는 40만㎡를 가칭 '이케고 숲 자연공원'으로 정비계획을 세워 2014년부터 정비 공사에 들어갈 계획을 수립했다. 하지만 미일 양 정부는 요코하마 시 지역에 미군 가족 주택 약 400호를 추가 건설할 계획이며, 즈시 시 지역에 미군 자녀들이 다닐 수 있는 초등학교를 신설해 두 시 지역을 잇는 터널 정비를 계획하고 있어 갈등은 지속되고 있다.

주석

1 대영제국은 제1차 세계대전의 전비 마련으로 금이 부족해졌다. 이로 인해 영국의 파운드화는 기축통화 자리에서 물러나게 됐다. 반면, 제2차 세계대전을 통해 미국은 전 세계 금의 상당량을 확보하면서 기축통화국이 됐다. 1944년 7월 미국 브레튼우즈에서 44개국이 참여한 가운데, 연합국 통화금융 회의가 열린다. 이 회의에서 전후 세계 금융관리에 대한 주요한 결정이 채택됐다. 국제통화기금IMF과 국제부흥개발은행IBRD 등도 이 협정에서 합의되어 설립됐다. 이 협정은 세계 자본주의 경제를 미국 중심으로 재편하게 했다.

2 1945년 9월 2일 일본 정부 전권 대표인 시게미츠 마모루 외무대신은 도쿄 만에 떠 있는 미국의 미주리 호 선상에서 항복 문서에 서명했다. 이 자리에는 맥아더 연합국 최고사령관이 참석해 항복 문서 조인식을 지켜보았다. 항복 문서에는 "일본의 모든 관청과 군부는 항복 후 연합국 최고사령관이 발표한 포고문과 명령 및 지시를 그대로 따른다. (…) 일본은 포츠담선언을 준수하기 위해 연합국 최고사령관이 요구하는 모든 명령에 따라 행동한다"는 내용이 있었다.

3 양동안, 『주한미군론-세계전략축이냐, 한 · 미 이해관계축이냐』, 경향신문사, 1977년, 79쪽. 1945년 9월 한국에 진주한 주한미군 병력은 4만 5천보다 적었다.

4 하우스만 · 정일화, 『주한미군』, 일송정, 1988, 109쪽.

5 이승만 정부는 1953년 6월 18일 광주, 논산, 부산, 부평 포로수용소 반공포로 2만 7000명을 미국의 승인 없이 석방했다.

6 하우스만 · 정일화, 앞의 책, 111쪽.

7 김일영, 『주한미군 역사 쟁점 전망』, 한울아카데미, 2003, 153쪽. 1969년 닉슨과 사토의 미 · 일 공동성명에서 밝혔듯이 한국의 안전은 일본의 안전에 긴요한 것이지만 한국의 안전 자체가 관심 사항은 아니었다.

8 〈주간경향〉 1029호.

9 트로츠키Leon Trotsky 러시아 혁명 지도자로 당시 소련의 외무 인민위원이었다.

10 크리스토퍼 피어슨, 『근대 국가의 이해-서울』, 일신사, 1998, 23쪽.

11 최장집 엮음, 『막스베버 소명으로서의 정치』, 폴리테이아, 2011, 110쪽.

12 부평미군기지는 1973년까지 8천여 명의 한국인 종업원들이 근무할 정도로 규모가 컸고 일자리

를 찾는 사람들이 몰려들었다.

13 경제발전에 따른 도시 인구 증가와 주한미군에 의한 환경오염 문제 등이 사회 문제가 되면서, 주한미군 기지 및 훈련장과 관련한 민원이 급격히 증가했다. 미국도 산재한 기지를 조정하고 통폐합할 필요성을 느껴 2001년 2월부터 미군 공여지 반환과 관련해 협상에 들어갔다. 2002년 3월 29일 김동신 국방부 장관과 토머스 슈워츠 주한미군사령관은 전국 28개 미군기지 및 시설과 경기도 내 3개 미군훈련장 등 총 4,114만평(총 공여지의 55.3%)을 2011년까지 단계적으로 우리 측에 반환하는 내용의 연합토지관리계획LPP 협정서에 서명했다. 이는 2002년 10월 30일 국회비준을 통과하면서 발효됐다.

14 레비나스는 타자성(他者性)을 '절대적으로 다른 것'이라 지칭했다. 서구 중심으로 발전한 포스트모더니즘에서 근대성의 개념을 비판하기 위해 자주 사용되는 개념이다. 서구는 동양, 중동, 라틴아메리카 문화를 배타하는 타자성을 가지고 있다. 미국이 이라크, 쿠바, 북한, 이란 등을 '악의 축'이라고 운운하는 것도 어떻게 보면 서구의 근본주의에 입각한 것이라 할 수 있다.

15 〈매일신보〉 1911. 7. 28일자.

16 〈한겨레신문〉 2004. 8. 13일자. 송병준(1858~1925)은 함경남도 장진 출생으로, 러일전쟁 시 일본군의 통역으로 일했다. 헤이그 특사 사건 후에는 황제 양위운동을 벌여 친일활동에 앞장섰고 이용구와 함께 친일 조직인 일진회를 조직했다. 1907년 이완용 내각이 들어서자 농상공부대신, 내부대신을 역임, 국권피탈을 위한 상주문, 청원서를 제출하는 매국행위를 했다. 그 후 다시 일본에 건너가 국권피탈을 위한 매국외교를 해 전 국민의 지탄을 받았다.

17 민영환의 큰아버지.

18 정3품[亞卿]이 맡는 사헌부 대사헌과 사간원 대사간 및 홍문관의 대제학과 부제학, 성균관 대사성, 각도의 관찰사와 병사·수사, 승정원의 승지 등이 있다.

19 1895년 4월, 청일전쟁 뒤 청의 강화 전권 대사 이홍장(李鴻章)과 일본의 이토 히로부미(伊藤博文)가 일본의 시모노세키에서 체결한 강화 조약. 조선의 독립과 랴오둥 반도, 타이완 등을 일본에 할양하는 것을 내용으로 한다.

20 1904~1905년에 만주와 한국의 지배권을 두고 러시아와 일본이 벌인 전쟁. '최초의 세계대전' 또는 '0차 세계대전' 등의 수식어가 따라붙는다. 전쟁을 일으킨 일본과 러시아, 전쟁터가 된 조선과 청나라, 그리고 전쟁 지원 그룹인 프랑스, 독일, 영국, 미국 등 러일전쟁은 전쟁에 얽혀 있는 나라가 8개국이나 된다. 말 그대로 세계대전이었다. 러일전쟁에서 패한 러시아에서는 왕조체제가 무너졌고, 일본은 자칭 '동방의 맹주'로 부상하면서 조선을 손아귀에 넣었다. 『세계사를 바꾼 인천의 전쟁』, 다인아트, 279쪽 참고.

21 『친일파와 일제시대 토지』, 한울아카데미, 2006, 42쪽.

22 1909년 10월 이용구는 '대동합방론'을 주장했다.

23 1904년에 창간된 일간신문.

24 신라의 충신 박제상(363~419). 고구려와 일본에 볼모로 잡혀간 내물왕(356~401)의 두 아들을 구해오지만 끝내 일본에서 죽임을 당함.

25 김시민(1554~1592) 조선 중기의 무신으로 임진왜란 때 진주성 전투에서 3800명의 병력으로 2만 명의 왜적을 격퇴하고 전사함.

26 김삼웅, 『단재 신채호 평전』, 시대의 창, 2009, 116~117쪽.

27 이토히로부미는 일본의 정치가로서 제국주의에 의한 아시아 침략에 앞장서 조선에 을사늑약을 강요하고 헤이그 특사 사건을 빌미로 고종을 강제로 퇴위시켰다. 일본에선 근대화를 이끈 인물로 평가되지만 조선 식민지화를 주도한 원흉으로, 1909년 10월 26일 중국 하얼빈에서 안중근 의사에게 저격당해 죽는다.

28 『청산되지 않은 역사, 친일재산』, 친일반민족행위자 재산조사위원회, 2010, 19쪽.

29 1908년(명치 42년) 경성공소원(지금의 서울고등법원에 해당)

30 3600 〈길이(長)구리(九里)〉×4000m 〈넓이(廣)십리(十里)〉=14,400,000㎡에 해당.

31 조선시대의 국가는 토지의 현황을 파악하고 수세(收稅)에 활용하기 위해 공적인 장부(帳簿)를 작성하고 있었는데, 그 장부를 양안(量案)이라고 불렀다. 조선시대의 양안에는 토지의 위치와 면적, 산출량, 비옥도 여부, 소유자 등을 기록하고 있었다. 현재 토지대장과 토지등기부의 역할을 동시에 추구하는 공적인 장부였다. 양안은 법제상 20년 만에 한 번씩 새로 작성하도록 되어 있었지만, 조선 정부는 그것을 철저히 시행하지 못해 어떤 곳에서는 백년이 지났는데도 양안이 새로 작성되지 않아서 당해 양안이 토지의 현황은 물론 그 권리관계의 실체를 전혀 반영하지 못하는 경우가 많았다. 이 때문에 권리자가 자신이 어떠한 토지의 소유자임을 증명하기 위해서는 양안으로부터 현재에 이르기까지 권리이전을 입증할 문서를 가지고 있어야 했다. 문기(文記)는 등기 권리 중에 유사한 소유권이전 입증문서에 해당하는 것이고, 기존의 문기에 의해 매매계약을 체결하는 경우 새로이 작성되는 문기가 신문기(新文記)에 해당하는 것이며, 매수인은 신문기를 구문기(舊文記)에 연속해 보유하게 되는 것이다.

32 〈대한매일신보〉 1908. 12. 2일자 광고

33 〈오마이뉴스〉 2004. 8. 27일자. "부평 땅은 송병준이 1925년에 판 땅"

34 『부평사』 1권, 부평사편찬위원회, 2007, 271쪽.

35 〈황성신문〉 1909. 4. 2일자.

36 〈주간한국〉 2005. 1. 27일자. "끝나지 않은 친일 논란".

37 서울중앙지법 94가합 85732, 서울중앙지법 2000 재가합 150. 인천시 부평구 산곡동 20의 2외 1 필지 2만 649㎡.

38 〈한겨레신문〉 2004. 9. 17일자. 부평 아파트 터 반환 소송 제기 송병준 후손 "소송취하" 물러서

39 사정은 토지 소유권자를 확정하는 행정처분으로, 이 처분은 절대적 효력을 갖는 것이어서 법원이 이를 인정해야 한다. 또한 사정과 부합하지 않는 등기는 말소되어야만 했다. 사정은 비록 소유자의 신고를 바탕으로 하여 행하여졌지만 그것은 단순한 기존 소유권의 확인이 아니라, 소유권이 결정된 다. 사정 전에 소유자였던 자가 사정에 의해 소유권자로 결정되면, 그자의 사정 전의 소유권은 소멸 하고, 사정으로 새로이 소유권을 취득하게 되는 이른바 원시취득이 된다.

40 물권취득자가 자기의 권리를 보존하기 위해 하는 등기이다(부동산등기법 제2조). 보통 미등기부 동산의 소유권등기를 말한다. 이것은 권리의 설정·이전 이외의 방법으로 이미 취득한 소유권(예 : 건물신축·토지매립)에 대해 처음으로 행하여지는 등기이다.

41 시천교(侍天敎)는 대표적인 친일반민족행위자 중 한 명인 이용구가 동학의 기반을 이용하여 조 직한 일진회의 후신이다. 이는 이용구에 의해 1906년 12월 13일경 결성된 친일 종교단체의 하나이 다. 송병준은 이용구가 사망한 뒤 뒤를 이어 시천교의 교주로 취임했다.

42 친일반민족행위자 재산의 국가귀속에 관한 특별법은 일본 제국주의의 식민통치에 협력하고 우 리 민족을 탄압한 반민족행위자가 그 당시 친일반민족행위로 축재한 재산을 국가에 귀속시키고 선 의의 제3자를 보호하여 거래의 안전을 도모함으로써 정의를 구현하고 민족의 정기를 바로 세우며 일본 제국주의에 저항한 3·1운동의 헌법이념 구현을 목적으로 한다.

43 〈시사인천〉(옛 부평신문) 390호. 대법, 친일파 후손의 땅 찾기 소송 "기각"

44 〈시사인천〉(옛 부평신문) 365호. 친일파 후손 "가난한 조선, 일본 힘으로 발전시키려"

45 〈주간한국〉 2005. 1. 27 인터넷 판. "끝나지 않은 친일 논란"

46 〈국민일보〉 2005. 11. 5일자. 친일파 땅 찾기 소송 '변호사 4000억대 CD위조사건 연루

47 〈대한매일신보〉 1908. 12. 1일자.

48 〈한겨레신문〉 2011. 3. 31일자. "친일파 후손 64명이 낸 '특별법' 위헌소송에…헌재 '친일재산 환 수는 합헌'"

49 『외국의 식민지·점령지 과거사 청산법령 Ⅰ』, 친일반민족행위진상규명위원회, 2007, '프랑스'편.

50 중국에서 한간(漢奸)은 적에게 내통하는 자, 즉 매국노를 뜻한다. 1945년 12월 중국의 국민정부 가 공포한 '정치한간조례'에 따르면 적국과 공모해 국민당 정부에 반항을 도모하는 자와 치안문란을 도모한 자, 군대 혹은 군대용 인력과 부역자를 모집한 자 등을 한간으로 규정하여 사형 또는 종신형

으로 처벌하도록 했다.

51 허잉친은 만주사변 후 일본과의 타협을 모색해 허잉친-우메즈 협정을 체결했고, 시안사건에서는 무력 해결을 주장한 인물이다. 중·일 전쟁 중 요직을 역임했고, 반공공작을 지도하여 중공으로부터는 공격의 대상이 됐다.

52 천궁보는 중국공산당과 국민당 정부에서 모두 제명당한 유일한 인물이다. 1941년 난징에 국민정부가 건립될 때 천궁보는 입법원장과 군사위원회 부위원장 겸 훈련부장을 맡는 2인자가 됐다. 그는 일제가 패망하자 일본에 38일간 숨어 있다가 1945년 10월 중국으로 압송되어 결국 형장의 이슬로 사라졌다.

53 〈연합뉴스〉 2013. 8. 14일자. "법무부 '친일파 소송' 97% 이겼다…친일재산 환수"

54 최용규, 『내 인생 최고의 선택』, 은행나무, 2008, 217~218쪽

55 〈연합뉴스〉 2013. 9. 1일자.

56 〈황성신문〉 1901. 9. 21일자.

57 『부평사』 1권, 268쪽.

58 정보(町步). 땅 넓이를 재는 단위를 나타내는 말로 1정보는 보통 3,000평을 말한다.

59 〈조선총독부관보〉 1913. 6. 20~1928. 5. 4일자.

60 현 난지도 일대.

61 『친일파와 일제시대 토지』, 재인용(104쪽). 〈대한매일신보〉에 따르면 1908년 송병준이 난지도 일대의 국유지를 점탈했다는 기사가 나오고 있으며, 이 지역의 약 70만 평 토지에 대해 이완용이 사정받았다는 토지조사부 문서기록이 남아 있다.

62 홍경선, 『친일파와 일제시대 토지』, 한울아카데미, 2006, 102쪽.

63 『청산되지 않은 역사, 친일재산』, 친일반민족행위 재산조사위원회, 2010, 23쪽.

64 샤를 드 드골(Charles de Gaulle. 1890. 11. 22 ~ 1970. 11. 9.)은 프랑스 레지스탕스 운동가, 군사 지도자이자 정치인이다. 1945년 총리를 시작해 1958년 대통령에 당선됐다. 제2차 세계대전 당시 나치 치하의 비시 정부에서 국방부 육군차관을 지냈으나, 후에 망명 프랑스 자유민족회의와 프랑스 임시정부를 조직해 결성했다. 종전 이후 총리를 2번 지내고 제18대 대통령을 역임했다. 집권 후 나치 부역자들에 대한 대대적인 숙청으로 유명하다. 하지만 프랑스의 베트남, 아프리카 식민지 역사에 대해서는 사과나 청산하지는 않았다.

65 『청산되지 않은 역사, 친일재산』, 284쪽. 일본군 점령 하에서 성립된 만주국(1932. 3 성립), 지둥방공자치정부(1935. 12.퉁센에서 성립), 중화민국 임시정부(1937. 12. 베이핑에서 성립), 중화민국 유신정부(1938. 3. 상하이에서 성립), 왕자오밍의 국민정부(1940. 3. 난징에서 성립).

66 중국공산당은 특별 법정 또는 인민법정을 구성해 공개재판 형식으로 한간 문제를 처리했다. 종전 직후 중국공산당 근거지에서는 매일 같이 한간 문제로 크고 작은 인민재판이 진행됐다고 한다.

67 『청산되지 않은 역사, 친일재산』, 313쪽.

68 독일 침략 후 프랑스는 휴전파와 항전파로 갈라지게 된다. 내각이 총사퇴하고 휴전파인 페탱 Philippe Petain이 새로운 수상이 됐다. 비시정부의 출범은 프랑스대혁명(1789) 이후 이어져온 공화정의 폐기를 의미했다.

69 프랑스 정부에서 조사해 발표한 약식 처형의 규모는 약 1만 822명에 이른다. 부역 혐의자와 동기 불명의 사해 등이 포함됐다.

70 국치죄(國恥罪) 여부만 판별.

71 『청산되지 않은 역사, 친일재산』, 337~338쪽.

72 2005년 1월 27일자로 공포 및 시행됐다. 친일반민족행위자 재산조사위원회는 2006년 7월 설치됐다.

73 『청산되지 않은 역사, 친일재산』, 367쪽.

74 『인천역사』 7호, 2010, 인용.

75 분지 내에서는 대개 바람이 약하고 주위의 산 중턱에서 복사 냉각된 무겁고 서늘한 공기류가 흘러들어 머물게 된다. 이 때문에 대기가 안정되어 역전층이 생기는 경우가 많은데 이때 역전층 아래에 발생한 층운이 지면에 달하여 역전안개가 되거나 지면의 복사공기가 냉각되어 복사안개가 발생하게 된다.

76 〈동아일보〉 1937. 6. 16일자. "부평평야에 무전국 설치"

77 세계 경제 대공황은 1929년 미국 뉴욕 주식시장의 주가 대폭락으로 시작되어 서구 자본주의 국가에 파급됐다. 1933년 말까지 약 4년간 지속돼, 자본주의 전체의 공업생산력이 대략 44%, 무역 65%가 저하됐다. 기업파산이 수십만 건, 천만 명에 달하는 실업자가 발생했다.

78 정근식 외, 『기지의 섬, 오키나와 - 현실과 운동』, 논형, 2008, 413쪽. 일본 오키나와 여성사를 생각하는 모임의 조사에 따르면 전시 오키나와에 설립된 위안소는 130여 개소에 달했다.

79 『부평사』 1권, 292~293쪽.

80 『부평사』 1권, 260쪽. 일제는 통감부를 설치한 뒤인 1906년 6월부터 토지 조사 계획을 수립했다. 탁지부 임시재산정리국은 1909년 11월부터 1910년 2월에 걸쳐 경기도 부평군 일부에서 시험적으로 토지 조사를 실시했다. 1908년 이후 기술원의 실지 연습을 겸해 소삼각 측량을 개시했는데, 경기도와 대구 부근에서 시작했다. 경기도에서는 가장 먼저 강화군을 비롯해 교동, 김포, 시흥, 통진, 인천, 부평 등에서 시작했다.

81 부평조병창은 현재 부평구 부평1동 동아, 대림, 욱일 아파트 자리와 현 캠프마켓 부지, 산곡1~4동 주변이었다.

82 〈시사인천〉(옛 부평신문) 281호, "호랑이 울음소리가 들렸다고 해서 '호봉산'"

83 〈동아일보〉 1939. 7. 23일자.

84 관동조(關東組)는 현재 부평구 산곡동 금호아파트 앞 일대를 말한다. 현재는 산곡푸르지오 아파트 단지가 들어섰다. 1941년부터 단계적으로 조병창 확장공사가 이루어졌고 일본인 간토구미(關東組)의 현장사무소가 있었던 곳이다. 해당 지역은 이후 '관동주'로 불리기도 했다. 이 지역에는 한국전쟁 이후 대규모 집창촌이 들어선다. 관동주 집창촌은 1980년대까지 운영되다가 군사독재 정권에 의해 강제로 폐쇄됐다.

85 일본육군조병창에서 근무했던 양재형(갈산2동, 86세)씨는 일반 공원만 1000명, 학생 250여 명이 조병창에서 근무했다고 증언했다. 양 씨는 육군 병기를 외에 1944년 제2차 세계대전 종전까지 잠수정의 급격한 수요에 대비하여, 조선기계제작소 인천공장을 감독하여 잠수정을 제작했던 것을 생생히 기억하고 있었다.

86 양재형 씨는 당시 부평 조병창에는 징용을 면제 받기 위해 연희전문(현 연세대학교), 보성전문(현 고려대학교) 학생들도 상당히 근무했다고 증언했다.

87 일제는 아시아태평양전쟁 말기 노동력 부족을 충당하기 위해 식민지 조선에서 다수의 미성년 여성들을 군수공장에 동원했다. 넓은 의미의 조선여자근로정신대 개념이다. 일본 작업장은 도쿄아사이토(東京麻絲)방적, 미츠비시(三菱)중공업 등에 강제 동원됐다.

88 일제는 남태평양 과달카날Guadalcanal 전투에서 패해 재해권을 상실하고 그 대책으로 적에게 발견되기 어려운 소형 잠수정을 대량 건조해 병참 수송에 투입하려고 1942년부터 본격적으로 추진했다. 이것이 마루유 계획이다. 마루유 계획은 재해권 상실로 태평양 각 지역과 섬에 주둔하고 있는 부대에 병참 수송에 곤란을 겪게 된 육군 주도로 진행됐다. 일제는 제1차 세계대전 당시 독일이 제작한 잠수 수송정을 모델로 1943년 길이 35m, 배수량 300t, 잠수가능수심 100m, 200마력의 헤셀만Hesselmann엔진 2기를 정착해 수송속력 10~12노트, 잠항속력 4.4노트의 잠수정을 개발했다. 전투용 잠수정이 70여 미터의 길이에 배수량이 1500t 정도였음을 감안하면 상당한 소형이다. 하지만 쌀을 적재할 경우 2만 명 병사의 하루분 식량인 24톤을 적재할 수 있었다.

89 조선기계제작소는 현재 인천시 동구에 설립됐다. 대단위 기계공장의 시발로 한반도에서 기계 산업의 시작을 의미할 수 있다. 해방 후 우여곡절 끝에 한국기계공업, 대우중공업, 대우종합기계를 거쳐 2005년 두산 인프라 코어로 새롭게 태어났다. 인천공장에서는 건설기계(굴삭기, 휠로더), 엔진 등을 생산한다.

90 배석만, 「일제시기 조선기계제작소의 설립과 경영(1937~1945)」, 인천학연구, 2009.

91 배석만, 앞의 책, 188쪽. 배석만은 해방 후 국립해양대학 조선학과 교수를 거쳐 1949년 서울대학교 조선공학과 교수로 재직했다.

92 〈매일신문〉 2010. 6. 23일자.

93 요제프 괴벨스Joseph Goels 히틀러를 독일의 총통으로 만든 선동가이자 정치가. 1933년부터 1945년까지 나치 독일 제국선전부 장관을 지냈다.

94 『부평사』 2권, 676쪽. 홍중사택을 히로나카 사택이라고도 불렀다. '히로나카'가 '미츠비시(三菱.삼릉)'로 바뀌므로 사택이름도 '히로나카 사택'에서 '미츠비시 사택' 또는 '삼릉 사택'으로 바뀌게 되었다. 삼릉 사택을 이후 '삼릉'으로 줄여 부르게 된다. 청산해야 할 일제의 잔재다.

95 『부평사』 2권, 434쪽. 이석재옹 구술.

96 〈기호일보〉 2008. 1. 7일자. "국제도시로의 변화(7)"

97 일제는 종래의 노동자 주택과 달리 일정한 집단 주택계획 하에 도로, 광장, 녹지 등을 갖추고 아동유원, 집회소, 탁아소, 욕장, 시장, 점포, 진료소와 같은 후생시설을 세웠으며, 또한 건축면적에 대한 부지도 넉넉히 했다.

98 서울은 상도정, 도림정 등 세 곳이었고, 평양은 율리(栗里)와 당상리(堂上里)에 2100호의 주택 단지가 조성됐다.

99 『일제의 대동아공영권 구상과 인천지역의 영단주택』 2011.

100 『세금 이야기』, 생각과 나무, 2005, 110쪽.

101 〈매일신보〉 1944. 5. 10일자, 9. 26일자. 부평조병창에 일하던 전문학교 학생 중 일부는 일하다가 그대로 징병에 끌려가기도 했다.

102 〈매일신보〉 1945. 4. 13일자, 5. 26일자.

103 경성고등상업학교(京城高等商業學校). 1944년 6월 교명이 경성경제전문학교(京城經濟專門學校)로 개칭됐다. 그 뒤 서울대학교 상과대학으로 개편됐다.

104 『부평사』 2권, 435쪽.

105 채병덕은 평양 제1중학교장의 권유에 따라 재학 중이던 4학년 때인 1933년 일본 육사에 입학했다. 채병덕은 보병이 아닌 기술병과인 포병을 선택했다. 1937년 졸업하고 일본 육군소위로 임관됐다. 1943년 소령으로 진급하면서 부평 조병창의 공장장으로 발령을 받고 다시 한국에 오게 됐다. 해방 후 대한민국 육군참모총장에까지 오르지만, 한국전쟁 발발 이후 국군의 첫 장군 전사자다. 그는 건국에 참여해 46년 남조선국방경비대 창설에 참여한 이후 1연대장과 4여단장, 그리고 국군참모총장을 거쳐 육군참모총장(2대)이 됐다. 한국전쟁 당시 한강 이북에 5개 사단을 방치한 채 단행한 인도

교 폭파를 지시했다.

106 『부평사』 2권, 435쪽. 이석재 옹은 채병덕 소장이 조병창 책임자로 공장에서 일하는 사람들에게 못되게 굴지 않았느냐는 물음에 "아니요, 그런 짓은 안 했어요"라고 말했다.

107 소화고등학교는 1940년 5월 18일 8학급 4년제로 개교했다. 해방 이후인 1945년 9월 30일 인천박문여자중고등학교로 명칭이 변경됐다.

108 응봉산 전체를 자유공원이라고 불렀다. 서울의 파고다공원(1897)보다 몇 년 앞서 조성된 것으로 전해진다. 인천항 개항 뒤 외국인 거류민단(居留民團)에서 관리 운영해 당시 시민들은 이를 만국공원(萬國公園)이라 불렀고, 그 뒤 일본의 세력이 커지면서 1914년 각국 거류지의 철폐와 함께 공원 관리권이 인천부(仁川府)로 이관되면서 서공원으로 불렀다. 자유공원으로 이름이 바뀐 것은 인천상륙작전을 지휘한 맥아더 장군의 동상이 응봉산 정상에 세워진 1957년 10월 3일부터이다.

109 1925년 일제가 반정부·반체제운동을 누르기 위해 제정한 법률. 무정부주의·공산주의운동을 비롯한 일체의 사회운동을 조직하거나 선전하는 자에게 중벌을 가하도록 한 사회운동취체법이다. 23년 관동대지진 직후 공포되었던 치안유지법을 기본으로 하여 25년 제정한 이 치안유지법은 식민지 조선에도 그대로 적용되어, 일제의 식민지 지배에 저항하는 민족해방운동을 탄압하는 데 적극 활용됐다. 치안유지법은 해방 이후 국가보안법으로 탄생해 독재 정권의 정적을 암살하는 데 악용되기도 했다.

110 『오순환 공적조서』, 국가보훈처 공훈전자 사료관. 정부는 그의 공훈을 기리어 1990년에 건국훈장 애족장(1977년 대통령표창)을 수여했다.

111 『황장연 공적조서』, 국가보훈처 공훈전자 사료관. 황장연 선생은 조선 세종 때 영의정을 지낸 황희 정승의 18대 손으로 1923년 경기도 파주에서 출생했으며, 2008년 6월 16일 미국 로스앤젤레스 자택에서 숙환으로 별세했다. 정부는 선생의 공훈을 기려 1990년 건국훈장 애족장을 수여했다.

112 〈국민보〉 1945. 8. 15일자, 『부평사』 2권, 741쪽.

113 〈대중일보〉 1946. 1. 25일자. 대중일보(大衆日報)는 1945년 10월 7일 창간된 경인지역 일간 종합신문이었으며, 인천 언론의 효시로 평가받고 있다.

114 박세길, 『다시 쓰는 한국현대사』 1권, 돌베개, 66쪽.

115 현재 부평1동과 산곡4동 소재한 대림·욱일 아파트와 우성1·2·3 단지에서 조선 시대 엽전, 중국 동전 등이 많이 나왔다. 일제는 태평양전쟁을 치루면서 무기를 제조할 수 있는 원자재가 부족해 조선에서 각종 철제 등을 강제로 모았다. 부평1동 대림아파트 부지는 1960대 초반 각종 동전이 쌓여 있기도 했다고 한다.

116 광서원보(光緒元寶)는 1911년 발행한 중국의 50센트 동전으로 무게는 13.2g이다.

117 대청동패는 1908년 중화민국 개국기념 동전이다.

118 〈경향신문〉1977. 10. 13일자. "물자영단이 자리 잡았던 곳은 새한자동차 부평공장이 차지"

119 대한민국 정부가 수립 된 이후인 1948년 10월 8일자 〈동아일보〉를 보면, 당시 정부는 "중앙관재처는 그 기구가 방대하고 사무가 심히 복잡함으로 인하여 견실한 관재정책을 수립하고자 가장 치밀한 인계를 (미군정)받기 위해 극력인계사무를 준비하고 있으며, 기 완료시까지 적산처분은 일절 중지하고 있으나, 가장 단시일에 이양수속을 완료할 예정"이라고 발표했다.

120 〈경향신문〉1977. 10. 13일자.

121 〈한겨레신문〉1999. 3. 31일자. "일본군 옛 주둔지서 대형터널 발견"

122 1947년 부평에서 태어나 부평에서 목재업, 연탄공장, 건축회사 등을 운영하던 선친의 사업을 물려받아 문화주택을 짓는 건축업을 하다가 가구공장, 전자대리점 등을 운영했다. 또한 부평청년회 의 JC 회장 등도 역임했다.

123 크레펠트, 『보급전의 역사』, 플래닛미디어, 2010, 12쪽. 대한민국 국군은 미국의 영향으로 보급 및 병참 업무는 각 부대 행정부처에, 수송 업무는 군수병과에서 담당했다. 하지만 사전적으로 'Military logistics'는 군사작전에 필요한 인원과 군수 물자를 작전부대까지 수송해 하위 부대에 보급하고, 부상병 및 수리 · 정비를 요하는 파손된 군수품이나 장비 등을 후송하는 보급과 수송 업무를 합쳐 부르는 용어로 정의할 수 있다.

124 크레펠트, 앞의 책, 393쪽.

125 타이푼 작전은 모스크바 공방전으로 불린다. 1941년부터 2년 동안 소련의 수도 모스크바 근방에서 독일군과 소련군 사이에 벌어진 일련의 전투를 말한다. 이 전투는 독일군의 공격에 대한 소련의 모스크바 방위와 이후 반격으로 이루어진다. 히틀러는 소련의 가장 큰 도시이자 수도인 모스크바를 함락하는 것이 정치 · 군사적으로 중요하다고 생각했다.

126 소련은 1941년 이래 독일의 주력부대 350만을 상대로 치열한 싸움을 계속했다. 이에 소련은 영국과 미국에 북프랑스에 제2전선을 구축할 것을 요구했다. 결국 1944년 6월 6일 아이젠하워의 총지휘 하에 연합국이 북프랑스의 노르망디에 상륙했다. 이 작전 성공으로 연합국은 독일 본토로 진격하기 위한 발판을 마련했다.

127 박세길, 앞의 책, 42쪽 재인용. 소련군은 71만 4,000명의 일제 관동군과 맞붙은 2주간의 전투에서 8천여 명의 인명손실을 입으면서 한반도로 남하한다. 소련의 신속한 공격 덕택에 미국은 중국에서 전투에 발이 묶이는 것을 면할 수 있었다.

128 포고문 전문은 "본관은 태평양 방면 미 육군 총사령관으로서 본관에게 부여된 권한으로써 이에 북위 38도선 이남의 조선 및 조선 인민에 대한 군정을 펴면서 (…) 1조, 북위 38도선 이남의 조선 영

토와 조선 인민에 대한 최고 통치권은 당분간 본관의 권한 하에 시행된다. 2조. 정부, 공공단체 및 기타의 명예직원과 고용인, 또는 공익사업, 공중위생을 포함한 전 공공 사업 기관에 종사하는 유급 또는 무급 직원과 고용인 그리고 기타 제반 중요한 사업에 종사하는 자는 별도의 명령이 있을 때까지 종전의 정상기능과 업무를 수행할 것이며, 모든 기록 및 재산을 보호 보존해야 한다. 3조. 모든 주민은 본관 및 본관의 권한 하에서 발포한 일체의 명령에 즉각 복종하여야 한다. 점령군에 대한 반항행위 또는 공공의 안녕을 교란하는 행위를 감행하는 자에 대해서는 가차 없이 엄벌에 처할 것이다. 4조. 제군(諸君)의 재산 소유 권리는 존중한다. 제군은 내가 명령할 때까지 제군의 적당한 직업에 종사한다. 제5조 군사적 관리를 하는 동안에는 모든 목적을 위해 영어가 공용어로 한다. 영어 원문과 조선어 혹은 일본어 원문 간에 해석 혹은 정의에 관해 정의가 불명하거나 일치하지 않을 때에는 영어 원문을 기본으로 한다. 6조, 앞으로 모든 포고, 법령, 규약, 고시, 지시 및 조례는 본관 또는 본관의 권한 하에서 발포될 것이며, 주민이 이행해야 할 사항들을 명기하게 될 것이다. 일본 요코하마에서 1945년 9월 7일, 태평양 방면 미 육군 총사령관 육군대장 더글라스 맥아더"이다.

129 박세길, 앞의 책, 106쪽.

130 『부평사』 1권, 414쪽. 애스컴에 근무했던 노무자들의 증언을 종합하면, 미군기지에 근무하는 한국인 종업원은 최소 4천, 최대 8천여 명에 달했다.

131 미군은 부평동초등학교 부개분교 건설에 원조를 제공하는 등 전후 부평지역의 재건 사업을 지원했다.

132 〈조선일보〉 1971. 6. 12일자. "부평 美 121후송병원"

133 캠프마켓 내 제빵 공장은 부평구 산곡1동 명신여고 인근에 있다가 애스컴시티가 축소되면서 현재 부지로 이전했다.

134 애스컴이 전성기였던 1970년 초반까지 신촌(부평3동) 지역에만 1000여 명 이상의 양공주들이 거주했다. 1973년 애스컴이 해체되면서 주한미군과 함께 의정부, 동두천 등으로 이들의 상당수가 삶의 터전을 옮겼다. 부평에서 양공주들은 1980년 중후반에 자취를 감췄다. 부평구 부평3동 신촌에는 기지촌 성매매 여성으로 살았던 할머니들이 몇 분 살고 있다. 대부분 인터뷰를 거부했지만 일부 할머니들은 "아픈 역사다. 생각하기 싫다. 그때는 나와 가족 모두가 굶기 때문에 어쩔 수 없었다"고 말을 아꼈다.

135 정근식 외, 앞의 책, 『기지의 섬, 오카나와 현실과 운동』, 407쪽.

136 일본 공산당 중앙위원회에서 발행하는 일간 기관지. 1928년 창간됐으며, 세계 10개국의 수도에 지국을 두고 있다.

137 1899년 9월 25일(음) 인천시 강화도에서 빈농의 아들로 태어나 1919년 3 · 1 운동에 가담해

서대문형무소에 수감된 후 항일 독립투사의 길을 걸었다. 해방 된 조국에서 국회의원을 두 번이나 역임했지만, 독재정권을 꿈꿨던 이승만 정권에 의해 1959년 간첩 누명을 쓰고 형장의 이슬로 사라졌다.

138 죽산은 1958년 1월 간첩죄 등으로 기소됐고, 이듬해 7월 사형이 집행됐다. 하지만 대법원은 2011년 1월 죽산에 대해 무죄 판결을 내렸다. 죽산은 사형 집행 52년 만에 간첩 누명을 벗었다. 죽산을 추모하는 후학들은 매년 추모제를 개최하고 있다.

139 〈시사인천〉 385호, "진보 · 보수 아우르는 힘이 죽산 생환"

140 가족 단위 참여자들은 1명으로 계산한 숫자다.

141 김구 선생은 1948년 2월 10일 '삼천만 동포에게 읍소한다'는 제하의 호소문을 발표해 남한만의 단독선거 실시에 강력히 반대하기도 했다. 이외에도 김규식, 조소앙, 김창숙, 조완구, 홍명희, 조성환 등 당시 명망 인사 7인도 공동 성명을 통해 남한 단독 선거에 대한 반대의사를 표명했다. 이들은 남한만의 단독선거는 자칫 미 · 소 양국이 군사상의 필요로 임시로 설정한 38선을 국경선으로 고정시키고, 미 · 소 전쟁의 전초전을 개시해 총검으로 서로 대치하게 될 것이 분명하다고 봤다.

142 인천 〈갑〉구에서 제헌의원에 당선된 곽상훈은 부산 태생으로 대한소년단경기도연합회장 출신이다. 선거 출마 후 내리 5선을 통해 국회의장까지 오르고 4 · 19 시민혁명 직후에는 대통령 권한대행을 맡기도 했다. '상하이한인청년동맹'과 '신간회' 중앙간부로 활약하며, 동래기장 독립운동으로 투옥되기도 했다. 곽 의원은 1대 선거에서 56.6%의 득표율을 기록한 이후 4대에서는 74.3%, 5대에서는 85.4%라는 경이적인 득표율을 가진 우리 정치사의 거목이었다.

143 일제강점기 〈동아일보〉 인천 초대 지국장과 신간회 지부장을 지낸 인천 토박이.

144 이원규, 『조봉암평전, 잃어버린 진보의 꿈』, 한길사, 2013, 405쪽. 김석기는 부평 토박이로 이승만을 추종했다. 대한독립촉성회 부평지부장 등을 역임했다. 국산자동차회사의 중역도 맡고 있어 재력이 막강했다.

145 〈시사인천(옛 부평신문)〉 382호, "선택, 1948…부평에서 던진 두 번의 출사표"

146 이원규, 앞의 책, 『조봉암평전 읽어버린 진보의 꿈』 406쪽.

147 현재의 부평동초등학교.

148 『한국의 정당정치』, 들녘, 2005. 식민지배 등으로 인해 정당정치에 대해 익숙지 않았던 당시 국민들은 1, 2대 국회의원 선거에서 무소속 출신의 정치인을 상당히 선호했다. 이승만을 중심으로 한 대한독립촉성국민회는 정당 · 사회단체들 가운데 독립정부 수립운동의 선두에 섰지만 235명의 후보자 중 55명의 당선자를 내는 데 그쳤다.

149 죽산은 1950년 5월 30일 실시된 2대 국회의원 선거에서 인천 〈병〉구에 무소속으로 출마해 1만

4095표를 얻어 당선됐다. 차점자인 김석기 후보는 6481(19.65%)표를 얻는 데 그쳤다.

150 8·15 광복 이후 수도경찰청장 등을 역임했으며, 1948년 정부 수립과 동시에 초대 외무부장관을 역임했다.

151 죽산은 1924년 3월부터 신흥청년동맹의 순회강연을 시작했다. 황해도, 재령, 황주, 평양, 박천 등지에서 강연회를 연이어 개최했다.

152 이원규, 앞의 책, 186쪽. 죽산은 신흥청년동맹의 순회강연을 결산하는 지역으로 인천을 정했다. 경성에서 결산 강연회를 열지 않은 것은 첫째 향후 경성에서 몇 차례 강연이 계획되어 있었기 때문이다. 둘째 인천은 경성의 문호와도 같은 항구도시이며, 공장 노동자들이 많아 장차 조선공산당을 창당할 때 중요한 거점이 될 것으로 봤기 때문이었다. 마지막으로 조봉암과 인연을 소중히 여기는 인천 엡윗청년회 회장 박남철이 대규모 청중 동원을 약속했기 때문이다. 실제 죽산의 인천 강연회가 열린 1924년 4월 19일 인천공회당에는 입추의 여지도 없이 청중이 들어찼다.

153 정태영, 『조봉암과 진보당』, 후마니타스, 2006, 115쪽.

154 이원규, 앞의 책, 431쪽. 죽산은 개인의 재산권을 어느 정도 보장하면서 농지를 분배하는 게 최선이라고 봤다. 그래야 빠른 속도로 토지 균등성을 확보할 수 있다는 생각이었다.

155 이원규, 앞의 책, 365쪽. 죽산은 당시 좌익을 대표하는 민족 인천지부장이었지만 시민대표들이 요청한 우익과의 연합행사를 받아들였다.

156 〈인천일보〉 2011. 3. 11일자, "조병창·애스컴 그리고 조봉암" 칼럼.

157 이훈기 씨 집안은 3대가 언론을 가업으로 잇고 있다. 조부 이종윤(李種潤) 씨는 장면 전 총리와 인천 박문초등학교 동기생으로 일본 도쿄고등공예학교를 졸업한 후 오사카 마이니치신문에 근무하며 인쇄 기술을 습득했다. 일본에서 인쇄기술을 배워 〈대중일보〉 창간에 참여했고, 〈인천신보〉 부사장 겸 편집부국장 등을 역임했다. 선친(李闓)도 1947년 〈대중일보〉 기자로 시작해 〈인천신보〉 취재부장, 〈동양통신〉 인천특파원, 〈경기일보〉 편집국장을 역임했다. 〈경기일보〉 편집국장 재직시 유신정권에 의한 언론 통폐합이 이루어졌고 강제로 언론계를 떠났다. 이훈기 씨도 1991년 인천일보 공채 2기 기자로 입사해 23년째 경인지역에서 기자생활을 하고 있다.

158 〈시사인천〉 240호, "진찰 받던 아이가 이제는 불혹 넘긴 중년"

159 문택윤 씨는 송림동 284번지에서 태어나 50년대 후반 부평으로 이사를 왔다. 애스컴에서 1962년부터 1971년까지 보완요원으로 근무했다. 구술.

160 미 존슨 행정부 시절 미 정보함 푸에블로 호가 북한 원산 앞 바다에서 북한 해군에 의해 나포됐다. 정보함의 나포뿐 아니라 100여 명의 미군이 적국에 나포된 상태여서 한반도는 제2의 6·25가 발발하는 거 아니냐는 우려가 높았다. 하지만 당시는 미군의 월남전 참전으로 인해 국내외적으로 반

전 여론이 높았다. 당시 북한은 "미국의 무장 함정이 북위 39도 17.4분, 동경 127도 46.9분의 동해에서 북한의 연안을 침입해 미리 계획한 도발 행위를 저질렀다"고 밝혔다.

161 동시에 수소폭탄이 탑재 가능한 B52 전략폭격기, F4·F105 전투기 편대 수백 기가 오산과 군산 비행장으로 날아들었다.

162 〈경향신문〉 1969. 12. 3일자. 1969년 8월 17일 미군 소속 OH23형 헬기가 임진강 하류에서 북한 포화를 받고 격추됐다. 당시 헬기에 탑승한 이들은 북한에 109일 동안 억류됐고, 미국은 판문점을 통해 북한과 비밀 회담을 열고 이들의 송환을 요구했다. 송환에 앞서 군사정전위원회 유엔측 수석대표 아더. H. 아담스 미 해병 소장은 북한과 6차 비밀 회담을 통해 미군헬기가 북한 영공을 침범한 사실을 시인하고 앞으로 이런 위반 사항이 재발하지 않을 것을 보장했다.

163 〈경향신문〉 1957. 10. 13일자. "두 미군(美軍)을 군재회부(軍裁廻附)"

164 국내 소설에서도 '양공주'라는 표현이 자주 등장했다. 전쟁 후 미군의 주둔으로 인해서이다. "전 마담은 농업학교가 미군 부대였을 적부터 단골인 양공주 출신의 포주다." 박완서, 『그 가을의 사흘 동안』, "차림이나 행동거지로 보아 양공주 같지는 않았지만··무언가 부대 안에서 일하는 사람임에는 틀림없을 듯했다." 이문열, 『변경』, 이외에도 이범선, 『오발탄』, 권정생, 『몽실 언니』 등에서 양공주라는 표현이 나온다. 미군기지촌 성매매 여성으로 표현하는 것이 바람직하다.

165 〈동아일보〉 1960. 10. 27일자. "양공주(洋公主)가 데모"

166 〈경향신문〉 1971년 2. 16일자. "근무 중 국군 헌병에 미 공군 헌병이 총질"

167 〈경향신문〉 1966. 8. 4일자. "군용 차량에 납치된 처녀 야전병원 서 숨져"

168 〈경향신문〉 1994. 7. 23일자. "편법·불법 체류 1만 명"

169 이승만은 조약에 유사시 미국이 "자동적이고도 즉각적Automatically and Immediately으로 개입한다"는 구절을 넣고 싶어 했으나, 미국의 반대로 관철시키지 못했다.

170 조성렬, 『주한미군-역사쟁점전망』, 한울아카데미, 2009, 25쪽.

171 MBC, 〈이제는 말할 수 있다〉, 『노근리에서 매향리까지』, 깊은자유, 2001.
1950년 7월 23일 미군은 영동읍 주곡리 마을로 찾아와 이곳에서 곧 전투가 벌어질 것이므로 피난을 가라고 소개령을 내렸다. 주곡리 주민들과 이웃 산간마을 주민 수백 명은 고향을 떠나 피난길에 나섰다. 26일 대구 쪽으로 가는 국도를 따라 피난을 계속했다. 다시 미군이 나타나 피난민을 영동군 황간면 노근리까지 인솔하더니 피난민을 정지시키고 대열을 압축시킨 다음, 소지품 검사 등을 단행했다. 얼마 후 미군 전투 비행기 2대가 나타나 이들에게 폭탄을 쏟아붓고 기총사격을 가했다. 전투 비행기가 돌아가자 이번에는 미군들이 양민들을 향해 총을 쏘기 시작했다. 살아남은 피난민들이 노근리 앞 쌍굴 등에 숨자 미군들은 흩어진 생존자들을 모두 큰 쌍굴 안으로 몰아넣고 다시 이들에게 사격을 가했다. 생존자들은 300~400여 명이 학살당했다고 주장했지만, 사건 발생 50년이나 지나 정확한 피해 규모를 확인하는 데 어려움이 있었다. AP통신 보도 후 한국 정부의 진상 조사가 시작되자 영동군청에 정식 신고 된 사상자 숫자가 248명에 달했다. 사망자의 83%가 부녀자와 노약자인 것으로 확인돼 충격을 주었다.

172 1984년 12월 민주언론운동협의회가 결성된 뒤, 이듬해 6월 이 협의회의 기관지로 창간호가 발행됐다. 진보적 성격을 띤 월간지로 정치에 대한 대항 매체가 전무하던 시절에 각종 사회 문제를 고발해 대학생, 지식인 등으로부터 사랑을 받았다. 1989년 2월 정기간행물로 등록한 뒤, 이듬해 2월 월간『말』을 설립하면서 주식회사로 전환했다. 2009년 3월을 마지막으로 발행이 중단된 상태다.

173 베트남 전쟁은 '30년 전쟁'이라고도 부른다. 1차 전쟁은 1946~1956년까지 베트남, 캄보디아, 라오스와 프랑스 간에 일어난 전쟁을 말한다. 2차 전쟁은 1960~1975년까지 베트남, 캄보디아, 라오스와 미국 간에 일어난 전쟁을 말한다. 1, 2차 전쟁 모두 식민지 국가의 민족해방전쟁의 성격을 가지고 있다. 2차 전쟁 당시 미국이라는 강대국은 6천만 톤 이상의 폭탄을 소비하고 3700억 달러 이상의 전비를 투입했다. 또한 미군은 최대 52만 명을 전투에 투입했다. 한국을 포함한 동맹국 군대 6만여 명이 추가로 투입됐고, 미군은 5만 7천여 명이 전사했지만 결국 패배했다.

174 황석영,『무기의 그늘』, 하권, 창비, 42~43쪽

175 1967년부터 1987년까지 저질러진 미군범죄는 총 3만 9452건에 이른다. 범죄 가담 미군은 4만 5183명에 달했다. 하루에 5명꼴로 해마다 2,200여 명이 범죄를 저지른 셈이다. 대한민국 정부의 통계 및 집계가 제대로 없었던 45년 이후 등을 포함시킬 경우 그 범죄는 더 늘어나게 된다. 주한미군 범죄는 어느 정도 줄어들었지만, 여전히 줄지 않고 있다.

176 대한민국 정부와 미합중국 간의 군사, 안보에 대한 조약으로 정식명칭은 '대한민국과 아메리카합중국 간의 상호방위조약 제4조에 의한 시설과 구역 및 대한민국에서의 합중국 군대의 지위에 관한 협정'이다. 통상 '주한미군에 관한 협정'으로 부른다. 서울에서 1966년 7월 9일 서명됐고, 1967년 2월 9일 발효됐다.

177 오연호,『노근리 그 후』, 월간 말. 1999, 301쪽

178 윤금이 피살 사건은 1992년 10월 28일 경기도 동두천시 기지촌에서 술집 종업원으로 일하던 윤금이(26세)가 주한미군 2사단 소속 케네스 마클Kenneth Lee Markle III 이병에게 살해당한 사건이다. 사망 원인은 콜라병으로 맞은 얼굴의 함몰 및 그로 인한 과다 출혈이다. 발견 당시 시신의 직장에 우산대가 26cm 가량 박혀 있었고 음부에 콜라병이 꽂혀 있어 충격을 주었다. 또한 전신에는 합성세제가 뿌려져 있었다. 윤금이 살인 사건이 알려지면서, 주한미군 범죄가 사회 문제로 제기됐다. 소파 개정 운동이 본격적으로 시작되는 계기가 됐다.

179 1996년 9월 7일 새벽 미군전용클럽 종업원인 이기순(44세) 씨가 미군 제2사단 뮤니크 에릭스 타븐 이병에 의해 무참히 살해당한 사건이다. 뮤니크 이병은 한국 경찰에서 범행을 강력히 부인하다가 중인들이 연이어 나타나 범행 일체를 자백했다. 뮤니크 이병은 술에 취한 상태에서 이 씨의 셋방에 찾아갔다가 돈이 없다는 이유로 이 씨에게 면박을 당하자, 때려 실신 시킨 후 연필깎이 칼로 목을 12.5cm 가량 잘라 살해했다. 이 씨는 병든 홀어머니를 수발하며 남동생까지 결혼시키는 등 억척스럽게 살아왔다. 검찰이 법원으로부터 구속영장을 발부받아 미군 측에 구금인도를 요청했지만, 미군은 신병 인도를 공식 거부해 사회적 공분을 샀다.

180 2002년 6월 13일 당시 중학교 2학년이던 신효순, 심미선 양은 경기도 양주시 광적면 효촌리 지방도 갓길을 걷다가 주한미군 미 보병 2사단 부교 운반용·장갑차에 깔려 현장에서 숨졌다. '미군 장갑차에 의한 중학생 압사 사건'이라고도 한다. 미군은 7월 3일 운전병과 관제병을 과실치사죄로 미 군 사법원에 기소하는 한편, 라포트 주한미군 사령관의 사과를 전했다. 하지만 11월 23일까지 동두천 캠프 케이시 내 미 군사법정에서 열린 군사재판에서 배심원단은 기소된 미군 2명 모두에게 공무를 행하던 중 발생한 과실사고임을 근거로 무죄not guilty 평결을 내렸다. 미국의 무성의한 태도에 대한 반미시위가 계속 이어지면서 미국의 고위 관리들이 직간접적으로 사죄하였고 부시 대통령도 간접적 사죄를 했다.

181 신현수, 『시간은 사랑이 지나가게 만든다더니』, 이즘, 2009. 시인 신현수는 평화와참여로가는 인천연대 상임대표, 인천시민회의 공동대표 등을 역임했다. 인천에서 교편을 잡고 있다.

182 오현호, 앞의 책, 221쪽.

183 미군 공병 부대로 추정됨.

184 오현호, 앞의 책, 221쪽.

185 미국인 아버지와 한국인 엄마 사이에서 태어난 캐서린 HS. 문이 지은 책 『동맹 속의 섹스』(상임, 2002)에는 "300명이 넘는 매춘여성들이 기지 앞에서 테니 중사를 데려오라고 요구하며, 부평의 미 8057부대 앞에서 저항적인 장례행진을 했다"고 서술했다. 캐서린 문은 부평에서 태어난 재미교포 정치학자다.

186 현대문학 제4회 장편소설공모 당선작. 작가 이원규는 인천 출생으로 인천고등학교와 동국대학교 국문학과를 졸업하고 교직에 몸담기도 했다. 『훈장과 굴레』 당선 후 여러 편의 소설을 내놓았다.

187 〈중앙일보〉 1969. 9. 25일자.

188 〈한국일보〉 1967. 9. 16일자.

189 〈동아일보〉 1995. 2. 10일자. "한국인의 초상(7) 미군기지촌 혼혈문화의 고향 한국 속 아메리카"

190 『파주군지』하, 파주군지편찬위원회, 1995.

191 성매매 여성을 두고 성을 파는 집.

192 정근식 외, 앞의 책, 인용.

193 오연호, 『발로 찾은 주한미군 범죄 45년사』, 백산서당, 1990, 128쪽.

194 외국인이 현재 체재하고 있는 국가의 권력 작용, 특히 재판권에 복종하지 않을 수 있는 자격 또는 권리.

195 〈동아일보〉 1979. 9. 19일자. "한국부녀자 2명 막사 납치 미 흑인병사 5명 강제 추행"

196 한 여자를 여러 남자들이 돌려가며 강간함.

197 〈경향신문〉. 1970. 7. 11일자.

198 〈경향신문〉. 1967. 7. 9일자.

199 인천 항구에서 용현동 저유소까지 연결하는 송유관. 이 저유소는 일제시대는 히다치(ひたち)가 사용하다가 해방 이후 미군이 사용했다. POL이라는 미군 유류부대가 위치해 있었다. 이 유류 창을 출발한 휘발유 운반 트럭은 옛 장안극장 위쪽 숭의동 308번지 일대를 관통하는 길을 통해 경인 국도로 나섰다가 부평 애스컴까지 운반됐다. 저유소에서 이후 유공이 사용하다가 SK에 넘어갔다.

200 〈동아일보〉 1957. 7. 14일자. "미병(美兵), 어린이 사살(射殺)"

201 〈경향신문〉 1957. 8. 27일자.

202 〈동아일보〉 1957. 1. 16일자.

203 〈동아일보〉 1957. 9. 21일자.

204 오연호, 앞의 책, 158쪽.

205 〈동아일보〉 1958. 3. 5일자. "미 8군에서 알려진 바에 의하면 김춘일 군은 지난 토요일부터 미군이 원조하는 고아원에서 사랑이 충만하고 희망이 가득 찬 삶의 보금자리를 찾게 되었다고 한다. 김군은 미군수송단 부단장 '도날드C 브레이크' 대령과 같이 세단 차로 부평에 있는 달톤고아원에 가서 원장 김성서 씨를 만나게 되었다'고 보도했다.

206 〈동아일보〉 1970. 3. 6일자.

207 오연호, 앞의 책, 인용.

208 마약의 일종. 마리화나로 만든 담배.

209 〈동아일보〉 1970. 3. 9일자.

210 오연호, 앞의 책, 인용.

211 〈한국일보〉 1973. 9. 29일자.

212 국정감사 자료의 주한미국 PX를 통한 밀수 적발내역을 보면 96년 113건에 5억 천여만 원, 97

년 214건에 8억여 원으로 드러났다. 밀수품은 96년의 경우 가전제품이 전체의 51.1%, 주류가 31% 였고 97년의 경우 가전제품 68.6%, 주류 18.4%였다. 출처〈연합뉴스〉

213 주한미군 군대의 형사 재판권에 관한 대한민국과 미합중국 간의 협정. 1950년 7월 12일 체결.

214 주한미군에 고용되는 한국인, 주한미군이 사용하는 시설, 물자, 용역 등에 관한 유엔군통합사령부(주한미군사령부)의 경제적 특권과 배타적 통제권을 규정함.

215 대전협정과 마이어 협정의 3조 13항만이 폐기되고, 주한미군의 지위는 새로이 체결된 소파에 의해 규정하게 됐다.

216 김일영, 앞의 책, 208쪽.

217〈아카하타〉2012. 10. 24일자.

218〈한겨레신문〉2012. 11. 30일자. "유신공주는 양공주 문제엔 관심이 없었다"

219 같은 신문

220 루서 킹 목사는 맬컴 엑스 Malcom X와 함께 1960년대 흑인 인권 운동을 이끈 인물이다. 루서 킹 목사는 기독교 통합주의자였으나, 맬컴 엑스는 무슬림 민족주의자였다.

221 미군은 본토와 해외기지에 배치하고 있는 육·해·공군 부대를 신속히 한국에 투입시키고, 그 부대들로 하여금 한국군과 유기적인 협동 체제 하에 효율적으로 연합 작전을 수행할 수 있도록 하기 위한 훈련이다. 주한미군 제7사단의 철수로 1969년부터 실시됐다.

222 기지와 주택가 사이의 완충지대에 성적 서비스를 제공하는 특수 음식점을 설치해 미군의 성적 위협을 차단하자는 '성적 방파제론'이 설득력을 얻었다.

223 정근식 외, 앞의 책, 418쪽.

224 정근식 외, 앞의 책, 421쪽.

225〈아카하타〉2006. 4. 29일자.

226 주한미군은 미국독립기념일을 '미군의 날'로 지정해 기지 개방 행사 등을 개최했다.

227 신현수, 『이미혜』, 내일을 여는 책, 1999.

228 박영근(1958. 9. 3~2006. 5. 1) 대한민국 최초의 노동자 시인. 시인은 숨을 거두기 직전까지도 (사)민족문학작가회의 이사를 맡고 있었다. 시인은 민중가요로 잘 알려진 '솔아 솔아 푸르른 솔아'(안치환 작곡)의 원작시인이다.

229〈동아일보〉1972. 2. 2일자. "자녀 시켜 껌팔이 어린이 보호령 위반 영장"

230 신 할머니는 16세 때부터 소녀 가장으로 장사를 시작했다고 한다. 동인천 중앙시장에서 1960년대 초반부터 옷가게와 이불 가게 등을 운영해왔다.

231〈동아일보〉1995. 2. 10일자. "한국인의 초상(7) 미군기지촌 혼혈문화의 고향 한국 속 아메리

카"

232 『부평사』 2권, 346쪽.

233 현재 경인전철역인 부평역 앞 동아아파트 입구와 롯데백화점 일대를 아우르는 지역을 칭함. 해방 이후 미8군 보급창이 들어오면서, 미군의 풍부한 물자는 전국 각지에서 사람들을 다다구미에 모이게 했다. 해방 이후 몇 해만에 사람들은 다다구미에 수백채의 판잣집을 짓고 거주하기 시작했다.

234 『격동 한 세기 인천이야기』 하, 경인일보 특별취재팀, 다인아트, 2001, 120~123쪽.

235 부평구 부평3동 소재 S미용실 운영

236 한국전쟁 당시 이북 출신으로 구성된 비정규군. 1951년 미군이 창설한 미 극동사령부 산하 특수부대로 부대원 대부분이 38선 이북 출신이었다. 부대원들은 계급도 군번도 없는 비정규군으로 주로 적 후방에서 유격활동과 첩보활동 등 많은 비밀작전을 수행한 것으로 최근에서 알려지기 시작했다.

237 칼라 사진이 나오기 전에 흑백 사진 위해 색을 입혀 미군들에게 칼라 사진으로 팔았다. 이것을 '오일칼라' 사진으로 불렸다.

238 『부평사』 1권, 435쪽.

239 부개동 출생. 1969년부터 부평미군기지 근무하다 퇴직.

240 1976년부터 부평미군기지 인쇄소에서 근무하다 2003년 퇴직.

241 김국환 2대 인천시의회 의원.

242 〈대한뉴스〉 제55회.

243 김영석 신부는 1924년 10월 27일 황해도 연백에서 무의무탁한 고아들을 가정적으로 육성하고자, 연백성모원을 설립해 운영하다가 한국전쟁 이후 월남해 1952년 부평에서 연백성모원을 재개원했다.

244 『성모자애 40년사』, 인천교구사, 1997, 23~25쪽. 역대 교직원이었던 박이선(방사선과) 씨는 "1960년도 말부터 근무했다. 그 당시 기계가 한 대 있는데, 121병원에서 폐기된 기계를 원조 받았다. 당시에는 그 기계가 굉장히 좋은 기계였다"고 당시를 회고했다.

245 'KYUNGIN DAILY PRESS'는 아마도 당시 〈인천신보〉 또는 〈기호일보〉를 의미하는 것으로 보인다.

246 김일영, 앞의 책, 2003, 20쪽.

247 김일영, 앞의 책, 162쪽.

248 『세계사를 바꾼 인천의 전쟁』, 경인일보 특별취재팀, 다인아트, 2012, 336쪽. 미군은 인천 상륙작전 이후 인천소년형무소를 개조해 사용했다. 중공군이 한국전에 참전하면서 운영 기간은 3개월밖

에 안 됐다. 현재 남구 학익동 인천구치소 자리에 있었다.

249 『HQs KCOMZ G-2, "Intelligence Summary #40, 44』, June 2, 30, 1953, 군사편찬연구소, SN 1841(2)

250 『6.25 사변 후방전사』, 육군본부편찬, 1956, 137쪽.

251 주영복, 『내가 겪은 조선전쟁』, 고려원, 378쪽. 대한민국 육군본부 기록에는 사망인원이 56명이나, 미군 기록에는 61명이다.

252 『HQs KCOMZ G-2, "Intelligence Summary #45』, July 7, 1953, 군사편찬연구소, SN 1841(2)

253 〈동아일보〉 1970. 9. 17일자. 부평구 산곡동 일대가 범람해 경찰은 인근 미군기지에 구조를 요청했다. 미군은 헬기를 이용해 주민을 구조했다. 미군 형무소가 침수되어 미군죄수 167명을 버스로 긴급 대피시켰다.

254 AFKN의 전신인 WVTP다. 휴전협정을 전후해 우리나라에는 KBS와 CBS 두 개 라디오밖에 없던 시대였다. 이들 방송에서 들을 수 없는 미국의 대중음악이 AFKN 라디오를 통해 소개되면서, 당시 인텔리 층이 미군 방송을 자주 청취했다.

255 최희준은 경복고 재학시절부터 AFKN 라디오 방송을 애청하며 팝을 접했다고 한다.

256 음악평론가 황문평.

257 국내선 주한미공보원보다 미 문화원으로 더 잘 알려져 있다. 1948년 11월 15일 미군정청공보처가 공보원으로 이름이 바뀌었다. 미 공보원은 국내 영화관의 등급을 결정할 정도로 막강한 영향력을 행사했다. 1980년 이후 '반미자주화'를 외치던 대학생들의 주된 표적이 됐다.

258 다른 문헌에 따르면 3개월 혹은 6개월 간격으로 정기 오디션을 실시했다는 증언도 있다.

259 이혜숙, 『한국대중음악사』, 리즈앤북, 78쪽. 1960년대 중반에 미8군 무대에 선 공연단은 한 번 공연으로 미화 140불을 받았다.

260 〈중앙일보〉 2002. 8. 9일자.

261 음악인 김청산 씨 증언. 국민가수 조용필과 함께 '위대한 탄생' 일원으로 활동했다. 위대한 탄생에는 매니저 유재학, 드럼 '검은 나비' 출신의 이건태, 피아노 '동방의 빛' 이호준, 기타에 미8군 무대 출신 곽경옥 등이 참여했다.

262 시빌리언 클럽은 미8군 내 클럽 가운데서도 엘리트 군인들의 사교 모임장소로 유명했다.

263 최지호, 『미군문화의 상륙과 한국 스탠더드 팝의 형성』, 2005, 논문 인용.

264 신촌 출신의 이진우 씨는 드림보 클럽은 1960년대 미군 클럽 중 손에 꼽힐 정도로 규모가 컸다고 한다. 주한미군 중 드림보 클럽을 모르는 미군은 없었을 정도였다고 한다.

265 가수 배호는 〈돌아가는 삼각지〉로 1969년부터 1970년까지 한국 가요계를 완전히 석권하며 정상에 올랐다. 그러나 1971년 신장염으로 유명을 달리했다.

266 영화 〈고고70〉에는 '데블스라는 그룹이 등장한다. 김명길 씨는 70년대 후반 소울 디바로 알려진 가수 이은하가 부른 〈아리송 해〉 〈밤차〉 등의 명곡을 만들어낸 인물이다. 김 씨는 인천 출신으로 인천 신포동에 있는 미군 클럽인 '캘리포니아 클럽'에서 음악 활동을 시작했다. 그리고 파주의 용주골, 부산 등지에서 활동했다.

267 〈경인일보〉 2013. 3. 21일자. "이름600 · 개항 130 인천을 본다-3" 가수 구창모 씨는 미군 클럽에서 연주하던 사촌형을 통해 초등학교 때부터 해외 음악을 접하고 기타를 연주했다.

268 GI(미군)는 Government Issue 또는 General Issue의 약자다. Government Issue는 정부 발행(발급)의, 관급(官給)이라는 뜻으로 미군을 관급품, 즉 정부 물자로 다루는 발상에서 나온 표현이다.

269 『외기노조 20년사』, 전국외국기관노동조합, 1979, 152쪽.

270 『외기노조 20년사』, 153쪽.

271 〈동아일보〉 1962. 7. 29일자. '철조강 주변 미군부대촌의 현실(5)'

272 『부평사』 1권, 434쪽.

273 인천 용현동 소재 주한미군 저유소에서 유류를 실어 나르는 한국인 노무자 노동조합.

274 『부평사』 2권, 470~471쪽. 부평토박이 홍종광(71세) 씨는 "미군기지가 아니었으면 부평이 그렇게 크지 못했을 거예요. 그 전에 농사짓다가 미군기지 다니는 사람들이 많아졌고요, 외지 사람들도 많이 들어오지. 신트리사람, 고니새말사람, 부개동 사람들이 주로 미군기지 많이 다녀, 수입이 좋았다'고 증언했다.

275 맘보바지Mambo pants는 통을 좁게 해 다리에 꼭 끼게 만든 바지로, 1950년대 말에 유행했다. 영화 〈사브리나〉에서 여주인공이 입은 뒤 선풍적인 인기를 얻었다. 맘보바지는 대한민국에서 부르는 이름이다.

276 『외기노조 20년사』, 35쪽

277 『외기노조 20년사』, 36쪽

278 동남아집단방위조약SEATO, 한미상호방위조약, 미일안보조약, 엔저ANZUS조약 등이다.

279 김일영, 앞의 책, 『주한미군-역사 쟁점 전망』, 165쪽.

280 미 육군 1군단 산하의 2사단과 7사단 7만 명 정도만 한국에 주둔한다.

281 한반도 내 무기 반입을 금지하는 내용.

282 김일영, 앞의 책, 108쪽.

283 닉슨 행정부는 핵 강국에 의해 위협받는 모든 동맹국들을 방어할 것임을 분명했다. 또한 재래식 무기에 의한 군사적 갈등의 경우 미국은 해당 동맹국과의 조약에 따라 그 나라에 안보와 경제 원조를 제공하겠지만, 방위의 일차적인 책임은 해당 국가에 맡아야 한다는 의사였다.

284 미군은 1969년 초 아시아에 총 72만 7300명을 주둔시켰다.

285 1976년 지미 카터는 대통령 선거에 출마하면서 주한미군 철수를 공약으로 내걸었다.

286 박정희 정권의 핵 개발은 여러 이유가 있었다. 1975년 베트남에서 미군이 패배한 것을 목격한 박정희 정권은 미국에 대해 일정 정도 회의를 품게 했다. 이런 과정에서 카터는 대선 공약으로 주한 미군 철수를 공약을 내걸었다. 여기다 '코리아게이트' 사건이 터졌고, 카터와 북한의 김일성 사이에 교류 확대를 모색하는 서신이 교환된 사실이 알려지면서 박정희 정권의 불안감은 극도로 높아졌다.

287 「대통령 검토 비망록 국가안보위원회 문서 'NSC-13'와 'NSC-12」에 따르면, 미국은 1978년까지 제2보병사단의 1개 전투여단(6000명)을 즉각 철수하고, 1980년 6월말까지 두 번째 여단과 모든 비전투병력(9000명)을 철수하도록 계획했다.

288 2008년 4월, 당시 이명박 대통령과 당시 조지 W. 부시 미국 대통령은 정상회담을 통해 '주한미 군 규모의 현 수준 유지'에 합의했다. 당시 청와대는 주한미군 규모가 2만 8500명 수준으로 유지될 것이라고 밝힌 바 있다. 한미 국방장관은 매년 개최되는 한미안보협의회의SCM에서 '주한미군의 현 수준 유지 공약을 거듭 재확인해왔다.

289 한국전쟁을 전후 해 주둔한 미군에 공여된 토지의 규모는 정확한 자료가 없다. 다만 1967년 소 파 체결과 함께 확인할 수 있게 됐다. 소파 협정 당시 주한미군에게 공여된 면적은 4억 3천 만평에 이른다. 1980년에는 9,489만평에 달했다.

290 다수의 로켓탄 발사 통을 상자형 또는 원통형으로 배열한 발사기로써 통상 차량에 탑재해 자유롭게 이동이 가능하다. 북한의 주력 무기 중 하나다.

291 〈프레시안〉 2004. 6. 5일자. "부시군수자본의 '북폭' 음모 현재 진행형"

292 『제국주의, 미국』, 민족경제연구모임, 2005, 94쪽.

293 방사포의 사거리는 40km로 탑재 차량의 최대 기동 속도는 시속 80km로 알려져 있다. 북한의 지상 작전 무기들 가운데 기동속도가 가장 빠르다. 방사포탄 한 발은 반경 40m 지역을 파괴할 수 있다.

294 방사포 탑재차량 기동거리는 405km, 기동속도는 시속 75km다. 방사포 사거리는 60km로 재 장전할 방사포탄 40발을 탑재해 차량에 싣고 다닐 수 있다. 방사포탄 40발을 30초 동안 쏠 수 있다고 한다.

295 〈통일뉴스〉 2013. 5. 25일자. "정밀타격용 300mm 방사포 분석"

296 주한미군기지와 훈련장은 대체로 인구가 밀집되고, 도시개발이 제한되는 인천, 파주, 동두천, 의정부 등 경기 북부와 서울 인근 지역에 집중돼 있었다. 환경 문제 유발과 재산권 침해 등과 관련된 민원의 소지가 많았다. 한미는 소파에 의해 설치된 한 · 미 합동위원회 및 그 산하의 시설 · 구역 분과위원회를 통해 각 해당 사안별로 주한미군 공여 토지의 반환 및 이전 협의를 추진해 LPP를 구상했다.

297 과밀억제권역 및 성장관리권역 중 반환 공여 구역 및 주변지역 사업에서는 수도권정비계획법 등 관련 법률에도 불구 공장 건축(500㎡이상)이 가능하며, 학교 이전 · 증설 및 외국인학교 신설 등이 가능하다. 또한 외국인투자위원회 심의를 통한 외국인 투자 지역 지정 가능하다. 단 미화 1천만 달러 이상 투자 혹은 500만 달러 이상을 허용하는 예외규정 제시.

298 GRDP(Gross Regional Domestic Product), 지역 내 총생산

299 전대욱, 「주한미군 반환기지의 특성과 활용정책」, 2010, 105쪽.

300 전대욱, 앞의 논문, 111쪽.

301 1987년 6 · 10 민주항쟁의 시발로 평가 받고 있다. 5 · 3 인천민주화운동은 1986년 5월 3일 신민당 개헌추진위원회 인천, 경기 결성 대회가 열릴 예정이던 남구 주안동 시민회관에서 대학생, 노동자들과 경찰이 충돌한 사건으로 당시 250여 명이 집회 및 시위에 관한 법률 위반 등의 혐의로 사법처리된 사건이다.

302 문민정부를 표방한 김영삼 정부는 1994년 12월 22일 인천시 옹진군 덕적면 굴업도에 핵폐기물 처분장 최종 후보지로 확정 발표했다. 덕적면 주민들과 인천지역 시민사회 단체들은 '인천 앞바다 핵 폐기장 대책 범시민협의회(상임대표 : 김병삼 · 지용택)를 1995년 1월 결성했다. 범시민협의회는 이후 각종 집회 등을 통해 핵 폐기장의 위험성을 알렸고, 정부는 경찰병력 1500여 명을 투입해 이를 저지했다. 또한 발전기금 500억 원 등을 약속했지만, 주민과 인천지역 시민사회와 정치권은 강력히 반발했다. 그러다가 그해 10월 굴업도에서 활성단층이 발견됐고, 정부는 11월 굴업도 방사성 폐기물 처분장 지정고시를 해제했다.

303 인천연합은 1991년 12월 결성된 민주주의민족통일전국연합(전국연합)의 지역 조직이다. 전국연합은 전국조직 전국민족민주운동연합(전민련)의 후신 격으로 재야의 정치적 구심체 역할을 해왔다. 전국연합은 1997년 대선을 전후로 큰 폭의 물갈이가 이뤄진다. 인천연합은 전국연합이 한국진보연대 출범하면서 2008년 공식적으로 해산됐다.

304 〈중부일보〉, 2001. 6. 28일자.

305 〈중부일보〉, 2001. 7. 20일자.

306 박상규 전 의원은 15 · 16대 국회의원을 역임했다. 2002년 당시 집권 여당 사무총장을 역임하면서 중앙 정치무대에서 막강한 영향력을 행사했다. 현재 인천에서 활동하는 상당수 민주당 정치인

들은 박 전 의원을 통해 정치해 입문했다고 해도 과언이 아니다. 하지만 박 전 의원은 2002년 16대 대선을 앞둔 11월 4일 당시 새천년민주당을 탈당했고, 노무현 대통령 후보와 정몽준 대통령 후보의 후보 단일화 직후인 26일 한나라당에 입당했다. 그러나 정치자금법 위반 혐의 기소되어 유죄를 선고 받아 정치적 생명력을 잃었다.

307 '평화와참여로가는인천연대'가 발행하는 진보적 월간지였다. 지역을 단위로 발행되는 이렇다 할 잡지가 없는 인천에 아청은 '노동하는 청년들의 삶의 이야기'를 줄기로 청년층이 관심을 가질 만한 진보적 시사, 문화정보 등을 제공했다. 120쪽 내외의 이 잡지는 크게 〈특집〉, 〈청년과의 대화〉, 〈눈물 젖은 미소〉, 〈문화와 정보〉의 네 가지 섹션으로 구성됐다.

308 시민회의원은 2005년 7월 25일 부평미군기지 앞에서 기자회견을 열고 "인천시민의 힘으로 되찾은 부평미군기지를 결코 친일파 후손에게 내 줄 수 없으며, 친일파 후손에 의한 재산 반환소송 패소는 부끄러운 친일의 역사 청산"이라고 촉구했다.

309 〈오마이뉴스〉, 〈시사인천〉 2005. 10. 18일자. "친일 망령 잡으러 왔다"

310 약소국 푸에르토리코의 비에케스 섬은 한국의 매향리 사격장과 여러 유사점을 가지고 있다. 두 지역은 공히 반세기라는 기나긴 세월 동안 미군의 폭격 훈련장으로 사용되어 주민들이 극심한 고통에 시달려왔다. 비에케스는 1999년, 매향리는 2000년 비슷한 오폭 사건이 발생해 세상의 이목을 집중시켰다. 두 지역 모두 평화 운동가들의 훈련반대 운동이 결렬하게 벌어져 결국 폐쇄됐다.

311 〈시사인천〉 270호. "부평미군기지 주변 토양오염 심각"

312 〈시사인천〉 321호. "미군기지 환경조사, 미군 비협조로 '수박 겉핥기'"

313 베트남 전쟁 당시 베트콩 게릴라가 숨어 있는 정글을 파괴하기 위해 미군이 뿌렸던 제초제 혼합물인 고엽제는 저장용기의 색깔에 따라 오렌지, 화이트, 블루 등 6가지로 불렸는데, 이 중 가장 많이 사용되었고 심각한 피해를 일으켰던 것이 바로 에이전트 오렌지다. 에이전트 오렌지는 2,4,5-T(2,4,5-trichlorophenoxyacetic acid)와 2,4-D(2,4-dichlorophenoxyacetic acid)가 동량 혼합된 합성 물질로 알려져 있다. 여기에는 다이옥신 성분이 포함되어 있다. 다이옥신은 유산, 기형발생, 암, 피부병 등의 장애 및 질병을 일으켜 베트남인과 참전 병사들이 큰 피해를 입었다.

314 〈시사인천〉 393호. "지자체 · 정부가 매듭저라. 월세도 안 나간다"

315 〈시사인천〉 401호. "청천동 군인아파트 재건축 현장 유해물질 검출"

316 토양환경보전법 11조, 3항, 동법 15조 3항 근거.

317 일본 큐슈 남단으로부터 약 685km 떨어진 최남단에 위치해 있다. 57개 섬으로 이루어진 오키나와현(沖縄懸)에서 가장 크고 중심이 되는 섬으로, 오키나와 현 인구의 80% 이상이 이곳에 거주한다.

318 1945년 제2차 세계대전에서 패망한 일본은 1952년 샌프란시스코 강화 조약에 따라 주권을 회

복했다. 하지만 이날은 오키나와 시민들에겐 미국에 넘어간 굴욕의 날이다.

319 죽음의 물질로 알려진 고엽제를 제조한 회사는 Dow Chemical과 Monsanto 등이 유명하다.

320 〈아카하타〉 2013. 9. 23일자.

321 탄약고의 재사용 금지, 국영 대규모 공원 실현, 종합병원, 시민체육관, 문화회관 건설.

322 이 교섭에서 사와 시장은 ① 주택을 고층화하는 것으로 녹지 복원 ② 주택지 이외에 잔여지를 반환하고 기지 부지에 생태원 구상 실현 ③ 쓰레기 · 하수도 처리 인수 ④ 박물관 건설 ⑤ 즈시시, 일본 정부, 미군에 의한 3자 협의 기관 창설.

323 사와 시장 시절인 94년, 국가 · 현 · 시 3자 회의에서 "이후 주택 추가 건설은 하지 않겠다"고 하는 합의에 위반한다고 해서 나가시마 시장(당시)이 국가를 상대로 낸 재판.